空き家問題の 背景と対策

未利用不動産の有効活用

高崎経済大学地域科学研究所【編】

日本経済評論社

刊行にあたって

　本書は多様な専門分野の10人の著者が，全国的問題となっている空き家の構造と政策，活用等の実践を分析したものである．アプローチは，大きく①地域分析，②国と地方の政策・制度，③市民レベルの取り組み，④都市計画・まちづくりに分けることができる（当然ではあるが，それぞれが重なりあう）．空き家問題の背景には，いうまでもなく人口減少と高齢化がある．さらに，それぞれの地域の立地特性や取り巻く環境もまた影響を与えることになる．地域分析では政府統計や地域調査によって，地域の空き家の実態を浮き彫りにしている．こうした空き家問題の解決には，各地域に適した政策が不可欠である．複数の章で国の空家等対策特別措置法と，自治体が展開してきた空き家条例の実践と課題が検討されている．各地の問題状況に応じた独自の工夫が詳細に紹介されており，自治体政策の重要性があらためて確認できる．他方，空き家の利活用には，地域の問題解決に熱意を持ち，自治体政策を上手く利用できる人材や組織が不可欠である．自治会やNPO等による，住民が集い，生活を支えあう場としての活用によって，コミュニティの活性化に大きく貢献している取り組みが多く紹介されている．以上のような自治体や地域レベルの多様な取り組みが，直面する問題への切実な対応だとすると，都市計画は長いスパンで都市構造という視点から問題を考察するのに有効である．特に，本書での「空き家対策が人々の暮らしたくなる都市を実現するための一つの課題だ」という，都市のあり方との関連を問う指摘は重要である．

　以下は本書を読んでの私の感想である．こう言えば当たり前ではあるが，空き家問題は，戦後日本社会が抱えてきた基本問題のひとつの表れではないか，と思うのである．確かに歴史は昭和から平成へと移行した．そして経済

も高度成長からバブル崩壊・グローバル化へと大きく転換した．しかし私たちが戦後抱えてきた問題の基底にあるものはそのままなのではないか，そのひとつの表れが空き家問題なのではないかと思うのである．例えば，都市計画と空き家問題について考えてみよう．市街化区域は「おおむね10年以内に優先的かつ計画的に市街化を図る区域」とされているが，市街化すなわち宅地供給は土地所有者の自由な発意に依存しており，それゆえ市街化区域内では無秩序な開発がすすんできた．都市インフラが整備される以前にスプロール開発が進むので，インフラの整備も追いつかない．しかも都市部への人口集中を背景に郊外開発も容認され，さらに無秩序な都市が広がっていった．いわゆる「持ち家主義」「土地神話」も相まって，それが我が国の経済成長を支える構造にリンクしていた．その結果としての空き家問題なのである．そして，この構造は，今もまだ「温存」されている．都市の計画的整備と空き家問題そして日本経済とは密接にリンクしているのである．

　本書は空き家問題の構図と多様な取り組みを紹介しており，たしかに，このこと自体が解決のための第一歩を示しているといえる．しかし，私たちの本格的な課題はその先にある．平成が終わろうとしている．地域社会の持続性が求められている中，平成の先に空き家問題の解決はもちろん，日本の将来はあるのだろうか．こうした観点から，さらに深い研究を行ってもらいたい．このメンバーが中核になれば，可能なはずである．大学としてもさらに支援していきたい．

　　　　　　　　　　　　　　　　　　高崎経済大学学長　村山元展

空き家問題プロジェクト研究成果の刊行にあたって

　1957年に設置された産業研究所と，1998年に設置された地域政策研究センターを統合して，2015年4月に地域科学研究所が設置された．地域科学研究所では，経済学，経営学，地域政策学の基礎的研究と，学外の有識者を招いての公開講演会，自治体職員を対象とした地域経営セミナー，高崎市民の生涯学習の一端を担う高崎経済大学連携講座，公開講座，高崎市の歴史や地域問題を学ぶ地元学講座，広大な高崎市を巡って様々な地域資源に学ぶ地域めぐり（エクスカーション），少人数で様々な社会現象を学習するあすなろ市民ゼミを開講して，研究所員を兼務している本学教員が講義や市民ゼミ，各種行事を主宰している．

　産業研究所時代の1977年から続けられてきた研究プロジェクト成果の刊行は，その時々の地域問題や社会現象をテーマとして，本学独特の研究活動として続けられてきた．地域科学研究所では，新事業企画を練る一方で，この伝統を受け継ぐこととし，2016年度に地域科学研究所として最初の研究プロジェクトの公募を行い，「空き家問題」に取り組むこととなった．2013年における高崎市の住宅戸数約178,220戸の内，空き家は26,450戸，空き家率は14.8％となっており，空き家率は全国平均の13.5％を上回っていた．2015年の「空家等対策の推進に関する特別措置法」の施行に対応して，高崎市では独自の空き家対策を展開し始めた時であったことから，空き家問題に関する研究プロジェクトの企画は，タイムリーであり，その成果は空き家問題に苦悩する自治体の政策検討に寄与するものと考えられた．

　本書は，2016年度から2018年度までの3ヵ年を研究期間とした「空き家問題」をテーマとした研究プロジェクトの研究成果である．研究プロジェクトは，岩﨑　忠所員（地域政策学部教授）の発案によって発足し，10名の

研究者，実務家が法学，政治学，経済学，経営学，社会学，地理学，地域政策学から学際的にアプローチした研究成果である．研究プロジェクトのメンバーは，6名の本学教員と学外から4名の研究者，実務家に参加いただいた．

全入時代を迎えた大学は，講義に創意工夫が求められ，学生指導に時間が割かれ，会議も多くなり，多忙を極め，担当講義，担当委員以外の仕事に時間を割くのはたいへん難しく，講義期間中に論文を執筆するのは至難の業である．そんな中，先生方は，本務多忙にもかかわらず，資料収集，ヒアリングのために全国に出張していただいた．そして，研究がまとまってきた2018年11月10日（土）には，全員が出席して原稿執筆前の内容検討会が行われ，研究メンバーからのコメントを受けて，本書への所収論文が執筆された．先生方の熱意に敬意を表したい．空き家問題に学際的にアプローチした本書は，空き家問題に苦悩している自治体の政策検討に役立つものと確信している．

本書をまとめるにあたって，岩﨑　忠教授には研究プロジェクトリーダーとして多大なるご尽力をいただいた．また，流山市政策法務室長の帖佐直美弁護士，日本都市センターの釼持麻衣研究員，前橋工科大学の堤洋樹准教授，高崎市都市整備部の鈴木智主任主事の各位には，それぞれの公務ご多忙の中，本研究プロジェクトに参加いただき，原稿をお寄せいただいた．刊行にあたっては，日本経済評論社の柿﨑均社長，編集を担当いただいた梶原千恵氏，清達二氏にたいへんお世話になった．公立大学法人・髙木賢理事長，村山元展学長には，地域科学研究所事業に対してご理解とご支援をいただいた．記して感謝し，御礼申し上げたい．

高崎経済大学地域科学研究所長　西 野 寿 章

目次

刊行にあたって　　　　　　　　　　　　　　　　　　　村山元展

空き家問題プロジェクト研究成果の刊行にあたって　　西野寿章

序章　日本における空き家の概況と先行研究の動向　……　佐藤英人　1

　はじめに　1
　1. 全国における空き家の概況　1
　2. 空き家の分布　7
　3. 群馬県における空き家の概況　12
　4. 空き家問題に関する先行研究の動向　14
　おわりに　19

第1部　総論

第1章　空家特別措置法施行前後の自治体対応と今後　…　岩﨑　忠　23
　　　　―空き家の「点」と「面」からの対策―

　はじめに　23
　1. 行政学における政策執行過程研究の特徴　24
　2. 公共政策の手段　25
　3. 権力的な手段　27
　4. 経済的な誘因の提供（インセンティブ手法）　34
　5. 情報の提供（中古物件の住宅市場の活性化）　36
　6. 組織による対応　41
　7. 自治体の空き家対策と4つの政策手段　44

8. 今後の空き家対策　46

第2章　空家法の補完機能としての空き家条例の実態　…　大澤昭彦　53
　　　―多様性・実効性・公平性の観点から―

1. 背景と分析の視点　53
2. 法施行後の条例改廃・制定の状況　58
3. 条例による対象の拡大：多様性の確保　60
4. 管理不全空き家に対する措置の拡充：実効性の確保　69
5. 管理不全空き家に対する手続の付加：公平性の確保　78
まとめ　81

第3章　空き家問題の一考察　……………………………………　佐藤公俊　84
　　　―政府・コミュニティの視点から―

はじめに　84
1. 議論の枠組み　86
2. ニュータウンと地方住宅供給公社　90
3. 松園ニュータウン：1つの事例　92
おわりに　100

第2部　空き家問題と法

第4章　特定空家等に対する行政代執行と費用回収　……　釼持麻衣　105

1. 空き家問題で活用される代執行等　105
2. 代執行に係る費用回収　107
3. 略式代執行に係る費用回収　109
4. 費用回収をめぐるいくつかの課題　112
5. 空家法等の改正に向けて　117

第5章　空き家条例における緊急安全措置の法的考察 … 釼持麻衣　124

1. 自治体現場において重要が高い緊急安全措置　124
2. 緊急安全措置に関する規定と法的性格　125
3. 緊急安全措置をめぐる法的課題　134
4. 空家法等の改正に向けて　137

第6章　民法による空家問題解決の可能性 ……………… 帖佐直美　142
　　　　―財産管理人制度の活用を例にして―

はじめに　142

1. 空家対策として活用可能な民法上の手法及びその限界　143
2. 空家等対策の推進に関する特別措置法上の手法と課題　147
3. 民法による空家問題解決の可能性　150

第3部　空き家問題への対策

第7章　都市のスポンジ化と空き家対策のあり方 ……… 鈴木　智　163
　　　　―高崎市空き家緊急総合対策の実績等を踏まえて―

はじめに　163

1. 高崎市中心部の都市構造特性とスポンジ化　164
2. 高崎市空き家緊急総合対策の実績と課題　169
3. 住宅施策の検討事例①：金沢市　173
4. 住宅施策の検討事例②：鶴岡市　176

まとめ　177

第8章　NPOと自治体の空き家対策事業 ……………… 八木橋慶一　181
　　　　―高崎市「地域サロン改修助成金」を例として―

1. なぜNPOなのか　181

2. 空き家問題の概観とNPOによる空き家利活用の事例　182
3. 空き家問題と「ソーシャルビジネス」　187
4. 行政の空き家対策とNPO：群馬県高崎市の例から　191
5. 考察　197

第9章　人が集まる場所としての空き家の利活用　……　若林隆久　204
―担い手のモチベーションと地域間の人材をめぐる競争―

はじめに　204
1. 空き家問題　205
2. 人が集まる場所としての空き家の利活用　209
3. 問題意識と調査　211
4. 事例　213
5. 結果：空き家の利活用の担い手　227
6. 空き家対策への含意　229

第4部　空き家問題の実態と課題

第10章　人口置換が進む住宅地と空き家化の抑止　……　佐藤英人　239
―西武吉井ニュータウン南陽台を事例として―

はじめに　239
1. 分析対象地域と研究方法　240
2. 分析対象世帯の属性　245
3. 持家取得に伴う住居移動と居住地選好　249
4. 高齢世帯が生活を維持するための親子近居　254
おわりに：空き家化の抑止に向けた郊外住宅地のあり方　257

第11章　長寿命化の視点からみた地方都市の空き家 … 堤　洋樹　263
　　　　―前橋市の実態を踏まえた空き家政策の提言―

　はじめに　263
　1．前橋市における空き家調査　264
　2．前橋市の空き家の実態　271
　3．空き家率から見た地域特性　274
　4．空き家の改修と活用への取り組み　278
　5．地方都市に求められる空き家政策　283
　6．空き家に取り組むための仕組み　286
　まとめ　297

第12章　空き家対策と都市計画の連携 …………………… 大澤昭彦　301
　　　　―空家等対策計画の重点地区に着目して―

　はじめに　301
　1．空家等対策計画の策定状況　302
　2．空家等対策計画における重点地区の設定状況　304
　3．空家等対策計画の重点地区と都市計画との連携　307
　おわりに　318

あとがき　　　　　　　　　　　　　　　　　　　　　　岩﨑　忠　321
執筆者紹介　323

序章
日本における空き家の概況と先行研究の動向

佐 藤 英 人

はじめに

　本書の目的は，日本で深刻化しつつある空き家問題に焦点をあて，空き家が発生する背景とその対策を論じながら，空き家を含めた低・未利用不動産の有効活用を模索することである．本書はひとつの研究領域から空き家問題にアプローチするのではなく，法学・政治学，経済学・経営学，社会学，地理学，地域政策学，都市工学など，さまざまな研究領域から多面的にアプローチするという特徴を持つ．いわば分野横断的に空き家問題をとらえる試みが本書の中核を成している．

　本章では各論で展開される多様な分析に先立って，研究領域を問わずに共通する空き家の基本的な概況を統計資料などにより提示する．加えて，空き家問題に関連する先行研究の動向を紹介して，各領域がどのような視点で空き家をとらえているのかを整理する．

1. 全国における空き家の概況

　2014年11月19日に国会で成立した「空家等対策の推進に関する特別措置法」（以下，空家法）が，翌年5月26日に完全施行された．同法には人口減少社会に伴う空き家の増加に対応するため，著しく保安上の危険となる恐れがある空き家や，著しく衛生上有害となる恐れがある空き家について，自

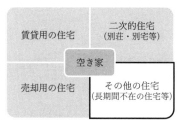

出典：総務省『平成25年住宅・土地統計調査』により筆者作成．

図 0-1　空き家の分類

治体が強制力を持って対処できる規定が盛り込まれている．

　日本には空き家の定義がいくつか存在するが，一般に広く知られているのは，総務省『住宅・土地統計調査』の定義であろう．この定義に従うと，空き家とは居住世帯のいない住宅のうち，一時現在者のみの住宅[1]と建築中の住宅を除いた住宅を指す．さらに空き家は，①二次的住宅，②賃貸用の住宅，③売却用の住宅，④その他の住宅の4つに分類される（図0-1）．

　①は避暑地や避寒地に建てられた別荘，本宅とは別に寝泊まりできる居宅（別宅）などが該当し，常住していないにせよ，家主あるいは管理者がいることから，これらの空き家は一定の維持・管理がされているとみなされる．②と③も新築・中古の別を問わずに不動産市場で賃貸もしくは売却を待っている住宅であることから，所有者などがこれらの空き家を維持・管理しているとみなされよう．今般の空き家問題で最も懸念されているのは①〜③ではなく，むしろ維持・管理が行き届いていない可能性が高い④の「その他の空き家」である．

　「その他の住宅」を少し詳しくみていきたい．総務省『住宅・土地統計調査』の「用語の説明」によれば，「転勤・入院などのため居住世帯が長期にわたって不在の住宅や，建て替えなどのために取り壊すことになっている住宅など」が例として挙げられ，家主や居住者が長期間不在になっている住宅がこれに該当する．「その他の住宅」の中には所有者不明の住宅も含まれ，

自治体が住宅の適切な維持・管理を所有者などに求めようにも求められずに，結果的に長期間，空き家のまま放置されるケースが多い．

　当然のことながら，高温多湿の気候を広く有する日本では，湿気を逃がすために定期的な換気をおこなわないと，木造家屋の多くでは腐食が進む．ひとたび住まい手を失った住宅では，建物の腐食に加え，雑草の繁茂，景観の悪化，強いては建物の倒壊や放火の温床など，さまざまなリスクが高まる恐れがある．したがって，長期間不在の住宅を含む「その他の住宅」の増加は，近隣住民や地域コミュニティに対して多大な煩慮を及ぼし，かつ再開発の妨げにもつながることから，これらの空き家をいかにして扱うべきかが，緊要の課題となっている．

　全国で空き家が増加する原因のひとつに，住宅戸数が世帯数を大きく上回っているにもかかわらず，住宅が過剰に供給されている点が挙げられる．全国の住宅戸数と世帯数の推移をみると，1958年時点の住宅戸数は約1,793万戸，世帯数は1,865万世帯であり，わずかながら世帯数の方が住宅戸数を上回っていた（図0-2）．当時の人口移動を振り返れば，高度経済成長を支えた当時の若年労働力（主に団塊世代）が地方圏から大都市圏へ送り込まれ

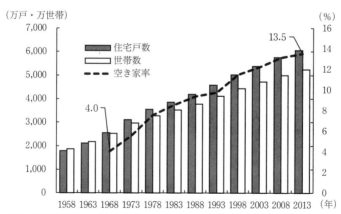

出典：総務省『住宅・土地統計調査』各年版により筆者作成．

図0-2　全国の住宅戸数と世帯数の推移

た時代と符合する．短期間に大量の人口が流入した大都市圏では，地方出身者に向けた住宅の建設が必要であった．深刻な住宅不足を受けて，1955年に日本住宅公団（現・都市再生機構）が設立されると，大都市圏内に耐火性に優れたRC造の公団住宅が供給されていった．多摩，千里，高蔵寺などのニュータウンは，三大都市圏に建設された代表的な郊外住宅地に喩えられる．

1950年代以降，住宅戸数は順調に増加を続け，1968年にはその数が世帯数を上回った．当時の空き家率はわずか4.0%に過ぎなかったが，45年後の2013年には住宅戸数が約6,063万戸，世帯数が約5,245世帯となり，空き家率も13.5%まで上昇することになる．

1990年代以降の住宅供給に拍車をかけている要因には，つぎの2点が考えられる．

ひとつは，「まちなか」「駅近」で進む超高層マンションの開発である．1997年に高層住居誘導地区が指定されたことや，建築基準法が改正されたことにより，とりわけ首都圏では大量の超高層マンションが建設された．図0-3によれば，20階建て以上の集合住宅の竣工戸数は2000年頃から増え始め，2007年には約2.4万戸となった．1987年の数値で比較すると，この20

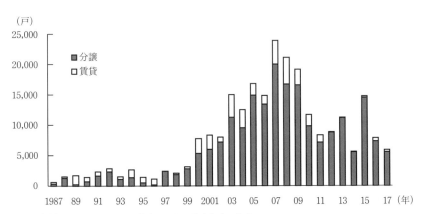

注：超高層マンションとは20階建て以上の集合住宅を指す．
出典：不動産経済研究所の資料により筆者作成．

図0-3　首都圏における超高層マンションの竣工戸数

年間に37倍となったことになる．2010年以降は，やや竣工戸数が減少したものの，それでもなお，年平均で約1万戸程度，供給されている．豊洲，佃，月島，築地などの臨海地区，武蔵小杉，南浦和などは，首都圏で超高層マンションが多数建設された代表的な地域として知られている．

ふたつは，2013年3月30日に公布された「所得税法等の一部を改正する法律」と，2015年1月1日に改正された「相続税及び贈与税の税制」の影響である．具体的には相続税の増税に伴い地主が，節税対策として休閑地や農地などに賃貸アパートを建設し，不動産経営に乗り出す動きが活発になっている．金融機関が不動産業に対して新規に貸出した設備資金の推移（暦年ベースの合計額）をみると，2012年まではおおむね7～10兆円台で変動していたが，その後は増加傾向を強めており，2013年には12.4兆円まで上昇した（図0-4）．

つまり，賃貸アパートの建設事業者が地主に対して不動産経営を持ちかけ，銀行などの金融機関が住宅建設に対して，積極的に融資をおこなうという流れが加速している．静岡県沼津市に本店を置くスルガ銀行が，シェアハウスや賃貸アパートなどの投資用不動産に対し不正融資をおこなっていた問題は，

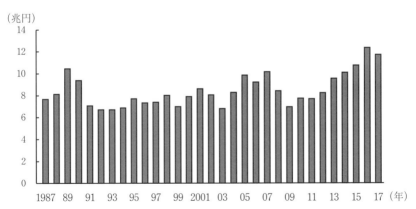

注：ただし，銀行勘定，信託勘定，海外店勘定における暦年ベースの合計額である．
出典：日本銀行「時系列統計データ検索サイト」により筆者作成．

図0-4　不動産業に対する設備資金新規貸出額の推移

その最たる例として記憶に新しい．

　活況を呈する賃貸アパート経営は，地主の節税対策もさることながら，建設事業者が家賃相場よりもやや安価な料金で一定期間，アパートを借り上げるというサブリース契約を設定したことも大きく影響している．利回り数パーセントを謳うサブリース契約は，地主にとって長期間安定した家賃収入を保証するものであり，休閑地や農地などの有効活用と相まって，賃貸アパートの建設を後押ししている．ただし，実際には家賃保証の見直しが数年おきに実施されるので，試算通りの利回りが確保されずトラブルとなる事案が報告されている[2]．

　以上のように，日本では住宅供給がいまなお盛況であるが，住宅供給を支える人口は今後，着実に減少していく．国立社会保障・人口問題研究所の推計値によれば，日本の将来人口は2030年に1.19億人，2060年には1億人の大台を割り込み0.93億人へ，この40年間で3,000万人程度，減少する見込みである．早くから人口減少に直面している地方圏はもちろんのこと，これまで人口が集中してきた大都市圏であっても，郊外の一部ではすでに人口減少が始まっている[3]．

　2018年12月8日に改正出入国管理法が参議院本会議で可決，成立したことで，日本は外国人労働力の受け入れ拡大に向けて大きく舵を切った．将来的にみると，日本に定住する外国人世帯が増え，住宅需要を刺激する可能性はある．しかし，現時点では受け入れ人数が5年間で最大34.5万人程度とされており[4]，増え続ける空き家をどの程度，吸収できるかは未知数と言わざるを得ない．

　したがって，人口が減少を続ける中で住宅のみが供給されれば，供給過剰に拍車がかかり，空き家はさらに増えることは自明である．換言すれば，一般消費者は居住できる住宅を膨大な選択肢の中から自由に選ぶことができることになる．ただし，日常生活を送る上で必要不可欠な施設（最寄駅，病院，商業施設など）への交通利便性が高い住宅地には住まい手が集まる一方，利便性の低い住宅地には住まい手が集まらず，高齢化と人口減少を経験したの

ち，住宅地内の空き家は増殖を続けるだろう．このように住宅は一般消費者によって厳格に選別・淘汰され，住宅地は人口を維持できる住宅地と維持できない住宅地に二極化するものと推測される．

2. 空き家の分布

　前節では空き家の全国的な概況を中心にみてきたが，前述したように，住宅地がより厳格に選別・淘汰されるならば，空き家の発生は地域的に偏在することになる．そこで本節では総務省『平成25年住宅・土地統計調査』のデータを用いて，空き家の分布を都道府県別に考察する．

　前節で示した空き家の分類に従って，全国の空き家率を集計すると，図0-5のような地図を描くことができる．

　空き家の4分類をすべて合計した全体の空き家率は，信越，紀伊，四国，南九州などで比較的高い．空き家率の高い都道府県を挙げると，長野県が最も高く19.8%（住宅総数約98.2万戸のうち約19.4万戸），以下，和歌山県が18.1%（同約47.6万戸のうち約8.6万戸），高知県が17.8%（同約39.2万戸のうち約7.0万戸），徳島県が17.5%（同約36.5万戸のうち約6.4万戸），愛媛県が17.5%（同約70.5万戸のうち約12.3万戸）と続く．いずれの県も早くから「向都離村」の人口移動によって過疎化が顕著な地域と符合する．

　空き家の地域的特徴をより詳しく考察するために，分類別にみていきたい．まず，別荘や別宅などの二次的住宅である．言うまでもなく，避暑地や避寒地で有名な地域で二次的住宅の割合が高くなる．たとえば，軽井沢が所在する長野県では5.2%（住宅総数約98.2万戸のうち約5.1万戸）と最も高く，次いで清里が所在する山梨県では4.8%（同約42.2万戸のうち約2.0万戸），伊豆・熱海が所在する静岡県では2.6%（同約165.9万戸のうち約4.3万戸）などである．ちなみに，市町村単位で空き家率が把握できる長野県軽井沢町の数値をみると，住宅総数約2.8万戸のうち，二次的住宅が約1.6万戸となっており，二次的住宅の割合は全国1位の59.1%にのぼる．同町は住宅総

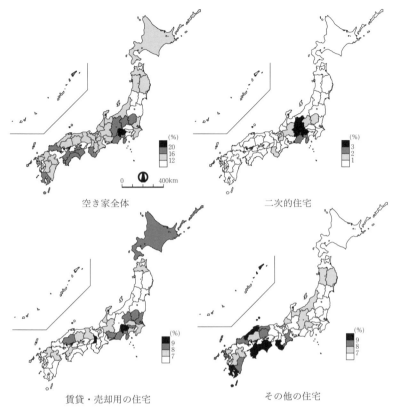

出典:総務省『平成 25 年住宅・土地統計調査』により筆者作成.

図 0-5 2013 年における都道府県別空き家率

数の 6 割が別荘などの二次的住宅によって占められている.

　二次的住宅の割合が高い別荘地の多くには,バブル経済期を中心に個人投資家のみならず,企業や組織などが投機目的で別荘や保養所を数多く建設したという経緯がある.開発から 30 年以上が経過した現在,これらの別荘や保養所は建物の老朽化とともに,景気後退による「別荘ブーム」の退潮によって,適切な施設管理がされぬまま放置されるものも少なくない.放置される別荘や保養所が増えれば,長期間不在の住宅を含む「その他の住宅」と同

様，空き家問題の新たな火種になりかねず，いかに適切な管理を所有者などに求めていくかが課題となるだろう．すでに一部の自治体では，空き家バンクを活用して一般住宅のみならず，別荘や古民家などの売買を積極的に支援している[5]．

つぎに，賃貸用・売却用住宅である．これらの住宅は不動産市場で賃貸もしくは売買契約を待っている状態の住宅であることから，人口が集中する三大都市圏や地方中枢都市などに多くみられる．最も賃貸用・売却用住宅の割合が高い都道府県は，大阪府の9.8％（住宅総数約458.6万戸のうち約45.1万戸），次いで山梨県の9.3％（同42.2万戸のうち約3.9万戸），東京都（同735.9万戸のうち約65.3万戸）と栃木県（同87.9万戸のうち約7.9万戸）の8.9％が続く．なお，全国における賃貸用住宅と売却用住宅それぞれの数値は，前者で約19.2万戸，後者で約1.1万戸となっており，賃貸用住宅の方が圧倒的に多い．

前節では相続税の節税対策として，地主が休閑地や農地などに賃貸アパートを建設する動向を例示したが，これらの賃貸アパートは，低金利政策などが追い風となり，必ずしも交通利便性の高くない地域にも建設されている．無論，需要を伴わない過度な住宅供給は，さらなる空き家を生み出す源泉となる．かかる地主が自己資金で賃貸アパートを建設したのであればまだしも，多額の借入金を金融機関から調達して建てた場合，「想定外」の空室リスクによって計画通り，家賃収入が得られないことは大いに考えられよう．家賃減収に伴い借入金の返済に行き詰まれば，建設した賃貸アパートはもちろんのこと，現住居の土地建物すら担保として差し押さえられる事態になりかねない．今後は賃貸用住宅の増減に注視しながら，任意売却や不動産競売の動きにも注意を払う必要がある．

賃貸用住宅に加えて売却用住宅も，将来的には増加することが予想される．とりわけ中古住宅の流通が低調な日本では，住宅の在庫（≒空き家）が蓄積されている．総務省『住宅・土地統計調査』および国土交通省『住宅着工統計』各年版によれば，全国の中古住宅流通戸数（戸建と集合を含む）[6]は

1989 年から 2013 年までの 24 年間，約 10.0 万戸から 18.6 万戸までの範囲で増減を繰り返し，ほぼ横ばいで推移している（図 0-6）．新規着工戸数を含む住宅流通戸数全体に対する中古住宅のシェアは，同様の期間で 8.0％から 14.7％に拡大したが，この拡大は新規着工戸数の大幅な減少によるもので，中古住宅の流通戸数自体が増加した結果ではない．新築住宅着工戸数は 1990 年の約 170.7 万戸をピークとして，2013 年には約 98.0 万戸まで減少している．

さらに中古住宅の売却希望件数は，売買契約の成約件数を大幅に上回っており，中古住宅市場が供給過剰な様相を強めている．なかでも最寄駅非徒歩圏に立地していたり，かなりの築年数が経過したりする中古住宅では買い手がつきにくい．都心から片道 1 時間に位置するニュータウンの多くは，1960 年代竣工の比較的古い住宅地であるが，これら大都市圏郊外の住宅地では，中古住宅の売買契約が成立しがたく，多くの在庫物件を抱えている．つまり，郊外の現住居を売却して住み替えを望む世帯は多いものの，実際には希望どおり自宅を処分して，住み替えることは容易ではない．

最後に，長期間不在の住宅などを含む「その他の住宅」である．これらの

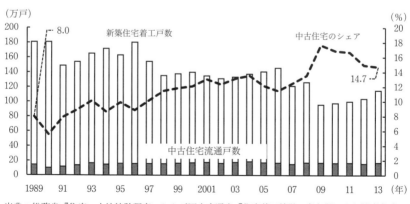

出典：総務省『住宅・土地統計調査』および国土交通省『住宅着工統計』各年版により筆者作成．

図 0-6　全国の中古住宅流通戸数とシェアの推移

割合が高い都道府県を挙げると，最も高いのが鹿児島県であり 11.0％（住宅総数約 86.5 万戸のうち約 9.6 万戸），次いで高知県の 10.6％（同約 39.2 万戸のうち約 4.1 万戸），和歌山県の 10.1％（同約 47.6 万戸のうち約 4.8 万戸），徳島県の 9.9％（同約 36.5 万戸のうち約 3.6 万戸），香川県の 9.7％（同約 47.1 万戸のうち約 4.6 万戸），島根県の 9.5％（同約 30.4 万戸のうち約 2.9 万戸）などと続く．つまり，南九州，山陰・四国，紀伊半島に「その他の住宅」が偏在しているといえる．

国立社会保障・人口問題研究所の推計値によれば，割合の高い地域は 2040 年までに 20～39 歳の女性人口が半減以下に減少する，いわゆる「消滅可能性都市」にほぼ合致する[7]．長期間不在の住宅が増加する要因は，住宅が所在する地域で暮らす人口が減少した結果，住居の住まい手を失ったことに他ならない．換言すれば，その地域で暮らせるだけの雇用機会が創出されていないことを意味する．たとえば，四国山地や中国山地では伝統的に林業が盛んであったが，周知のとおり，産業構造の転換や安価な外材が流通するようになると，国内の林業は衰退を余儀なくされた．総務省『労働力調査』によれば，全国の林業従事者総数は 1962 年の約 64 万人から 2017 年には約 6 万人となり，10 分の 1 以下まで落ち込んでいる．若年労働者が地元で林業に従事せず，進学や就職を機に大都市圏へ流出してしまう状況が地域産業の衰退に追い打ちをかけている帰結といえるだろう．

したがって，長期間不在の住宅を含む「その他の住宅」は，人口減少・少子高齢化と密接な関係があり，次世代を担う若年労働者が地方圏から大都市圏へ流出する限り，地域の住宅需要もまた縮小し続けるのである．

産業構造の転換に伴う人口移動とともに，世帯構成の変化も「その他の住宅」を増大させる一因になり得る．厚生労働省『人口動態統計』によれば，一人の女性が一生の間に生む子どもの数（合計特殊出生率）は 1960 年の 2.0 から 2016 年には 1.44 まで低下しており，人口置換水準の 2.07 を大きく下回っている．晩婚化・非婚化の原因には諸説あるが，いずれにせよ，この少子化によって世帯構成が大きく変化したことに相違はない．すなわち，核

家族世帯にかわって，1世帯あたりの家族人員がより少ない単独世帯や夫婦のみの世帯（DINKsなど）が増加している．1世帯あたりの家族人員が減少すれば，家を継承する親族も減るので，先祖代々受け継いできた土地建物を継承できずに，これら不動産が空き家になることは免れまい．近年，地方圏では長期間，住まい手が不在となったり，所有者が不明になったりして空き家となった家屋が急増している．つまり，「その他の住宅」が増加するということは，唯でさえ数少ない子が，一旦，地元を離れてしまうと再び地元に戻るきっかけを失い，実家を継ぐことができなくなる，まさに人口減少・少子高齢化の産物と言っても過言ではあるまい[8]．

以上のように，地方圏における空き家化と過疎化は「表裏一体」の関係にあり，過疎化を抑止できれば空き家化もまた抑止できることになる．空き家化と過疎化の両方をほぼ同時に抑止するには，何よりもまず，次世代を担う若者が地方圏で定住できる環境づくりが欠かせない．なかでも雇用機会の創出が急がれよう．たとえば，都市圏に居住する若者に農業を体験してもらい地方の良さを認識してもらう，まちおこし活動は若者のUターンやIターンを喚起させる上で効果を上げている．最近では農林漁業に限らず，オフィスワークを地方圏で興す試みも進められている．情報通信技術の発達によって時間や場所にとらわれない柔軟な働き方（テレワーク）を応用し，空き家となった古民家，蔵，学校などをサテライトオフィスに転用する取り組みは，その好例といえるだろう[9]．未だ事業規模が小さく地域への波及効果は限定されるが，空き家化と過疎化を同時に抑止できる試みとして，今後の展開が注目される[10]．

3. 群馬県における空き家の概況

群馬県は全国と比較して空き家率がやや高い地域にあたる．総務省『住宅・土地統計調査』によれば，2013年時点で空き家の4分類をすべて合計した全体の空き家率は，16.6％（住宅総数約90.3万戸のうち約15.0万戸）

となっており，全国の空き家率である13.5%をわずかながら上回っている（図0-7）．空き家の分類別に集計してみると，二次的住宅が1.9%（約1.7万戸），賃貸用住宅が8.3%（約7.5万戸），売却用住宅が0.2%（約0.2万戸），その他の住宅が6.2%（約5.6万戸）となる．草津をはじめとする温泉地や，北軽井沢，嬬恋の避暑地を有する群馬県の地域性を反映して，別荘などの二次的住宅の割合が全国よりも高い値を示している．

全国の動向と等しく，群馬県も需要を上回る水準で住宅が供給されている．住宅戸数と世帯数の推移をみると，1963年時点では前者が約33.8万戸，後者が約34.5万世帯で，両者はほぼ拮抗していた．しかしその後は，住宅戸数が世帯数を大幅に上回りながら増加を続け，2013年時点の住宅戸数は約90.3万戸，世帯数は約75.4万世帯となっている．

群馬県内の空き家をもう少し詳しくみていこう．空き家率を主要な市別で集計したところ，比率の高低には地域差があることに気づく．たとえば，住

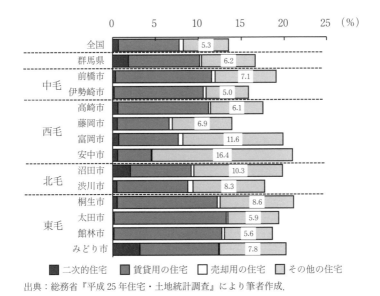

出典：総務省『平成25年住宅・土地統計調査』により筆者作成．

図0-7　群馬県内の空き家率

宅総数に対する空き家率が群馬県全体の値よりも高い東毛地域の桐生市と西毛地域の安中市を比較してみると，その差異は鮮明である．桐生市の数値は，二次的住宅が0.5％（住宅総数約4.6万戸のうち240戸），賃貸用住宅が11.7％（同5,310戸），売却用住宅が0.3％（同150戸），その他の住宅が8.6％（同3,920戸）となっており，住宅総数に対する空き家率は21.1％になる．一方，安中市のそれらは，二次的住宅が0.6％（住宅総数約2.2万戸のうち130戸），賃貸用住宅が3.9％（同860戸），売却用住宅が0.1％（同20戸），その他の住宅が16.4％（同3,600戸）となっており，住宅総数に対する空き家率は20.9％になる．前節で指摘したとおり，人口が集中する都市部では不動産市場での取引が活発におこなわれ，賃貸用住宅と売却用住宅の割合が高まるのに対して，人口が限られる農村部では賃貸用・売却用住宅の需要が見込めずに，長期間不在の住宅を含む「その他の住宅」の割合が高まるものと推測される[11]．

4. 空き家問題に関する先行研究の動向

本節では空き家問題に関する先行研究の動向を紹介して，各研究領域がどのような視点で空き家をとらえているのかを整理する．なお，先行研究の動向については，内容の批判的検討までは踏み込まず，単に論文数の量的把握と視点の概要を記述するにとどめる．

(1) 学術情報ナビゲータによる論文数の推移

まず空き家問題に関する研究が，いつから議論の俎上に載せられてきたのであろうか．国立情報学研究所（NII）の学術情報ナビゲータ（CiNii）を利用してキーワード検索を試みた．「空き家」でヒットした論文数は，2018年9月30日の調査時点で1,718本にのぼる．すべての論文がCiNiiに登載されているとは限らないので詳述を避けるが，初出の論文（発表要旨）は鈴木・玉置であり[12]，1970年代から1990年代までの論文数は，年間一桁にとどま

っていた．2000年以降の年次別論文数の推移を詳しくみていくと，論文数は2000年から2011年までは概ね30本程度で推移していたが，2012年頃から論文数が増え始め，2015年にはこの年だけで282本の論文が公表されている（図0-8）．

空き家が学術的に注目された背景には，2008年のリーマンショックに伴う景気後退，2011年の東日本大震災など，不動産市場に多大な影響をもたらした事象が発生したことと，2014年11月19日に国会で成立した空家法の施行が考えられる．

つぎに論文が掲載された会誌の組織（主に学会）をみていきたい（図0-9）．最も掲載数の多い組織は日本建築学会であり，全体の28.9％（468本），次いで日本都市計画学会の3.8％（61本），日本地理学会の3.6％（59本），日本住宅協会の2.8％（46本），都市住宅学会の2.2％（36本）などと続く[13]．大まかな検索結果であるので，遺漏を恐れずに言うならば，空き家に関する研究は，建築学，都市計画学，住宅学などの工学系で多くの蓄積をみることができる．

ただし，空き家問題とは多様な要因を背景とした問題であって，研究領域

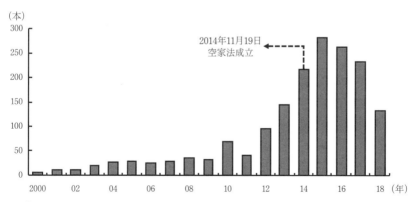

注：「空き家」をキーワードとした場合の結果を示す．
出典：国立情報学研究所「学術情報ナビゲータ（CiNii）」により筆者作成．

図 0-8 2000年以降に掲載された空き家関連文献数の推移

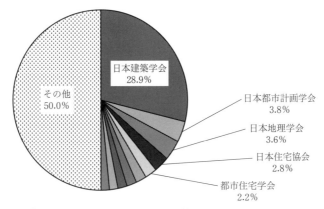

注:「空き家」をキーワードとした場合の結果を示す.
出典:国立情報学研究所「学術情報ナビゲータ (CiNii)」により筆者作成.

図 0-9　空き家関連文献の掲載学会

毎の論文数の多寡はあまり意味をなすものではない．工学系以外にも多くの研究領域で議論が展開されている．たとえば，法学・政治学，経済学・経営学，社会学，地理学，地域政策学，都市工学などは，空き家問題を論じる上で，中心的な役割を担う研究領域であるといえる．

(2) 各研究領域における空き家問題の視点

本章の最後に空き家問題と関連のある研究領域を取り上げ，各領域がどのような視点で空き家をとらえているのか，2～3 の先行研究を例示しながら整理する．

❶法学・政治学

法学・政治学では，全国の市町村が空家法の施行を受けて，いかなる法的対応をとっているのか，自治体の政策法務を評価し，今後の施策に向けた提言が試みられている．たとえば，北村らは，空家法が成立した背景や法律の逐条解説を通じて同法の全体像を丹念に説明し，空き家に関する既存条例と同法との対応関係を検討している[14]．空き家問題の具体的な法律施行のひとつに，空き家の除却が想定される．岩崎は地域によって空き家の状況が異な

るという立場から，空き家の危険度と密集度を類型化し，自治体が取り得る政策手段や空き家の除却に伴う問題点を明示している[15]．

　本書では第1章（岩崎論文），第2章（大澤論文），第3章（佐藤公俊論文），第4章，第5章（釼持論文），第6章（帖佐論文）が法学・政治学から空き家問題を論じる．

❷経済学・経営学

　経済学・経営学では，住宅の需給関係から空き家化の要因と空き家の抑止に向けた対策が論じられている．たとえば，米山の一連の著作[16]は統計資料を論拠にして，人口減少社会と住宅需給との関連をさまざまな角度から分析している．とりわけ都市部では，戸建住宅のみならず，マンションなどの集合住宅で空室が増えており，建物の修繕などで支障を来す可能性を示唆している．空き家化が地域社会に与える影響は大きいため，有効な空き家対策が求められるが，米山によれば，空き家バンクの活用，中古住宅の普及促進，空き家の除却支援などが具体的に考えられるという．

　本書では第9章（若林論文）が，経済学・経営学から空き家問題を論じる．

❸社会学

　社会学では，空き家の増加がもたらす地域社会への影響を検討し，地域社会の維持という観点から，空き家化を抑止するための実践例が蓄積されている．たとえば，佐久間ほかは和歌山県内の農山村を事例に，「空き家マネジメント」を紹介している[17]．「空き家マネジメント」とは，空き家の維持管理のみならず，空き家所有者と移住者とのマッチング，移住後の生活支援，就職斡旋など，UターンやIターンを総合的に支援する取り組みであり，一定の効果を上げている．西山も京都府内の古民家再生の取り組みを紹介し，空き家化の抑止に向けたソーシャルビジネスの可能性を論じている[18]．

　本書では第8章（八木橋論文）が，社会学から空き家問題を論じる．

❹地理学

　地理学では，空き家の分布を空間的に把握しながら，都市の内部構造変化を問う研究が展開されている．代表的な近著として由井ほかを挙げることが

できる[19]．彼らによると，かつて地価が高騰したバブル経済期には，手頃な住宅を求めて都心から郊外に向けて転居し，交通利便性が高いとは言えない住宅地にも多くの人々が移り住んだという．人口減少・少子高齢化社会に突入したこんにち，利便性の高い都心や都心周辺にも住宅が供給されるようになると，最寄駅非徒歩圏に位置する郊外住宅地では，次世代の住まい手を失った結果，空き家化が急速に進んでいると指摘している．

本書では第10章（佐藤英人論文）が，地理学から空き家問題を論じる．

❺地域政策学

地域政策学は地理学や公共政策学などの基礎科学が融合して発展した学際的な学問である．その主眼は地域内で起こりうる諸問題に対して，地域の実情に即した適切，かつ合理的な政策を立案することである．空き家問題に関しては一定の研究蓄積があり，たとえば，矢田部が京都市の「総合的な空き家対策」を解説している[20]．京都市の空き家対策には，①長年放置された空き家に対応する安全・安心の確保，②低・未利用不動産としての空き家の活用・流通の促進，③歴史的景観を保全するまちづくりと一体的に取り組む地域との連携が掲げられており，単に空き家を除却するのではなく，まちづくりを含めた複合的な施策を目指している．

本書では第7章（鈴木論文）が，地域政策学から空き家問題を論じる．

❻都市工学

都市工学では，地域内に存在する空き家を正確に把握するべく，調査方法や推計方法の開発が進められている．たとえば，石河ほかと西浦・小林は，既存統計と現地調査を通じて空き家の量的把握を試み，実数値と推計値との誤差要因を論じている[21]．分析の結果，建物のポイントデータと小地域単位で集計された世帯数データを組み合わせることで，当該地域の空き家率を高い精度で析出できるという．空き家の量的把握に加えて，空き家の活用方法を模索する論考も蓄積されつつある．たとえば，大前ほかは空き家を店舗に転用するための，建築構造上の手法を論じ[22]，長は空き家を学生向けのシェアハウスに転用した事例を紹介している[23]．

本書では第 11 章（堤論文）と第 12 章（大澤論文）が，都市工学から空き家問題を論じる．

おわりに

本章では，研究領域を問わずに共通する空き家の基本的な概況を統計資料等により把握するとともに，空き家問題に関連する先行研究の動向を整理した．これまで論じてきたとおり，空き家問題とは，さまざまな要因を背景とした問題であり，その解決方法も多岐にわたる．空き家を含めた低・未利用不動産の有効活用を模索するためには，より多くの研究領域による多面的な議論と分析の精緻化が求められよう．

注

1) 平成 25 年住宅・土地統計調査「用語の解説」によると，一時現在者のみの住宅とは，「昼間だけ使用している，何人かの人が交代で寝泊まりしているなど，そこにふだん居住している者が一人もいない住宅」を指す．
2) 2018 年 3 月以降，サブリース契約に関するトラブル防止に向けて，国土交通省，金融庁，消費者庁が連携して注意喚起をおこなっている．
3) 国立社会保障・人口問題研究所「日本の将来推計人口（平成 29 年推計）」（国立社会保障・人口問題研究所，2017 年）60 頁．
4) 日本経済新聞 2018 年 12 月 8 日配信版による．
5) 長野県小諸市などでは，別荘や古民家を含めた空き家バンクを公開している．
6) 中古住宅流通戸数は，総務省『住宅・土地統計調査』のほかに，東日本不動産流通機構の『首都圏不動産流通市場の動向』や不動産流通経営協会の『FRK 既存住宅流通量推計結果』などの数値が存在する．集計方法が異なるため，流通戸数に多寡はあるものの，経年変化の傾向はほぼ同じである．
7) 増田寛也編著『地方消滅』（中公新書，2014 年）243 頁による．
8) 実家の土地建物のみならず，墓の後継者も途絶える恐れがある．墓守の消滅を予見して早い段階に「墓じまい」や改葬する風潮も，空き家化と軌を一にしている．
9) 総務省の「お試しサテライトオフィスプロジェクト」によれば，東京に本社を設置する企業が徳島県神山町に空き家となった古民家を改修して業務をおこなっている．http://www.soumu.go.jp/satellite-office/index.html（最終検索日：2018 年 12 月 21 日）

10) 空き家化と過疎化の抑止に効果がある取り組みには，ライフスタイルに応じて複数の住居を拠点にしながら生活する「多拠点居住」の推進なども考えられる．
11) 県下最大の人口を擁する高崎市も，今後は緩やかに人口が減少する見込みである．国立社会保障・人口問題研究所の推計値によれば，高崎市の人口は2010年の約37.1万人から2040年には約33.1万人となり，この30年間に約4万人（10.7％）減少するとみられる．
12) 鈴木博志・玉置伸悟「空き家の実態に関する一試論―住宅建設計画に関する研究―」(『日本建築学会学術講演梗概集計画系』第51巻，1976年) 1557-1558頁．
13) ただし，分類不明の77本を除く．
14) 北村喜宣編『空家法施行と自治体空き家対策―空家法実施上の論点・条例対応と実践実務―』(地域科学研究会，2017年) 178頁．北村喜宣『空き家問題解決のための政策法務―法施行後の現状と対策―』(第一法規，2018年) 400頁．
15) 岩崎忠「自治体の空き家対策の検証と今後の課題―政策執行過程における「点」と「面」からの対策―」(『自治総研』第459号，2017年) 59-79頁．
16) 米山秀隆『少子高齢化時代の住宅市場』(日本経済新聞出版社，2011年) 271頁．米山秀隆『空き家急増の真実―放置・倒壊・限界マンション化を防げ―』(日本経済新聞出版社，2012年) 228頁．米山秀隆『限界マンション―次に来る空き家問題―』(日本経済新聞出版社，2015年) 240頁．
17) 佐久間康富・筒井一伸・嵩和雄・遊佐敏彦「農山村の空き家再生に地域社会が果たす役割に関する研究」(『住総研研究論文集』第43巻，2017年) 103-114頁．
18) 西山弘泰「ソーシャルビジネスによる空き家問題の解決―（株）中川住研の古民家再生ビジネスを事例に―」(『宇都宮共和大学都市経済研究年報』第17巻，2017年) 149-160頁．
19) 由井義通・久保倫子・西山弘泰編『都市の空き家問題 なぜ？どうする？―地域に即した問題解決にむけて―』(古今書院，2016年) 212頁．
20) 矢田部衞「京都市の「総合的な空き家対策」」(『都市政策』第164号，2016年) 31-40頁．
21) 石河正寛・松橋啓介・金森有子・有賀敏典「住戸数と世帯数に基づく空き家の詳細地域分布の把握手法」(『都市計画論文集』第52巻第3号，2017年) 689-695頁．西浦定継・小林利夫「地域要因からみる空き家発生リスクの試算に関する研究―東京都日野市の空き家調査データを事例に―」(『日本建築学会計画系論文集』第82巻第740号，2017年) 2629-2635頁．
22) 大前蓉子・森傑・野村理恵「住宅から商業店舗への用途転用における空間構成の変化と改修手法の特徴」(『日本建築学会技術報告集』第24巻第56号，2018年) 317-322頁．
23) 長聡子「セルフリノベーションによる空き家再生事業の実態と課題―新潟県柏崎市の学生シェアハウスを事例に―」(『日本建築学会技術報告集』第23巻第55号，2017年) 1009-1014頁．

第 1 部
総　論

第1章
空家特別措置法施行前後の自治体対応と今後
―空き家の「点」と「面」からの対策―

岩﨑　忠

はじめに

　空き家は，ごみの不法投棄がなされ，悪臭の発生につながることがある．また，防災・防犯機能も低下しているため，火災が発生する場合もあり，さらに建物の倒壊など事故の増加を招く恐れもある．こうした空き家が増加する背景には，いくつかの要因をあげることができる．まず，住宅市場のバランス，すなわち人口が減少しているにもかかわらず，新しい住宅が提供されていることがある．次に，遠方に居住していて所有者に当事者としての認識が欠如している点や，居住建物の維持管理費・取壊費用まで捻出する余裕がないといった経済的な要因を挙げることができる．さらに，所有者の特定が困難であるため，「空家等対策の推進に関する特別措置法」（以下，「空家特別措置法」とする）が制定される以前は，固定資産税情報を空き家対策のために使用できなかった点を挙げることができる．他にも，建築基準法施行前に建築された住宅の場合，接道義務を満たしていない場合もあるため，建て替えできないといった無接道家屋の問題といった法的要因もある．

　こうした空き家に対しては，これまで多くの自治体は，空き家に対する条例を制定し，危険な空き家を除却したり，解体や修繕するための補助制度を創設して国に先行して対策を進めてきた．国においても2014年11月に空家特別措置法を成立させるとともに，2015年度税制改正では，危険な特定空き家に対して固定資産税の住宅用地特例（建物のある土地の固定資産税の軽

減措置)を解除することとし,2016年度税制改正では相続して一定の期間内に空き家を売却すると譲渡所得税の特別控除が受けられるようにし,空き家化の予防,空き家の流通・活用等の施策を推進してきている.

本章では,こうした国や自治体の空き家対策の取組みを検証するとともに,その具体的な課題について,行政学における政策執行過程研究の視点から分析することとする.

1. 行政学における政策執行過程研究の特徴

政策とは,「政府又はこれに準ずる組織が,その環境諸条件またはその対象集団の行動に何らかの変化を加えようとする活動の案」である[1].そして,政策の執行過程とは,その活動の案を現実にあてはめて適用し,政府が環境条件や対象集団に実際に働きかける活動のプロセスそのものである[2].

政策は,政府活動の案にすぎず,これを現実に行おうとするプロセスでは,さまざまな問題が生じる.例えば,ある規制政策を実施しようとする場合に被規制者や周囲の者から予期しない抵抗が生じることもあるし,補助金等の給付行政の場合は,政府内部調整がつかず,予算や人員が確保できず,事業を中止せざるをえないこともある.

このような執行過程において起こる事態を,政策をつくる段階で全てを予想することが困難であり,執行過程において,はじめてこれらの課題を発見し,その対策を講じて解決し,政策の目的を実現することになる.とりわけ,政策の実現にあたり,利害を有する者の合意を得て,または反対を緩和して政策を実現することは,執行過程になくてはならない過程である.もちろん,政策実施過程では,ただ政策の目的を実現すればよいのではなく,どのような方法や手続で,またどれだけのコストを支払って実現したという視点も大切である.また,政策の執行にあたっては,十分な説明責任を果たしたとか,公平な基準で執行したかが問われなければならない.

とりわけ,空き家対策の目的は,危険な空き家を除却することと利用可能

な空き家は利用促進することである．危険な空き家を除却するために，これまで空き家の代執行を実施してきているが，解体費をすべて回収できない場合，税が投入されることになる．同様に，危険な空き家の解体費補助の一部を自治体が負担することを行ってきている．こうした，税の投入は，他の政策手段で利用される事例と比較して公平性が確保されているかといった点について自治体は説明責任が問われることになる．そして，仮に解体費を回収できない状況が常態化した場合，空き家の所有者または管理者は空き家を放置すれば壊してくれると考えるようになり，モラルハザードを引き起こす可能性がある．

本章では，政策執行過程の特徴・課題を踏まえて，空き家対策についての効率かつ有効な手段を分析するものである．

2. 公共政策の手段

公共政策は，目的，主体，対象，手段，基準・手続の要素からなる[3]．空き家対策にあてはめてみると以下のとおりである．

目的は，大きく2つに大別でき，1つは，地域住民の生命，身体，財産の保護，生活環境の保全であり，もう1つは，空家等を利活用し，有効活用することである．

主体は，市民に身近であり，不動産の保有情報（固定資産税情報）を有している市町村が中心になるが，財政的な支援や情報をまとめて発信できる点では，広域的な自治体である都道府県や国も市町村を積極的にバックアップすることが期待される．

対象は，「空家等」であり，建築物のほかに，これに附属する工作物及びその敷地（立木その他の土地に定着する物を含む）であり，居住そのほかの使用がなされていないことが常態であるものである．共同住宅の場合，一部未使用住宅でも対象にすることができるか検討する必要がある[4]．

手段として重要なのは，執行手段の選択である．多様な執行手段の中から

最も適正な手段を選択し，また複数の手段を組み合わせることが重要である．その際，権限，資金，人材，情報などの政策資源（policy resource）のうち，どのような資源を活用できるかを考えることがポイントになる[5]．

権限による対応措置，すなわち「権力的な手段」として，倒壊等が著しく保安上危険となるおそれのある状態などの「特定空家等」を対象に，除却・修繕・立竹木の伐採等の措置の「助言又は指導」，「勧告」，「命令」を行い，行政代執行の方法により強制執行を可能としている．また，指導・勧告等を行っている時間がない場合の緊急安全措置の検討も重要であろう．

次に，資金による対応措置すなわち「経済的な誘因の提供（インセンティブ手法）」として，施策の実施に要する費用に対する補助，必要な税制上の措置等を行うことも重要な手段といえよう．空き家の場合，解体費補助，改修費補助を交付することで危険な空き家を除去したり，空き家の利活用を促進することが考えられる．

また，積極的な「情報の提供」は重要である．空家等の所有者を把握するため固定資産税情報の内部利用，空き家等のデータベースの整備等を行い，空き家バンクを充実させ，積極的に情報提供して，中古市場を活性化することも期待される．

さらに，「組織による対応」としては，空き家対策を総合的に行うために，空家等対策連絡協議会を設置したりすることが考えられる．

公共政策の構成要素として，最後に，基準・手続がある．補助金の交付基準・交付手続や特定空家等の認定基準・認定手続などが該当する．

以上のような構成要素からなる公共政策により，自治体は，直面する課題解決のための目的に対して，有効かつ効率的な手段を講じなければならないのである．

そこで，空き家対策について，いかなる手段を講じていくべきかについて，権力的な手段，経済的な誘因の提供，情報による対応，組織による対応の4つの手段に分けて効率的かつ効果的な手段について考察していくことにする．

3. 権力的な手段

(1) 空家特別措置法制定前の自治体の対応

　空き家は，防災，防犯，公衆衛生，景観，環境（不法投棄）など地域全体にもたらす外部不経済が問題視されてきた．こうした地域の外部不経済に不安を覚え，市町村に陳情などが持ち込まれていた．

　このような中で，建築基準法10条3項は，「特定行政庁は，建築物の敷地，構造又は建築設備……が著しく保安上危険であり，又は著しく衛生上有害であると認める場合は，……当該建築物の除却，移転，改築，増築，修繕，模様替，使用禁止，使用制限その他保安上又は衛生上必要な措置をとることを命ずることができる」と規定してきた．

　特定行政庁とは，建築基準法2条35号に根拠を持ち，建築確認業務を行うために，建築主事が置かれている人口25万人以上の市長であった．しかし，このような10条3項の所管課は建築指導課であったが，その発令は，命令の発出要件が困難であることや，命令の履行確保が期待できないことから，権限行使は，極めて限定的であった[6]．

　このような中で，所沢市は，危機管理担当室（危機管理課防犯対策室）が担当する「所沢市適正管理に関する条例」（以下「所沢市条例」という）を制定し，住民の期待に応えようとした[7]．所沢市条例は，1998年の長戸部町空き地空き家などの環境保全に関する条例を参考とし，建築基準法などの法律と独立して制定される自主条例であった．一方，2012年制定の市川市条例は，建築基準法を用いて老朽空き家対策をしようとする建築基準法実施条例である．こうして，空き家対策は，2012年以降自治体条例が2014年に施行された「空家等特別措置法」までの間，空き家対策をリードしてきた[8]．

　また，特徴的な自治体の取り組みとしては，見附市の老朽危険空き家等の所在地に係る固定資産税などの減免に関する要綱（2012年10月1日施行）における，適正な管理がなされていない空き家の住宅用地特例を解除できる

ようにしたこと（3条），また，家計維持の観点から，危険な空き家を除却し，更地にすることで生じる急激な税負担増への配慮（4条）などは特筆すべき取組みであろう．

(2) 空家特別措置法の意義と課題

　国が2014年11月に制定した空家特別措置法の目的は，周辺住民の生命・身体または財産の保護，生活環境の保全，空き家等の利活用の促進である．そして，住民に最も身近な行政主体であり，個別の空き家等の状況を把握することが可能な市町村が，空き家等に関する対策の実施主体として位置付けられた．市町村は，今後，国土交通大臣及び総務大臣が定める基本指針に即して，空家等対策計画を作成する（第6条）．計画の作成，変更，実施に関する協議を行うために，市町村は協議会を設置する（第7条）．しかしながら，計画策定も協議会設置もいずれも任意であるため，それらの動向は決して活発ではない．

　空家特別措置法にいう「空家等」とは，常時使用しない状態が続いている建築物，工作物及びその敷地である（2条1項）．そのまま放置すれば著しく保安上危険となるおそれのある状態，又は著しく衛生上有害となるおそれのある状態，適切な管理が行われていないことにより景観を損なっている状態にある空家等が「特定空家」（第2条第2項）と定義された．特定空家等の所有者等に対して，市町村は，助言・指導，勧告，命令ができる．ただし，景観疎外の場合には，除却まで求められない（第14条1～3項）．命令不履行の場合は，公益重大侵害状態でなくても行政代執行ができる（同条第9項）．

　また，命令の名宛人を過失なく確知できない場合に代執行できる（略式代執行）ことや，命令したにもかかわらず，履行期限まで改善が見込めない場合，特段の要件なく代執行できる（緩和代執行）ことを規定した[9]．

　この他，空き家特別措置法には，立入調査（第9条），所有者情報の利用（第10条），空き家情報のデータベース化（第11条），跡地活用等（第13

条）が規定されている．この中で，所有者情報の活用（第10条）を規定し，地方税法22条により課税目的以外の使用を禁じていた固定資産税の情報を空き家対策に活用できるようにした点は，所有者特定に大きく寄与する．とりわけ，東京都特別区は，課税主体の東京都と空き家対策を主体的に行う特別区と主体が異なる点で円滑な空き家対策を進められなかった点を考慮すると，この規定の意義は特に大きいといえよう．しかしながら，固定資産税の情報提供の範囲は，「固定資産税の課税のために利用する目的で保有する空家等の所有者に関する情報の内部利用等について」（平成27年2月26日，国住備第943号，総行地第25号）において，「空家等の所有者（納税義務者）又は必要な場合における納税管理人の氏名又は名称並びに住所及び電話番号といった事項に限られる」と記載されているのみである．相続人情報の扱いについて，探索負担が増大することから相続人代表者以外の相続人情報しか提供されない岐阜県多治見市などもあれば，すべての相続人情報は得られるが，代表者か否か不明のため，効率的な探索ができていないという山形県東根市などもある．固定資産税情報が空き家対策に活用できることをもって，所有者の特定の問題がすべて解決されたわけではない．所有者不明問題については，現在もなお検討されている[10]．

　また，空き家情報のデータベースの整備については，各種の調査を通じて得られた空き家情報を項目ごとに整理し，個別の空家等ごとに整理することで，作業効率を高めることができる．茨城県笠間市では，「空き家管理運用システム」を導入し，半年ごとに法務局により提供される市内全体の登記事項証明書の内容を税務課と空き家担当のまちづくり課で共有している．また，固定資産システムと連携するなど，担当職員の机上で，税務情報を含め，一元管理された空き家情報を把握することができる．今後は，タブレットPCの導入により現地での情報把握の可能性が拡大し，現地での作業効率の向上が検討されている[11]．

(3) 空家特別措置法施行後の条例制定（改正）の特徴

空家特別措置法は，数多くの自治体が条例制定した後に制定されたことから，条例改正をするのか，条例を廃止するのか，それともそのまま条例をおくのか，自治体側にはその対応が求められた．例えば情報公開制度，個人情報保護制度についても，数多くの自治体が法律制定に先行して制定している．これらの制度は法律（政令省令，告示を含む）による規律密度（事務処理の基準，方法，手続等を規定している度合い）は低く，行政機関の保有する情報の公開に関する法律25条は「地方公共団体は，この法律の趣旨にのっとり，その保有する情報の公開に関し必要な施策を策定し，及びこれを実施するよう努めなければならない．」と規定しているだけである．つまり，情報公開・個人情報保護に関する法律は，自治体に対して，具体的な規律をしていないため，法律の制定により条例の改正が必要になることはなかった．また，屋外広告物法のように，規制対象との法関係が条例制定によりはじめて確定するような問題もなかった．それらに対して，空き家対策については，数多くの自治体が条例制定されているにもかかわらず，比較的に規律密度の高い法律が制定されたため，各自治体では条例改正が必要であったといえよう．

また，空家特別措置法の抱える問題点を条例でいかに克服するかも注目すべきであろう．例えば，建物全体が使用されていないものを対象としており，長屋建てや共同住宅の一部の住戸について対象としていない点や，先行した条例では全ての空き家を対象としていたにもかかわらず，「特定空家等」と認定したもののみ助言，指導，勧告，命令ができるとされており，いずれの手続も省略が認められない点，さらに，空家特別措置法は，建築基準法の特別措置法として建築基準法の仕組みを参考に立法されており，建築基準法の対象としている「一般の住居」と「空き家」に関する財産保障を同一に扱おうとしている点などである[12]．

これらの問題点に対する対応として，一戸建ての空き家のみならず，長屋建てや共同住宅の一部の住戸についても対象とした点や，義務を命ずる暇が

なく，緊急対応が必要であると認められる場合には，緊急措置として所有者に事前告知することなく，市が対応できるようにする緊急安全措置を規定した点が特徴である．特に，京都市が，管理不全が著しい状態の特定空家等について，助言や指導又は勧告を経ずに命令できる規定を置いた点については，空家特別措置法の規定と法の趣旨・目的が同様であるにもかかわらず，いきなり命令をすることができると規定したという点において，挑戦的な試みといえよう[13]．

この他，市川市では，空家特別措置法第14条の助言若しくは指導又は勧告を行っても所有者等が必要な措置を講じない場合に，所有者等の同意を得て，契約による安全代行措置を講じることができる旨の規定を置いた．民事訴訟を意識した規定ということもできよう．

さらに，上越市のように，空き家等対策協議会の設置根拠（21条から25条）を条例に規定しただけでなく，特定空家の認定手続（7条）を条例に規定したことにも意義があった．特定空き家になると代執行に進む可能性があるだけでなく，固定資産税の特例措置が講じられなくなり，所有者等に不利益が及ぶ点を考慮したものといえよう．

(4) まちづくりによる「面」整備としての規制による手法

空き家を単体の個別の空き家だけの問題ではなく，木造密集地域等という地域一体の課題として捉えた時，個別の空き家を対象とするのではなく，まちづくり手法と一体となった整備として空き家対策を検討する必要がある[14]．

例えば，多摩ニュータウンのように地方住宅供給公社による住宅市場の整備が行われてきた地域や，高崎市の南陽台団地のように民間のディベロッパーなどが開発した分譲地では，同じ時期に同じエリア内で老朽化，空き家化が起こっているのが現状であろう．官民を問わず，同じエリア内で生まれる空き家に対しては，当然，個別の「点」的な空き家対策というよりは，エリアによる「面」的な空き家対策の方が有効であろう．分譲住宅地の所有権を取得した土地・建物の所有者等の責任においても，自治体が面的整備を実施

する場合は,積極的に協力することが求められる.

「面」的なまちづくり手法としては,土地区画整理法,土地改良法,都市開発法,新都市基盤整備法などによる換地処分,権利変換処分などにより整備する方法がある.

具体的な事例としては,山形県鶴岡市では,道幅も狭く,接道要件を充たしていない土地が多いことから,NPOプロジェクトが中心になって,空き家所有者から空き家と土地を寄付(または,低価格で譲渡)してもらう事業を進めている.具体的には,空き家を除却した後の土地の一部を市に道路として提供し(狭あい道路対策),跡地は隣接所有者に低価格で売却する「ランド・バンク方式」を採用している.この方式は,危険な空き家の撤去を進めると同時に,跡地を隣地と組合せて区画整理事業(小規模連鎖型区画再編事業)を行い,同時に狭あい道路対策も行う点で,面的・線的な整備とリンクした取り組みとして評価できる.

また,群馬県富岡市では,富岡製紙場の玄関口である上州富岡駅前北側の約12ヘクタールの地区が,現在虫食い的に宅地化され,空き家や空き地が点在し,道路が狭く,新築などの建て替えが進まず,緊急車両が進入できないなど多くの課題があることから,建築規制ルールなどを定める「地区計画」を策定する[15].空き家や空き地を解消して良好な住環境を整え,若い世代を呼び込み定住人口を増加させることが目的である.地区計画では,①商業地区が集積しやすいバイパス沿道地区,②静かな住宅街,③小さい店を構えられる小規模店舗および住居複合地区に3区分し,利便性と安全性などを考慮して道路を整備する.計画には,住宅街との統一感を出すため,敷地面積の最低限度や建築物の形態,意匠,高さなどに一定の景観上のルールを設けるとされている.

(5) 空間管理という視点からの整備(所有と利用の分離)の可能性

これまでの不動産の活用は,所有者と利用者が個別契約をしているケースが多く,不動産の活用方法も借り主に任されてきたことから,まちづくりや

区域の活性化とあまり関係なく実施されてきた．また，所有者が店舗や土地を貸すと返還されない可能性もあった．こうした中で，不動産の所有と利用を分離した上で利用権を集約化し，空き店舗の改修・改築・商業住居などによって複合施設を整備し，まちづくり会社等による運営管理が試みられている．

主な手法としては，①土地や建物が期間終了後に無償で戻ってくる「定期借家権，定期借地権制度」の仕組みの活用，②不動産の有効活用を目的に，不動産の所有者が不動産の運用管理を信託会社等に委ねることにより，収益を得ることができる「土地・建物の信託制度」の活用などが挙げられる．②の手法でも期間終了後は，所有権は戻り，現状の姿のままで返還される．具体的には次の3つをあげることができる[16]．

第一に，滋賀県長浜市では，まちづくり会社(株)黒壁が，空き家・空き店舗である旧銀行建物や江戸末期からの町家を一体利用して，直営，共同経営，テナントの店舗展開により，年間約200万人の観光客を誘致する「黒壁スクエア」を形成している．

第二に，香川県高松市の丸亀商店街では，まちづくり会社が，商店街の不動産所有者等と個々に定期借地契約を締結し，土地・建物の利用権を取得した．複数の隣接した一定規模の土地の利用権を取得して，店舗の改修，建て替え，整備を行い，統一した街並みのためのデザインコードを作成，そして地区計画などにより，高さ制限などを行った．

第三に，石川県金沢市では，まちづくり会社である金沢商業活性化センターが，遊休地になっている店舗の空き地の利用権を定期借地契約により取得し，飲食店とファッション，雑貨のお店などの運営により，商店街のイメージアップに貢献している．

こうした利用権を取得することによる地域のイメージアップ，付加価値を付与するといった発想は，空き家対策に面的に対応していくためにも重要な視点であろう．

海外では，オランダにおいて，経済成長が見込めないなかで，市街地開発

事業等のまちづくりによる整備等を行う際に，公共空間によって受益する民間事業者から法的強制力を背景に負担金や施設・土地等の提供による公的負担を求め「費用回収」する手法が実践されている[17]．

4. 経済的な誘因の提供（インセンティブ手法）

(1) 国の補助金と税制改正

　国土交通省は，2010年2月から3月にかけて6都県（東京都の特別区と市，大阪府市内の市，茨城県，埼玉県，千葉県，神奈川県内の東京都心から40km以遠の地域）を対象に，「平成21年度空家実態調査」を実施し，空き家の活用や除却を補助する「空き家再生等推進事業」を推進してきた．この事業は，国費負担が2分の1であり，空き家住宅等の集積が居住環境または地域活性化を阻害している区域において，居住環境の整備改善および地域の活性化に資するための，不良住宅，空き家住宅，空き建築物の除却や活用を目的とした．

　また，2015年度，2016年度に税制改正を行い空き家の利活用を促進しようとしている．2015年度税制改正では，危険な特定空き家に対して固定資産税の住宅用地特例（建物のある土地の固定資産税の軽減措置）を解除することとし，2016年度税制改正では相続して一定の期間内に空き家を売却すると譲渡所得税の特別控除が受けられるようにし，空き家化の予防，空き家の流通・活用等の施策を推進している[18]．

(2) 自治体の補助制度

　空き家対策の「経済的な誘因の提供手法（インセンティブ手法）」の1つとして，空き家の撤去費補助制度がある．撤去費に対する補助制度について，毎日新聞がアンケート調査したところによると，条例制定している355自治体のうち325自体から回答を得たなかで，撤去費の補助制度があると回答したのは96自治体（3割）で，制度がないと回答したのは221自治体（7割）

となり，補助制度をもつ96自治体のうち55自治体が実施している[19]．行政代執行とともに，補助制度をもつことは，他の要因により行われる行政代執行との関係で公平性に欠けると考えられるし，老朽化しているが危険でない建物と老朽化しているが危険な建物との線引きを明確に判断する専門的な知見が必要になるであろう．

京都市では，空き家の賃貸や売却を条件として，修繕・模様替え，家財の撤去の一部について，最大30万円（京町家の場合は60万円）の補助を，地域住民の交流の場や芸術家のアトリエ，留学生の住まいといった京都市の各種政策目的に適った活用方法については，最大60万円（京町家の場合90万円）の補助を行っている．また，同市は，「まちなかコモンズ整備事業」として，密集市街地において，老朽化した建築物を除却し，跡地を地域の防災のひろばとして整備する場合に，除却費用（上限100万円）と整備費用（上限200万円）を補助しており，密集市街地・細街路対策と関連して跡地利用を促進している．さらに，空き家をまちづくりの資源として捉えて，新しい活用方法を提案するプロジェクトを公募し，公開審査を経て選定したプロジェクトに対して改修費用等として最大500万円を補助する「空き家活用×まちづくり」モデル・プロジェクトがある[20]．このような京都市における空き家の有効活用につなげる補助のスキームは評価すべきである．

また，市民からの提案・知恵を活かそうとする取り組みは，前橋市でも行われており，それが「ここにあるタカラモノ，空き家・空き地コンペ（2016年4月）」である．これは，公益財団日本建築業協会関東甲信越支部の主催で，前橋市の中心市街地に接する東西250メートル南北200メートルの三角のエリアに存在する空き地を利用してエリア全体の価値を高める提案を表彰するものである．空き家の有効活用について，自治体行政だけで検討するのではなく，市民からの提案・知恵を活かそうとする取り組みは，今後各地で拡がることを期待したい．

(3) 空家の寄付

奥多摩町の「田舎暮らし支援住宅・若者定住応援住宅制度」は，所有者から町に寄付された空き家に固定資産税相当の年間千円から4万円の使用料で暮らせる「若者定住応援住宅」および「いなか暮らし支援住宅」（移住体験住宅）制度である．この制度は，空家を活用し，実質無償で土地付き住宅を譲与する住宅で15年間経過すると，土地と建物を譲り受ける．土地および建物は現状での引渡しになるため，リフォーム等にかかる費用および定住にかかる費用は申込者の負担となる．2015年以降に合計78世帯236人が定住した．同地の児童・生徒数もプラスに転じており，2018年7月には韓国の広域協議会の視察もあり，注目されている[21]．

5. 情報の提供（中古物件の住宅市場の活性化）

(1)「自治体版空き家バンク」の限界と「全国版空き家バンク」の創設

桐生市では，移住・定住促進の一環として，2006年度に空き家・空き地バンクを設立した．当初は，移住・定住の促進が目的であったため，対象を山間部の地区に限定していたが，2008年度に対象地域を桐生市に全体に拡大したところ，登録件数が急増して2015年度には累計登録件数が230件，成約件数が93件と全国自治体で上位の実績を上げることができたと報告している[22]．このことから，不動産市場について，狭域の自治体の区域を超える広域なエリアで捉えることが必要であることがわかる．こうした空き家バンクは，国土交通省が2015年に実施した調査で回答した950市区町村の7割が開設していると報告しており，このような空き家バンクを行う自治体は今後増加していく傾向にあるといえよう．

一方で，自治体版空き家バンクは，自治体ごとに運用されているため，自治体によって，サイト仕様が異なり，検索しづらいといった課題がある．また，市町村区域と不動産市場が必ずしも一致しない点を踏まえ，国土交通省は，各自治体が運営する「空き家バンク」の物件情報を集約し，一元化した

「全国版空き家バンク」のサイトを作成するとしている[23]．今後は，都道府県の役割強化と民間の物件情報サイトとの連携についても期待したい．

(2) 京都市における空き家情報の積極的な活用と外部不経済情報の提供

　京都市では，総合的なコンサルティング体制の整備を図るとともに，地域と連携した対策，改修の補助金制度などを実施して，空き家の活用・流通の促進を行っている．京都市は個人所有の空き家に関して，活用しようとしても誰に相談していいのかわからない，信頼のおける不動産事業者を知らないという市民の意見を反映して，空き家所有者が気軽に相談できる総合的なコンサルティング体制を行うことにした．具体的には，京都市内の不動産事業者に京都市が実施する研修を受講し，「地域の空き家相談員」として登録してもらい，無料で空き家所有者等の相談に応じてもらう制度を実施している（＝「地域の空き家相談員制度」）．また，賃貸用または売却用として流通していない一戸建て・長屋建ての空き家を活用・流通させようとする所有者に対して，必要な助言や情報提供を行う専門家を派遣している．具体的には，建築士または「地域の空き家相談員」を空き家所在地に派遣し，空き家の劣化状況等の診断と空き家の状況を踏まえた活用と流通等に関する助言等を無料で行っている（＝『空き家活用・流通支援等専門家派遣制度』）．さらに，地域の自治組織がまちづくり活動として空き家に関する取り組みを行う場合に，活動費の助成や活動のコーディネーター役の派遣といった支援を行っている．具体的な活動としては，地域住民や空き家所有者向けのセミナー・相談会の開催，「まちあるき」による空き家所有者への活用提案である．最終的に空き家所有者と入居希望者マッチングにより地域に人を呼び込み，地域コミュニティの活性化に繋げていこうとする取り組みである[24]．

　さらに，京都市では，外壁材等の落下による死亡事故（想定）による民事上の工作物責任（民法717条）により損害賠償額が5,000万円になるという試算を示す『空き家便利帳（2015年3月）』を作成し，空き家問題の外部不経済性，所有者の責任を強調している点は大いに参考になるであろう[25]．こ

のような所有者の工作物責任を啓発する取り組みは，新潟県のウェブサイト「知っておきたい建築物の管理責任」や神奈川県相模原市のパンフレット「あなたの空き家大丈夫ですか？」でも行われている．

(3) 千葉県流山市の「住み替え支援・ワンストップ相談体制」

千葉県流山市では，住み替え支援制度といって，広い家を持て余して手離すことを検討しているシニア世帯と子育てのために安くて広い中古住宅に住み替えを希望する子育て世帯との自治体の窓口を通じたマッチングを図る制度がある．具体的には，市内の不動産業者及び建設業者，市内及び近隣市の設計業者がつくる「住み替え支援組織」が，住宅・マンションの情報，リフォームの提案，リフォームの工事の見積もりなどを提供する．利用者は，複数の「住み替え支援組織」から自分たちを支援してくれるチームを任意に選ぶことができる．この制度は，各種の相談を1箇所でできるため，不安や負担が軽減され，さらに最終的に条件が合えば，支援組織の各業者と契約を結ぶことができるため，物件調査から入居までワンストップで支援を受けることができる点が特徴であり，空き家バンクとは異なる都市型の空き家流通促進策といえよう．また，住宅需要に関する世代間（高齢者と若者との間）のミスマッチ解消策としても有効である．同じような取り組みとして小田急電鉄は，高齢者向けマンションや介護施設に転居した高齢者の自宅を借り上げ，子育て世代を中心に若年層が好む部屋にリフォームした上で，転貸する取り組みを行っている[26]．このように世代間における需要のミスマッチ解消という考え方は，他の政策分野でも活用できる有効な考え方であろう．

(4) 東京都の「空き家利活用等普及啓発・相談事業」

東京都では，空き家の発生抑制・有効活用・適正管理に関する普及啓発（フォーラム，利活用セミナー）の取り組みと，空き家所有者等からの相談に無料で応じるワンストップ相談業務（専門家・協力事業者との連携）を一体的に実施する事業者を募集し，その結果，16事業者から5事業者（特定

非営利活動法人空家・空地管理センター，東京急行電鉄株式会社，東京都行政書士会，ネクスト・アイズ株式会社，ミサワホーム株式会社）を選定した．東京都は，5事業者に対して1事業者当たり700万円の事業費補助を行い，財政的な支援を行う．

　また，東京都は，社会問題を解決する社会起業家（ソーシャルアントレプレナー）に新たに空き家を活用してもらう，起業家による空き家活用支援事業（物件情報の提供など）を開始した．居住だけでなく，事業拠点などへと空き家の利活用の幅を拡げるのが特徴である．採択された事業プランに空き家を提供した所有者には，管理費相当額として，固定資産税，都市計画税が3年間（1年目10分の10，2年目3分の2，3年目3分の1）補助される．実際に，2018年1月に個人事業主による，未就学の子連れ親子が気軽に訪れるカフェの運営「親子Cafeゆくる」が開設され，2019年2月には，特定非営利活動法人居場所コムによるシェアハウス型の地域交流スペースが開設される予定である．このようなNPOや民間事業者（個人事業者を含む）などからの空き家の活用策の提案を支援する取り組みは，空き家の活用の幅をさらに拡げることになる[27]．

(5) 空き家の予防対策
❶民泊施設としての空き家の活用

　有料で宿泊者を泊めることは旅館業法の許可が必要である．また，旅館やホテルは原則として住宅地には営業できず，衛生上の基準も厳しい．しかしながら，近年の訪日外国人の増加で旅行者を有料で宿泊させる違法施設が増えてきており，社会問題化している．これに対して，2016年4月より，国家戦略特区（東京都大田区等）では，旅館業の一種である簡易宿所（カプセルホテルやゲストハウスなど）の規制を緩和し，2泊3日からの民泊を認めた．これを受けて京王電鉄は，民泊が認められている東京都大田区，多摩地区のマンションを積極的に活用しようとしている．また，関西でも，阪急阪神といった鉄道会社が民泊を含め，売買や賃貸等を検討しており，新たなビ

ジネスモデルに挑戦しようとしている[28]。しかしながら，国家戦略特区では，旅館など既存の宿泊施設との競合を避けるため，7日以上の宿泊に限るなどの条件が厳しい．民泊参入を目指す不動産業界から営業日数が少なくては採算が合わないとして「制限なし」を要望された一方で民泊に顧客を奪われることを懸念する旅館業界が「年30日以内」を要望していることが勘案されて，「年180日を上限」として2018年6月15日に施行された住宅宿泊事業法（民泊新法）には，2条3項に規定された．これまで旅館やホテルは住宅地では営業ができなかったが，民泊新法の施行により住宅地を含めて，民泊の営業が可能になるため，自宅や賃貸住宅の1室を民泊に転用する動きが広がりそうである．具体的には例えば，岩手県釜石市では，2019年開催予定のラグビーワールドカップにより観光客増加に伴う宿泊数増への対応もあり，米国の大手民泊会社 Airbnb（エアビーアンドビー）と協定が締結された．海外への情報発信を含めて，今後の海外からの観光客に向け空き家の活用は活発化しそうである[29]．こうした空き家活用を含め，個人が保有する資産を活用したシェアリングエコノミーを通じて，観光資源の多様化とホテル不足の解消につながることを期待したい[30]．

❷京都市の固定資産税通知書とリンクした啓発チラシと出前講座の活用

　京都市は，空き家に対する意識を広く市民の間で醸成し，予防や活用・流通の促進，適正管理へとつなげるために，「市民しんぶん」などによる普及啓発を実施するとともに，空き家所有者に対する働きかけも実施している．例えば，2016年度から，市内在住者を含む家屋の所有者に対して啓発を行い，所有者の責務，空き家を放置することの危険性，空家特別措置法に基づく勧告の対象となった場合の固定資産税等の住宅用地特例の取り扱い，京都市の空き家の活用に係る補助制度などを内容とした空き家に関する啓発チラシを固定資産税通知書に同封している．

　また，空き家が長時間放置される要因の1つとして，相続登記がなされず，活用や処分をしようと思っても関係権利者が多数にのぼり，合意形成ができないといったことがある．こうしたことから，権利関係の複雑化予防を目的

として，司法書士と京都市職員が出向いて「遺産分割や相続登記に関するミニ講座」を無料で開催したり，「おしかけ講座」を開催している[31]．

これらの取り組みが今後，自治体が相談された空き家等の所有者や管理者に対して，積極的にアプローチをし，話し合いの「場」をもつことで，所有者と管理者とともに，売却か，除却か，再活用かといった空き家への対応を一緒に考える機会の創造へとつながるだろう．公共機関たる自治体がこのような「場」をもつことで所有者等は安心して今後のことを決断できるのである．そのためには，建設時代に活躍した用地買収担当職員のような不動産取引，税，土地利用といった土地活用のスペシャリスト（専門家）の知識が空き家担当職員には求められるであろう[32]．また，このような自治体の空き家担当者の専門性スキルアップのための研修も今後求められそうである．そして，道路用地買収を行う際に，土木職と事務職が両輪のような働きをしたように，建築職と事務職が両輪として十分に機能することで有効な空き家対策が講じられるであろう．このような，京都市の積極的に所有者や管理者に出向いていく「アウトリーチ（outreach）型」の積極的な攻めの空き家対策は，今後の他自治体の参考になるであろう．

6. 組織による対応

(1) 自治体が設置する組織

自治体が設置する組織としては，空家特別措置法が「空家等対策計画の作成及び変更並びに実施に関する協議を行う」（法7条1項）とする空家対策協議会がある．この協議会は，「協議会は，市町村長（特別区の区長を含む．以下同じ）のほか，地域住民，市町村の議会の議員，法務，不動産，建築，福祉，文化等に関する学識経験者その他の市町村長が必要と認める者をもって構成する．」（法7条2項）と規定されている．こうした法定協議会は，2018年3月30日現在，全国1,741市町村中594団体が作成済みである[33]．

このほか，自治体内の庁内部局横断型組織として，前橋市の特定空家等判

定委員会や東京都北区の空家等対策庁内検討委員会もある．また，障がい者や生活保護者などの福祉部局との連携がある南魚沼市空家等対策プロジェクト会議もある．また，空き家の主な原因が相続であることから，終活サービス（エンディングプランサポート事業）などとリンクすることも考えられよう[34]．

(2) 自治体と民間との連携

このような法定協議会のほか，民間主導の推進協議会の立ち上げも大切である．福岡県宗像市では，2008年1月に福岡県と宗像市の支援協力のもと，宗像市内の住宅関連業者有志によりボランティア団体「住マイむなかた」を結成された．2015年には，一般社団法人に移行し，相談できる公的団体として活動している．住宅関連業者とは，建築士会，建築組合，建設協会，商工会（工業部会），全日本不動産協会福岡支部，宅地建物取引業協会東部支部の6団体であり，宗像市の「空き家・空き地バンク」の賃貸・売買の支援を行っている．このほか，民間の住まい相談窓口，防犯協働事業，市営住宅の営繕管理業務，耐震診断改修補助金の受付，不動産相談会の開催などの活動を行っている[35]．

富山県高岡市では，富山県，高岡市，(社)高岡市宅地建物取引業協会高岡支部，(社)富山県建築士会高岡支部，富山県司法書士会高岡支部，富山県土地家屋調査士会高岡支部からなる「高岡市空き家活用推進協議会」を立ち上げ，住まいの総合相談所の実施及び周知広報，意見交換会や研修の実施による相談体制の充実，空き家維持管理サービスの提供，空き家活用会議や町内会懇談会を通じた行政への政策提案などを通じて相談体制を充実させている[36]．特に，高岡市空き家活用推進協議会では，空き家の所有者から依頼を受けて空き家の通気や通水，屋内清掃等の「空き家の管理代行サービス」等を行う業者の紹介などを強化している．こうしたサービスは，不動産事業者のほかに，警備会社，不用品回収・遺品整理業者，NPOなどが行っており，管理代行することにより所有者と信頼関係が構築できれば，売却にもつなが

り，ビジネスとしての拡がりを見せている．

　例えば，神奈川県内の大手鉄道会社である相鉄グループは，相鉄沿線の空き家を持ち主に変わって管理・運営し，貸し出す代行事業「空き家バンク＆リース」を始めている．これは契約期間中に空き家でも一定の賃料を保証し，手持ち資金のない所有者がリフォーム費用に充当できるよう賃料の一部を前払いする仕組みである．相鉄不動産は所有者から空き家を 7 年間の定期借家契約で借りてリフォームし，戸建て住宅として，入居者に貸し出す．入居者は相鉄不動産に賃料を支払う制度であり，所有者にも空室の心配がなく定期的な家賃収入を確保できるメリットがある．沿線の高齢化による空き家増加をにらんだ新たなビジネスとも読める[37) 38)]．同様の取り組みは，京急電鉄でも行われており，住宅改修のルーヴィスと提携し，「カリアゲ京急沿線」を展開し，空き家を借りて転貸している[39)]．

　一方，横浜市は，シルバー人材センターと空き家管理協定を締結するなど高齢者の就業確保につなげる拡がりを見せている[40)]．

(3) ボランティア団体との連携

　また，神奈川県の湘南地域には，ボランティア団体の「空家レンジャー」と呼ばれる集団がある[41)]．空家レンジャーは，逗子市の住宅街における 1 軒の古民家（空き家）を「シェアハウス海古屋」へと再生した集団である．地元の人だけでなく，都心部からも多くのレンジャーが参加しており，登録者は，100 名を超えているそうである．空き家レンジャーは，空き家の再生，すなわち，「DIY（＝ Do It Yourself：専門業者でない人が自分で作ったり修繕したりすること）を軸に据えたコミュニティによる空き家再生活動」を行う．参加者には仕事ではないので賃金は出ない．大工仕事に興味があったり，大工経験をしたい人が集まっており，完成まで現場に何度も通って作業する中で，一体感が生まれて，空き家からシェアハウスが生まれるようである．大人の秘密基地と考えている人もいる．活動は，月に 3〜4 回程度であり，活動日には大まかな改修計画をもとに 2〜3 名程度のチームに分けられ，

それぞれの任務が与えられる．改修には，廃材や不用品が使われており，リサイクルではなく，廃物の価値を上げる「アップサイクル」となっている．逗子での改修のあとに挑んだのは，葉山の巨大な元社員寮（厨房）をシェア工房「葉山キッチン」（食の挑戦の場）にすることだった[42]．空き家から新しい価値を生み出すことに共感する人は増え続けており，クラウドファンディングにより集めた資金は目標を大きく上回る152万8,000円であった．また，このシェア工房は，単純に厨房機器があるキッチンという場を共有するだけでなく，「食のチャレンジをするために乗り越えなきゃならない様々な壁も共有しあえる場」として実現しているという．そして，地元野菜などで出荷できずに捨てられてしまう野菜などの地域食材をチャレンジャーが活用する仕組みが地域との一体感を生み出して，地域の応援にもつながっているそうである[43]．こうしたボランティア団体による空き家の再生活動は，義務感ではなく，一体感も生まれ，楽しみにもつながり，ワークショップなどで，大人も子供も参加できる場として今後期待できそうである．

(4) 若者意見の反映（大学生との連携）

政令指定都市は，行政区が地域振興事業などを行っており，横浜市では，行政区である金沢区が，横浜市立大学や京浜急行電鉄と連携して，若者の意見を取り入れていくための事業展開を行っている．こうした若者の意見の反映されている事業は，横須賀市も実施しており，関東学院大学と協定を締結して，学生によるシェアハウス・リノベーション事業や学生たちによる空き家の改修・清掃を行い，若手世代を空き家対策に巻き込もうとしている[44]．また，高崎経済大学「0号館」は，学生による空き家の管理・有効活用の一例である．

7. 自治体の空き家対策と4つの政策手段

自治体の空き家対策を分析する軸として，危険性の「強」「弱」による分

析軸と空き家の密集度が「高い」「低い」の分析軸を縦軸と横軸に設定することができる（図1-1）．

第1象限は，「危険性が高く・空き家の密度が高い」地域である．この地

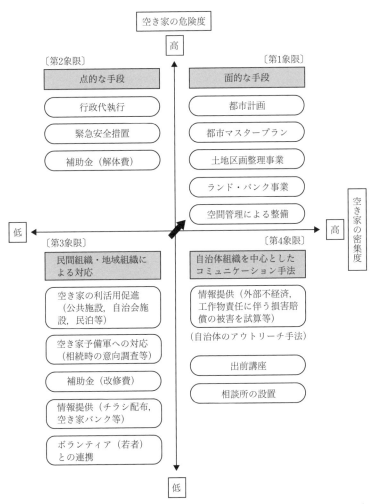

出典：岩﨑忠「自治体の空き家対策の検証と今後の課題」『自治総研』(vol.459) 地方自治総合研究所，2017年1月，75頁を加筆修正．

図1-1　空き家対策に対する自治体の政策手段

域には，積極的な自治体の介入が必要とされ，個別に対応していては充分な空き家対策とならない状況があり，土地区画整理事業等「面的な整備・一元的解決法」が期待される．さらに，所有と利用を分離した空間管理の発想も重要である．

第2象限は，「危険性が高く・空き家の密度が低い」地域である．この地域には，積極的な自治体の介入が必要とされるが，密度が低いために，個別に危険な空き家を撤去する「点的な強制手段」すなわち「個別対応型手段」が有効な手段となる．行政代執行・解体費補助などが有効な手段となるが，他の政策で行政代執行を利用する場合との比較検討，すなわち，公平性・平等性，モラルハザード問題への対応等に配慮する必要がある．

第3象限は，「危険性が低く・空き家の密度が低い」地域である．この地域では，空き家予備軍の予防的な調査を重点的に行い，空き家化を予防する必要がある．空き家予備軍への対応，相続時の意向調査を実施し，少ない空き家の有効利用を考え，公共用地とする，あるいは民間への売却を考案する．この場合，空き家に付加価値を付けて再活用するように地域に働きかけたり，老朽化防止の空き家のメンテナンス，住み替え住宅相談（高齢者と若者との間のミスマッチ解消）なども考えられる．

第4象限は，「危険性が低く・空き家の密度が高い」地域である．この地域には，危険な空き家にならないような方策が講じられることが期待されるが，空き家の数が多いため，効率的な対策が望まれる．すなわち，空き家関係者に対して自治体の積極的なアウトリーチを行い，外部不経済情報・工作物責任に伴う損害賠償情報の積極的な提供を行い，市民の空き家問題に対する関心（危機感）を高め，空き家相談所の開設などを通して住民と一体となった空き家対策を推進していく必要がある．

8. 今後の空き家対策

空き家については，危険であり公共的見地から除却する必要性がある場合

に限り，これまでも代執行は行われてきているが，解体費を全て回収できない場合は，税が投入されることになる[45)][46)]．仮に解体費を回収できない状況が常態化した場合，空き家等の所有者または管理者は空き家等を放置すれば自治体が勝手に壊してくれると考えるようになり，モラルハザードを引き起こす可能性がある[47)]．さらに，解体費補助制度等を含め，こうした税による対応がますます行われれば，空き家等が増加していく今日，将来的に自治体が財政難に陥る1つの要因になるといった懸念すらある．このようなモラルハザード対策としては，空き家の所有者に，自己所有の空き家が与える外部不経済の情報と工作物責任に伴う損害賠償請求の情報を十分に認識させ，所有者自らが，空き家対策を重点的に行えるように誘導することが重要である．過去に，自転車が高齢者と接触し，損害賠償請求された事例を広くアピールしたことから，自転車保険の加入率が高まった事例があったことからもこうした情報提供は有効な施策となり，モラルハザード問題の解消に向けた有効な施策になるといえよう[48)]．

　一方で，自治体は適正に管理されていない空き家等をできるだけ作り出さない施策を重点的に進める必要がある．すなわち，空き家化の予防，空き家等の流通・活用，空き家等に係る跡地利用等といった施策であり，こうした施策は，不動産，建築，法務，金融等それぞれの専門的な民間団体やシルバー人材センター，NPO団体，自治会等の地域組織と連携し，さらにボランティア，学生等と協働しながら地域が一体となって取り組むことが期待される．

　このように，自治体が公共政策としての空き家対策として，さまざまな手段を講じることが考えられるが，まずは，地域での解決，民間主導（市場）での解決を考えるべきであろう．つまり，自治体は，民間団体・地域組織等が情報交換・検討していく「場」を設定したり，地元自治組織や民間の不動産関係団体（司法書士会，不動産鑑定士会，土地家屋調査士会など）と協力して，空き家の所有者と管理者と相談できる体制を作り上げていくことが大切である．その上で，空き家の数が増え，空き家の密集度が高まれば，自治

体が積極的に関与し，さらに危険度が高い空き家が出てきたときに，はじめて権力的手段により代執行を行ったり，経済的なインセンティブを活用して補助金を交付し，危険な空き家を取り壊したりことを考えるべきであろう．さらに，空き家の密集度が高く，危険な空き家も多くなれば，自治体としては，財源確保の視点から受益者負担の視点を持って，地域が一体となったまちづくり政策として，所有と利用を分離した空間的な管理を含む「面的な空き家対策」に取り組んでいくことが重要であろう．

［謝辞］本稿は，本プロジェクトの成果を一部まとめた，岩﨑忠「自治体の空き家対策の検証と今後の課題〜政策執行過程における「点」と「面」からの対策」『自治総研』（通巻第459号）地方自治総合研究所，2017年1月，59-79頁を修正加筆したものである．また，御多忙中にもかかわらず，時間をとって調査・電話照会に協力いただいた自治体関係者の方々にも深く感謝する．さらに，本稿は，日本自治学会第16回総会・研究会（2016年11月19日，山梨学院大学）において，報告した内容を一部修正したものである．報告の際，貴重な御意見をいただいた．感謝する．

注
1) 西尾勝氏は，「公共政策とは，……政府がその環境諸条件またはその対象集団の行動に何らかの変更を加えようとする意図のもとに，これに向けて働きかける活動の案」と定義づける（西尾勝『行政学』有斐閣，1993年，208頁）．森田朗氏は，「政策は，政府の行う現実の姿ではなく，政府が将来に行う活動の体系についての案」と定義づけている（森田朗『許認可行政と官僚制』岩波書店，1988年，20頁）．両氏の定義を基本に，本章では「公共政策」について定義づけた．
2) 政策執行過程研究の中で，トップダウン・アプローチとボトムアップ・アプローチという議論がある．どちらの立場を支持するかは政策そのもの及び執行過程の特質によって異なる．空き家に関する政策は，計画を立案しただけでは，目的が遂行されず，執行過程の中で利害関係者が与える影響が極めて大きいので，ボトムアップ・アプローチがより適合的かと思われる（真山達志「政策実施理論」宇都宮深志・新川達郎『行政と執行の理論』東海大学出版会，1991年，221-236頁，今村都南雄「政策実施研究の再検討と課題」『行政学の基礎理論』三嶺書房，1997年，279-299頁）．
3) 森田朗氏が，政策の構成要素として，目的，対象，活動体制，行政手段，手続きの5つを挙げている点を参考にした（前掲，森田，26-29頁）．

4) マンションの空き家問題は，深刻な影響を及ぼしており，管理組合が機能せずに基礎的修繕ができない物件が拡がりつつある．東京都豊島区では，マンション管理推進条例を2013年7月1日に施行し，マンションの管理状況の届出を義務化することで，未届出マンションに区職員や管理士等が訪問し，管理組合が機能するように支援できることにした．東京都中央区でも同様の条例を2009年10月に施行しており，東京都でも管理状況の届出を義務化する条例案を2019年12月に開会する都議会に提出する予定（日本経済新聞2019年2月6日記事）である．この点については，米山秀隆『限界マンション～次に来る空き家問題』日本経済新聞社，2015年12月が詳細である．
5) 本章では，森田朗氏が政策手段として，権力，組織，資金，情報の4つに分類でき，これらを組み合わせることにより，政策目的を達成できる手段を参考にした（同上，25-26頁）．なお，これら4つの手段に加えて，行動環境を物理的に変えることで対象者の行動を制御する「物理的制御」を含め，5つの政策手段とする考え方（岩﨑忠『自治体の公共政策』学陽書房，2013年，15-16頁）もある．空き家対策の場合は，空き家への進入やごみの不法投棄防止のために柵を設置するような手段に限定されているので，本章では政策手段に含めなかった．岩﨑忠「空家特別措置法施行後の自治体の空き家対策～公共政策からのアプローチ～」『地域政策研究（第19巻第2号）』高崎経済大学地域政策学会，2016年11月，11-33頁，岩﨑忠「自治体の空き家対策の検討と今後の行方」『地方自治職員（通巻第695号）』公職研，2017年2月，45-47頁．
6) 北村喜宣，米山秀隆，岡田博史『空き家対策の実務』有斐閣，2016年，8-9頁．
7) 同上，9頁．
8) 地域科学研究会編『空き家等の適正管理条例』2012年8月，49頁．
9) 北村喜宣「空家法の実施と条例対応」『地方議会人（2016年11月）』9頁．北村喜宣『空き家の問題解決のための政策法務～法施行後の現状と対策』有斐閣，2018年2月，岩﨑忠「連載：分権改革の成果を活かす！市民のための公共政策：自治体の空き家対策」『ガバナンス（No.163）』ぎょうせい，2016年11月，102-103頁，西口元，秋山一弘，帖佐直美，霜垣慎治（2016）『Q＆A 空家対策ハンドブック』ぎょうせい，2016年3月，日本弁護士連合会法律サービス展開本部自治体等連携センター・日本弁護士連合会公害対策・環境保全委員会（2018）『深刻化する「空き家」問題～全国実態調査からみた現状と対策』明石書店，2018年3月，宮崎伸光・ちば自治体法務研究会（2016）『自治体の「困った空き家」対策～解決への道しるべ』学陽書房，2016年10月．
10) 国土交通省国土交通政策研究所・三菱UFJ＆コンサルティング株式会社は，「所有者不明空き家に関する研究・交流会」を，一般社団法人金融財政事情研究会は，「登記制度・土地所有権の在り方等に関する研究会」(https://www.kinzai.or.jp/specialty/registration.html) 2018年12月21日確認，を開催し，検討している．

11) 笠間市都市建設部まちづくり推進課空家政策推進室「空家管理システムの運用について」．
12) 第二東京弁護士会主催セミナー（2016年6月7日開催）「空き家対策への自治体の取組みはどうあるのか～自治体独自条例で解決しましょう」における幸田雅治氏（神奈川大学法学部教授）の「空家対策特措法の問題点」を参考にした．
13) 青山竜二「空家特措法制定後の空き家条例の整備に関する一考察―京都市条例を素材として」『自治実務セミナー』2015年7月号，第一法規，15-20頁．
14) 出井信夫『官民ですすめる空き家対策～再生と有効活用の成功事例』第一法規，2018年12月は，「空き家」有効活用のための資金調達，まちづくりファンドの活用など財政学，経済学の視点を中心に執筆されており，興味深い．また，海外の空き家対策を紹介した著書として，米山秀隆『世界の空き家対策～公民連携による不動産活用とエリア再生』学芸出版社，2018年9月は詳しい．
15) 2018年10月27日上毛新聞記事．
16) 経済産業省商務流通グループ中心市街地活性化室報告書『不動産の所有と利用の分離とまちづくり会社の活動による中心商店街区域の再生について（中間とりまとめ）』2008年3月，31-42頁を参考にした．
17) 空間計画については，金井利之『縮減社会の合意形成～人口減少時代の空間制御と自治』第一法規，2018年．特にオランダについては，金井利之「オランダ空間計画の変遷と空間整序法全面改正の背景」公益財団法人日本都市センター『オランダの都市計画法制～全訳オランダ空間整序法～』2012年，4～17頁および金井利之・内海麻利「オランダにおける土地活用事業制度とその運用に関する研究：公共空間の整備事業に関して民間側に費用負担を実効的に求める費用回収の手法に着目して」公益財団法人日本都市計画学会『都市計画論文集（第51巻3号）』2016年，804-811頁が詳しい．
18) 空き家に入居する子育て世帯や高齢者に最大で4万円を家賃補助し，受け入れる住宅の持ち主には住宅改修費として最大100万円補助する国土交通省の補助スキームもある．
19) 2014年9月21日毎日新聞記事．
20) 矢田部衛「京都市の「総合的空き家対策」」『都市政策（第164号）』みるめ書房，2016年7月，34-36頁．
21) 奥多摩町「若者定住応援住宅・いなか暮らし支援住宅」http://www.town.okutama.tokyo.jp/kurashi/sekatsu/sumai/wakamono_inaka_genti.html（2018年12月16日確認），および，2018年9月18日東京新聞記事．
22) 『平成27年度空き家対策等地域守りに関する研究報告書：RENOVATION 2016』公益社団法人全国宅地建物取引業協会連合会，2016年3月，26頁．
23) 2016年10月4日毎日新聞記事．
24) 前掲20），矢田部「京都市の「総合的空き家対策」」．
25) 損害額の試算は，日本住宅総合センターの「空き家発生による外部不経済の実

態と損害額の試算による調査（2013年5月）」のデータに基づくものである．この調査では，シロアリ，ネズミの駆除被害が発生した場合の損害額（23.8万円）等を試算している．

26) 2016年10月3日日本経済新聞夕刊記事．
27) 起業家が空き家を活用した事業プランを考える際の相談窓口として支援する民間事業者としては，有限会社エムアンドエムプランニング，小田急不動産株式会社，株式会社タウンキッチン，東京急行電鉄株式会社，株式会社プレアデス，ミサワホーム不動産株式会社，株式会社レオパレス21がコーディネーターとして採択されている．採択事業者には補助金による支援が行われている．
28) 前掲26），日本経済新聞夕刊記事．
29) 古川絵里「空き家を活用した民泊の可能性」『岩﨑忠ゼミナール（2期生）卒業論文集』，2019年3月．
30) 2016年12月4日日本経済新聞記事．
31) 前掲20），矢田部「京都市の「総合的空き家対策」」．
32) 用地買収と地域との合意形成について，岩﨑忠『公共用地買収の制度と技術〜政策執行過程における説明責任の視角から〜』（東京大学都市行政研究会研究叢書18，1999年1月）を参照されたい．
33) 空家等対策の推進に関する特別措置法の施行状況等について＜国土交通省・総務省調査＞平成30年3月31日現在
34) 岩﨑忠「かながわの空き家対策の現状と課題〜県内市町村の主要施策〜」『かながわ月報自治研（vol.171）』神奈川県地方自治研究センター，2018年6月，7頁
35) 宗像市「住マイむなかた」(http://sumai-munakata.jp/) 2018年12月23日確認．
36) 高岡市空き家活用推進協議会（http://www.t-akiya.com/）2016年11月1日確認．
37) 2016年3月1日日本経済新聞記事．
38) 「相鉄の空き家バンク＆リース」https://www.sotetsu-re.co.jp/lease/bank_lease/（2018年12月16日確認）．
39) カリアゲ京急沿線（http://www.kariage-keikyu.com/）2018年12月18日確認．
40) 横浜市でシルバー人材センターが空き家管理のサポートをする費用は，毎月1回，月額3900円で，現地確認をして，建物の破損のほか，不法投棄や不法侵入がないか確認するほか，所有者が遠方にいる場合は現状写真を送って確認してもらったり，除草（1日9850円〜），植木剪定（1日1万3700円）も行っている．
41) 「湘南には，「空家レンジャー」がいる 未来を救う世界を作り続ける創造革命家 加藤太一さん」https://reallocal.jp/31470s, 空家レンジャーフェイスブック：https://ja-jp.facebook.com/akiyaranger/（2018年12月16日確認）．
42) 「誰でも夢の第一歩を！葉山の空き家を「食のチャレンジ」が集まるシェアキッ

チンに！」https://camp-fire.jp/projects/view/34677（2018年12月16日確認）．
43) 「だれでも夢の第一歩を！葉山の空き家を「食のチャレンジ」が集まるシェアキッチンに！〜神奈川県葉山町に「葉山キッチン」がオープンを目指す！！」https://prtimes.jp/main/html/rd/p/000000002.000028450.html（2018年12月16日確認）．
44) 岩﨑忠「かながわの空き家対策の現状と課題〜県内市町村の主要施策〜」『かながわ月報自治研（vol.171）』神奈川県地方自治研究センター，2018年6月，6頁
45) 代執行事例ではないが，岩手県北上市の空家等対策条例（平成28年3月17日条例第17号）は，第21条第3項で即時執行の措置にかかる費用は市が負担すると定めている．
46) 2015年5月に空家特別措置法が完全施行され，危険な空き家を自治体が撤去できる制度が始まって以降，親族相続放棄，所有者不在などのため，ほとんどの場合が回収不能であることが判明した（2017年1月12日毎日新聞記事）．
47) モラルハザード対策として，富士通総研主席研究員の米山秀隆氏は，空き家の除却費用を自転車購入時のリサイクル費用の徴収のように，事前徴収してプールすべきとして，固定資産税に除却相当分を少しずつ上乗せすべきと主張する（2016年10月5日日本経済新聞記事）が，制度化に向けては，徴収率への影響等，有効性について慎重な検討を要する．
48) 自転車保険については大阪府が加入義務を定めた．あくまで任意であり強制ではないが，月々300円から500円保険料であることもあり，神戸の事故以降，加入率が高まったといえよう．神戸の事故とは，2008年に起きた「自転車事故」である．被害者は意識不明になり，神戸地裁は，加害者側に9500万円の損害賠償金の支払いを命じた．しかし，加害者側は保険に未加入だったため，翌年自己破産した．これ以降，各地で自転車事故に関する損害賠償請求の訴訟が提起され，加害者側で自己破産を申請する者が増えたため，自転車保険のニーズが高まったといえる．

第2章
空家法の補完機能としての空き家条例の実態
―多様性・実効性・公平性の観点から―

大 澤 昭 彦

1. 背景と分析の視点

(1) 背景・目的

　わが国では，戦後一貫して大量の住宅供給が進み，1973年には全ての都道府県で住宅戸数が世帯数を上回った．住宅の量的な不足は解消したものの，その後も住宅の供給は増え続け，空き家問題が顕在化するようになった．2008年を境に人口減少局面に入り，空き家の増加が一層顕著になると，全国の自治体が空き家の適正管理に関する条例を制定していった．こうした動きを受けて，2014年11月に空家等対策特別措置法（以下，空家法）が制定され，自治体は法的な裏付けをもって空き家対策を講じることが可能になった．空家法の運用にあたって，条例制定の必要はないが，法施行前からの条例を継続的に運用する自治体や新規に条例を制定する自治体が少なくない．法施行後の空き家条例は，空家法との棲み分けが意識され，法律を補完する役割を担っていると考えられる．

　そこで本稿では，全国の空き家条例の管理不全空き家等に対する措置を対象に，規制対象と内容の分析を行い，空家法の補完機能としての空き家条例の特徴を明らかにすることを目的とする．

　法施行後の条例の動向については，北村や岩崎等の論考が存在する[1]．本稿は，これらの既往研究を踏まえているが，法施行から約3年間における条例の動向について，定量的な傾向の把握・分析を行う点に独自性がある．

対象となる条例は，2018年9月末時点で制定済みの全国の空き家条例559とする[2]．なお，ここでは，空家法2条に基づく空き家を「空家等」，それ以外の空き家を「空き家」と表記する．また，それぞれの条例で定義される空き家については，条例中の表記に合わせることとする．

(2) 空家法の課題を踏まえた空き家条例の分析の視点

空き家条例の役割は，法律で対応できない部分を補完することにある．そこで，空家法の管理不全空き家に対する措置の課題を踏まえた上で，空き家条例の分析にあたっての視点を整理する（表2-1）．

❶条例による対象の拡大（多様性の確保）

空家法の対象となる空き家は，法2条で規定されている．法2条1項には，「空家等」の定義として，「建築物又はこれに附属する工作物であって居住その他の使用がなされていないことが常態であるもの及びその敷地（立木その他の土地に定着する物を含む.）をいう．ただし，国又は地方公共団体が所有し，又は管理するものを除く」とある．「居住その他の使用がなされていないこと」が「常態である」とは，総務省と国土交通省が示した指針によると，「建築物等が長期間にわたって使用されていない状態をいい，例えば概

表2-1 法施行前の条例から見た空き家特措法の課題と条例による補完の考え方

法施行前の条例から見た空き家特措法の課題		条例による法の補完の考え方（分析の視点）
対象が限定的	・1年以上の使用されていないこと ・集合住宅は全戸空家でなければ空家とみなされない ・空き地，管理不全建物は対象外	①条例による対象の拡大 ⇒空き家に対する措置の「総合性」の確保
措置が限定的	・特定空家等に対する措置として，助言 ・指導，勧告，命令，代執行が規定 ・ただし条例で多くの自治体が実施していた公表，応急措置は除外	②管理不全空き家の措置の拡充 ⇒空き家に対する措置の「実効性」の確保
手続きが限定的	・特定空家等の認定や上記措置の実施にあたっての第三者機関の関与は明記されていない	③管理不全空き家に対する措置の手続付加 ⇒空き家に対する措置の「公平性」の確保 （手続的公正）

ね年間を通して建築物等の使用実績がないことは1つの基準となると考えられる」[3]とある．つまり，建築物等が1年以上使用されていないことを意味し，年1回でも使われていれば，実質的に管理が不十分な建物でも法律上の空き家に含まれないことになる．だが，あくまでも指針であるために，これに自治体が従う義務はないが，空家等対策計画を見ると，指針を踏まえて1年以上と明記しているものが少なくない．

また，集合住宅や長屋等の共同住宅の場合は，全戸が空き家でなければ「空家等」とみなされない．仮に，マンションやアパートの大半が空室であっても1戸でも居住者がいれば「空家等」に該当しないとされる[4]．

そして，自治体が除却や修繕等を講ずるように所有者等に求めることができる「空家等」は，「特定空家等」（法2条2項）に限定される．加えて，敷地に建物が存在しない空き地や，居住者はいるが適切に管理されていない建築物（倒壊の危険がある住宅やごみ屋敷等）は，当然ながら対象外となる．

だが，法施行前の空き家条例の中には，法律上の「空家等」よりも広く空き家を捉えている自治体もあることから，法制定後，市町村によっては従来の条例よりも対象が狭まったことになる．つまり，空き家条例は，法の対象を拡大し，補完する役割があることになる．

そこで，法施行後の条例のうち，特定空家等以外を措置の対象としている条例がどの程度存在し，どのようなものを対象範囲に含めているのかを見ていく必要がある．具体的には，対象となる空き家の範囲，空き地の有無，居住者のいる管理不全建物（老朽建築物，ごみ屋敷等）の有無が挙げられる（図2-1）．限定されていた措置の対象を広げるという意味では，空き家対策の「多様性の確保」ということができよう．

❷管理不全空き家に対する措置の拡充（実効性の確保）

空家法に基づく特定空家等に対する措置は，法第14条に規定されている．1項で助言・指導，2項で勧告，3項で命令，9項と10項で代執行が位置付けられている．これらは，管理不全空き家に対する除却や改善の実現を図る上で大きな役割を担う．

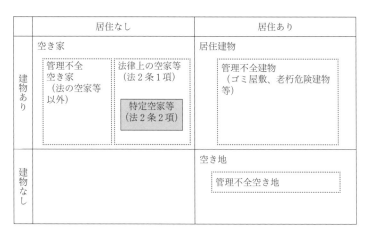

図 2-1　法と条例の対象の分類

　しかし，空家法では，法施行前の空き家条例で多くの自治体が規定していた措置が除外されている．命令（もしくは勧告）に従わない所有者等に対する「公表措置」のほか，倒壊等の危険が差し迫った管理不全空き家を対象に応急措置を施す「緊急安全措置」，さらには管理不全空き家に関する「市民からの情報提供」である．これらの措置は，直接的，間接的に管理不全空き家対策の効果を高める役割を果たすと思われる（図 2-2）．その意味で，これらの規定は空き家対策の「実効性の確保」の手段といえる．

❸管理不全空き家に対する措置の手続の付加（公平性の確保）

　特定空家等の措置は，命令や代執行等の法的拘束力のある内容を含むことから，実施の根拠を明確にするだけでなく，適切な手続を経ることが求められる．

　法施行前の条例を見ると，管理不全空き家の措置にあたって，審議会や審査会等の第三者機関を設置し，意見聴取や審議を義務付けたものがあるが，空家法では，特定空家等の措置にあたって第三者機関の関与は明記されていない．法第 7 条には，市町村が任意で空家等対策協議会を組織できる旨が明記されているものの，この協議会は「空家等対策計画の作成及び変更並びに

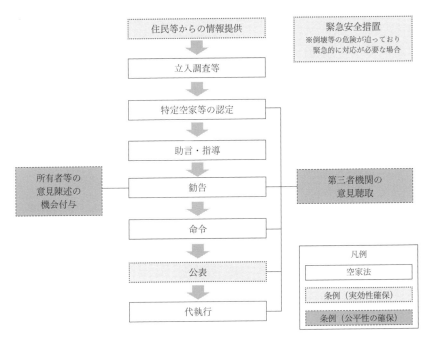

図 2-2 法の手続と条例による補完

実施に関する協議を行うための協議会」とある．ただし，「空家等に関する施策を総合的かつ計画的に実施するための基本的な指針」によると，「同計画の実施の一環として，例えば，①空家等が特定空家等に該当するか否かの判断，②空家等の調査及び特定空家等と認められるものに対する立入調査の方針，③特定空家等に対する措置の方針などに関する協議を行うための場として活用することも考えられる」としており，特定空家等の措置に関与する組織としての役割が期待されていると思われる．

また，所有者に対する不利益処分にあたって意見陳述の機会を与えることも，手続の公平性の点からも求められる．空家法では特定空家等の命令時に意見陳述の機会を所有者等に付与する規定が設けられているが，法施行前の条例では，命令の際のみならず，勧告時等においても意見陳述の機会を設け

ている例がある．特定空家等に対する勧告を受けた場合，固定資産税減免措置の適用除外となり，実質的な処分とも考えられるために，所有者等に弁明の機会を付与することは重要ともいえる．

したがって，条例の中で，特定空家等の認定や措置にあたって第三者機関の関与を規定するほか，所有者等に対する意見陳述の機会を設けることは，法定の措置に手続的公正を与えるという意味で，「公平性」の確保の手段と位置付けることができよう（図2-2）．

以上を踏まえ，「多様性」「実効性」「公平性」の3つの観点から，法施行後の空き家条例の実態を分析していく．

2. 法施行後の条例改廃・制定の状況

空き家条例の内容分析に先立って，まずは空家法施行後の条例の改廃，新規制定の状況を整理する．

(1) 法施行後の条例の状況

図2-3は，各年の空き家条例の制定・改正数を見たものである．2011年以降に急増し，法が制定された2014年までに367の条例がつくられた（環境保全に関連する条例で空き家対策を講じているものを含めると400を超える）[5]．法施行後も条例を新規制定ないし条例改正を行う自治体は増え続け，2018年9月末時点で559の条例が存在する．

北村は，法施行後の自治体の対応を次の4つのパターンに分けている[6]．1) 空家法のみを実施する市町村，2) 空家法に加えて既存条例をそのまま併用する市町村，3) 空家法に加えて既存条例を（全部・一部）改正して併用する市町村，4) 空家法に加えて新たに空き家条例を制定して併用する市町村である．本稿では，これを踏まえて，2) を未改正型，3) を改正型，4) を新規制定型として，それぞれのタイプの特徴を捉えていくこととする．

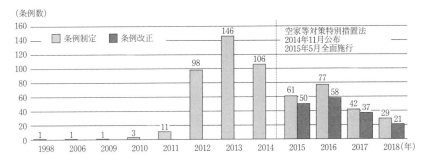

図 2-3 制定・改正年別空き家条例数

表 2-2 法施行後の条例の状況

法施行前の条例の有無	法施行後の対応	条例数	割合
法施行前に条例あり	条例廃止	17	—
	条例未改正 （→未改正型）	177	32%
	条例改正 （→改正型）	169	30%
法施行前に条例なし	条例新規制定 （→新規制定型）	213	38%
	合計（改正型＋未改正型＋新規制定型）	559	100%
	改正型と新規制定型の合計	382	—

※環境保全関連条例で空き家対策を講じている条例（43条例）は除く．

　表2-2が2018年9月末時点の条例制定・改廃等の状況を示したものである．法律ができた後に条例を廃止した自治体は17にとどまる一方，法施行後に対応した条例は全559条例のうち382に及び，全体の3分の2を占める（改正型条例169，新規制定型条例213）．

(2) 都道府県別の状況

　図2-4は都道府県別の条例数と，法施行後に条例改正・新規制定した条例の割合（以下，法対応率）を示したものである．法対応率が80％を超えるものは，首都圏，中部圏，近畿圏を中心とする20都府県で，50％に満たないものは7県ある（秋田，山形，神奈川，長野，静岡，和歌山，福岡）．秋田，山形は条例数が20を超えるが，法対応率は3割程度にとどまる．この

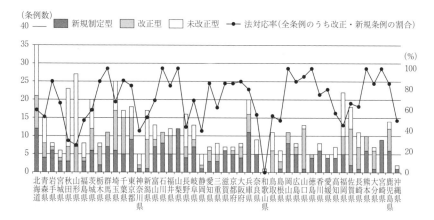

図 2-4　都道府県別空き家条例数

ように，条例の数や法対応の状況は，都道府県によってばらつきがあることがわかる．

3. 条例による対象の拡大：多様性の確保

空家法 14 条で規定する措置（助言・指導，勧告，命令，代執行）は，特定空家等（法 2 条 2 項）のみが対象であるため，条例で特定空家等以外のものを対象としている自治体もある．対象を広げて独自の措置を設けている自治体の数は，改正型・新規制定型全体の 32％（121 自治体）に及ぶ（図 2-5）．

以下では，空き家（特定空家等以外），空き地，管理不全建物（空き家以外）に分けて，空き家条例による措置の内容を確認する（表 2-3）．なお，ここで扱う措置とは，助言・指導，勧告，命令，代執行を指し，後述する緊急安全措置は除く．

第 2 章　空家法の補完機能としての空き家条例の実態　　61

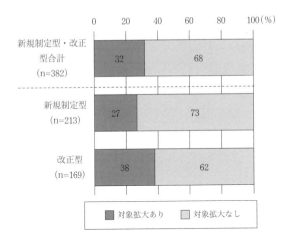

図 2-5　条例による対象の拡大の有無

表 2-3　条例による措置の対象

	建築物あり	建築物なし
居住あり	(1) 空き家（特定空家等以外）	―
居住なし	(3) 管理不全建物（空き家以外）	(2) 空き地

(1) 空き家（特定空家等以外）

　法施行後に改正・新規制定した 382 自治体のうち 104 自治体（27%）が特定空家等以外の空き家を措置の対象としている（図 2-6）．

　特定空家等以外の空き家は，さらに法定空き家と法定外空き家に大別できる．前者は，特定空家等ではないが，特定空家等になる恐れがある法 2 条 1 項の「空家等」（以下，法定空き家）．後者は，法 2 条 1 項の空家等に該当しない管理不全空き家（以下，法定外空き家）である（図 2-7）．

　ただし，条例の中には，特定空家等以外を対象としていると推測されるものの，上記の 2 つのパターンにあてはまらないものがある（29 自治体）．これらの条例は，空き家の定義が空家法の定義の表現に準拠しておらず，かつ，法律との関係が条例に明記されていないために，法定空き家と法定外空き家

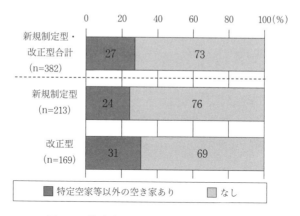

図 2-6 特定空家等以外の空き家の有無

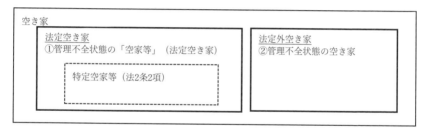

図 2-7 空き家の分類

の区別が困難である．したがって，これらについては分析から除外し，特定空家等以外の法定空き家を対象とする 41 自治体と法定外空き家にも対象を拡大している 34 自治体に分けて，その実態を概観する．

❶法定空き家（特定空家等以外の「空家等」）

　法定空き家は，法で定める空家等（法 2 条 1 項）のうち，特定空家等の水準には至っていないが，放置すると特定空家等になる恐れのある空き家を指す．特定空家等にならないように，管理不全状態を解消もしくは管理不全状態を予防するために改善を促すことを意図している．

　法定空き家に独自の名称を付けている自治体もある．管理不全状態にある

空家等であることから「管理不全空家等」(川越市, 福岡市),「管理不適切空家等」(山陽小野田市),「管理不全空き家」(ひたちなか市)のほか, 特定空家等に準ずるために「準特定空家等」(北広島市, 美浦村, 飯田市, 南木曽町),「準特定空き家等」(寝屋川市)としている自治体もある.

具体的措置としては, あくまでも「特定空家等」化の予防が目的であるためか, 助言・指導にとどめるものが多い(図2-8). 助言ないし指導を規定する自治体は9割強に及ぶが, 勧告まで行っている自治体は27%, 命令は10%, 代執行2%にとどまる. 特定空家等との関係を考慮し, 命令, 代執行といった法的拘束力の強い措置を規定しなかったと思われる.

❷法定外空き家

前述の法定空き家があくまでも法2条1項で規定する空家等の範囲内であるのに対し, これは法定外の空き家を措置の対象に含めるものである. 法2条1項の空家等は, 1年以上は使われていないこと, 共同住宅・長屋の場合は建物の全ての住戸が空き家であること等とされているが, 自治体によっては, 法の範囲外であっても問題が生じる恐れがあるため, 条例で対処しているわけである.

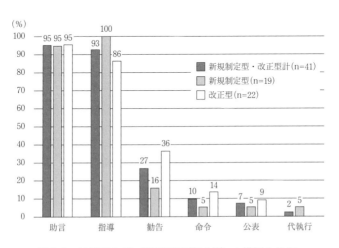

図 2-8 法定空き家(特定空家等以外)の措置の状況

例えば，桐生市は，条例が対象とする空き家を「法第2条第2項の特定空家等及び規則で定める空き家等」とし，規則の中で，1) 長屋及び共同住宅の住戸，2) 年間を通じて若干の立ち入った実績がある建築物，3) 居住その他の使用がなされなくなって1年未満である建築物と位置付けている．いずれも法律の対象外となる空き家である．

共同住宅や長屋の住戸を対象とする場合に，要件を具体的に示している例として神戸市がある．規則の中で，法定外空き家となる共同住宅（特定類似空家等）の要件の一つとして，管理不全空き住戸の数・面積の合計が，建物全体の住戸数または面積の過半数を占めることとしている．

共同住宅や長屋の住戸を対象としている自治体は，34自治体中17自治体に及ぶ．これらの中には，「特定空住戸等」（倉吉市，倉敷市），「特定長屋空家等」（相生市，八幡浜市），「特定法定外空家等」（大津市，八尾市，洲本市），「特定類似空家等」（神戸市），「特定老朽空家等」（嘉麻市）のように，独自の名称を付けているものも見られる．

「特定」を付けていることから分かるように，助言・指導が主であった前述の法定空き家（特定空家等以外）と異なり，特定空家等と同等の措置（勧告，命令，代執行）を規定している自治体が多い（図2-9）．例えば，勧告まで行っている自治体は82％（法定空き家の場合は27％），命令は59％（同10％），代執行35％（同2％）となっている．

(2) 空き地

空き地は，建築物や工作物がない土地のうち，使用されていない管理不全状態のものを指す．

空き地を対象に加えている自治体は，改正型と新規制定型合計の8％（29自治体）と，1割に満たない（図2-10）．

なお，未改正型は21％に及ぶことから，法施行後，空き地を対象とする自治体が少なくなっていることがうかがえる．ところが，空き家条例ではなく，別の条例や要綱で空き地の適正管理を図っている自治体がある．「空き

第2章 空家法の補完機能としての空き家条例の実態

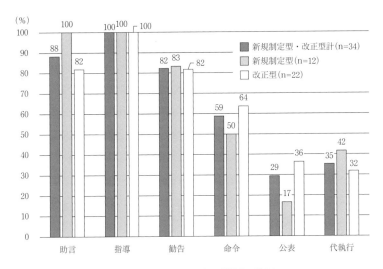

図 2-9　法定外空き家の措置の状況

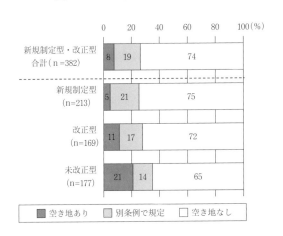

図 2-10　「空き地」に対する措置の有無

地の環境保全に関する条例」「空き地の雑草除去に関する条例」「空き地の適正管理に関する条例」等の名称で，1970年代から80年代にかけて制定されたものが多い．これらの条例や要綱を併用している例を含めると，タイプごとに差はあまりなくなり，それぞれ3割程度が空き地に対する措置を講じて

いることがわかる.

空き地の種類に着目すると，土地利用の内容に応じて，管理不全空き地の対象を限定しているケースもみられる．管理不全状態の空き地が問題になるのは，住宅地等で周辺の生活環境に悪影響を及ぼす場合であろう．したがって，宅地に限定し，農地や林地等の土地利用を対象外としているものが少なくない．具体的には，「宅地における土地・宅地化された状態の土地」「宅地における土地で農地・林地を除いたもの」「農林業用地・農地・林地除く」といった表現が散見される．枚方市は，対象とする空き地を，宅地造成法規制法2条1項で規定する宅地[7]と定義しており，この定義によると，農地，林地だけでなく，採草放牧地も対象外となる．ただし，渋川市の場合は，「宅地化された土地又は住宅地に隣接する土地で，現に所有者等が使用していない土地（農林業用地を除く．）」と規定しており，宅地化された土地でない場合でも，住宅地に隣接した土地は対象となっている．

一方，農地等を含める例として，潟上市が民家に近接した農林業用地を含めている．また，貝塚市では耕作放棄地を管理不全空き地としている．市内には，市街地内農地が多く，耕作放棄地の存在が周辺の生活環境・居住環境に悪影響を及ぼすことから，建築物のない宅地に加えて，耕作放棄された農地も対象にしていると思われる．

図2-11は措置内容の規定状況である．代執行まで行っているものは約7割あるが，特定措置の対象となる空き地に「特定空き地」「特定空地」「特定空地等」といった名称をつけている自治体は全て代執行を位置付けている（三条市，入善町，宮津市，枚方市，神戸市，大牟田市）．法定外の措置ではあるものの，特定空家等と同等に位置付けていることがうかがえる．

(3) 管理不全建物（空き家以外）

管理不全建物とは，空き家とは異なり，居住状態にはあるものの，管理不全状態にある建築物を指す．

管理不全建物を対象に位置付けている条例は，法施行後に対応した382自

第 2 章　空家法の補完機能としての空き家条例の実態　　67

治体中 13 自治体（3%）にとどまる（図 2-12）．先に述べた空き地の措置と比べて，規定する自治体がさらに少ないことがわかる．なお，未改正型も 3% であることから，法施行前後で管理不全建物を対象とする自治体の割合

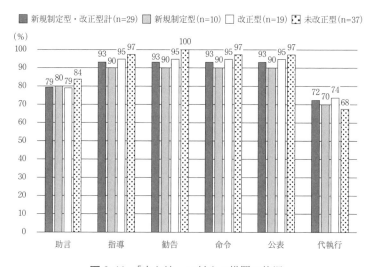

図 2-11　「空き地」に対する措置の状況

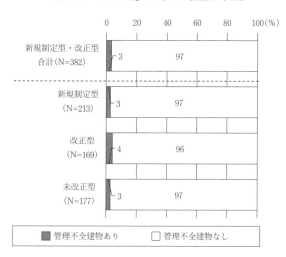

図 2-12　「管理不全建物」に対する措置の有無

に大きな変化はない.

　管理不全状態の定義については，老朽化や災害（地震，台風，豪雪等）によって建物の倒壊や建築材料の飛散・崩落等の危険な状態にあるもの，衛生上有害であるもの，著しく景観を損っているもの等のように，特定空家等の定義（法2条2項）に準じた内容が多い.

　また，「ごみ屋敷」を念頭に置いて具体的な定義を示している自治体として，品川区，板橋区，新宿区，練馬区が挙げられる（表2-5）．品川区，板橋区，新宿区の場合は，放置されたごみや粗大ごみ等の廃棄物[8]を原因として，火災の発生，廃棄物の飛散，悪臭や害虫等の発生等のおそれがある状態にあるものを対象としている．一方，練馬区は，「物品が堆積，散乱等した状態」としていることから，廃棄物に限定せず，居住者の所有物の堆積，散乱がもたらす問題に対処する形になっている．

　措置の対象となる管理不全建物の名称は自治体によって異なり，特定居住物件等（八潮市），特定不良居住建築物等（練馬区），特定老朽建築物（板橋区），老朽危険建築物等（寝屋川市），老朽家屋等（久留米市），危険家屋（弘前市）等がみられる．

　管理不全建物の措置を見ると，法施行後に対応した条例のうち，助言，指導，勧告はほぼ全ての自治体で規定されており，命令は85％，代執行は

表2-5　管理不全建物としての「ごみ屋敷」の定義の例

自治体名	管理不全建物の対象
品川区（板橋区，新宿区もほぼ同じ文言）	廃棄物等に起因する管理不全状態　次のいずれかに掲げる状態をいう． ア　みだりに放置された廃棄物（廃棄物の処理及び清掃に関する法律（昭和45年法律第137号）第2条第1項に規定する廃棄物をいう．以下「放置廃棄物」という．）に起因して火災を発生させ，または放置廃棄物が飛散するおそれがある状態 イ　放置廃棄物に起因する悪臭，ねずみ，害虫等の発生または草木の著しい繁茂もしくは枯死により，周辺住民の生活環境に著しい障害を及ぼし，または及ぼすおそれがある状態
練馬区	堆積物等による不良な状態　居住建築物等において，物品が堆積，散乱した状態，雑草および立木竹が繁茂した状態等であって，これらにより周辺の生活環境に著しい影響を及ぼし，またはそのおそれのある状態をいう．

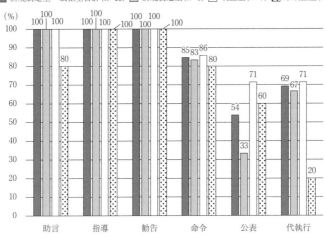

図 2-13 「管理不全建物」に対する措置の状況

69％に及ぶ（図 2-13）．対象建物に「特定」を付けている 3 自治体の措置を見ると，助言・指導から代執行まで規定されており，特定空家等と同等と見なしていることがうかがえる．板橋区（特定老朽建築物）は命令に違反した場合に 5 万円以下の過料を課している．

4. 管理不全空き家に対する措置の拡充：実効性の確保

次いで，管理不全空き家に対する措置をより効果的に進めるための措置として，「情報提供」「緊急安全措置」「公表措置」について見ていく．

(1) 市民からの情報提供

自治体が効果的な空き家対策を実施するためには，管理不全空き家の存在を速やかに把握することが求められる．情報収集の手段として，自治体による空き家の実態調査が行われるが，頻繁に実施することは困難である．その

ため，常に変化する空き家の発生状況を適切に把握するには，市民からの情報提供が有効である．そこで，管理不全空き家を把握する手段として，市民からの情報提供の規定を設ける自治体が少なくない[9]．

法施行後に対応した382条例のうち，市民による情報提供を位置付けているものは310自治体（81％）に及ぶ（図2-14）．未改正型が92％であるため，法施行後の割合が下がっているものの，タイプを問わず多くの自治体が位置付けていることがわかる．

情報提供の措置の内容を見ると，「情報提供に努める」との努力義務が62％で最も多く，次いで「速やかに情報提供する」（義務規定）23％，「情報提供できる」（できる規定）15％が続いている（図2-15）．未改正型は義務規定が53％を占めているのに対し，法施行後に対応した自治体（特に新規制定型）は，努力義務規定の割合が高い．法律に位置付けられていない事項であるために努力義務にした自治体が多いと考えられる．また，空家法12条に「市町村は，所有者等による空家等の適切な管理を促進するため，これらの者に対し，情報の提供，助言その他必要な援助を行うよう努めるものと

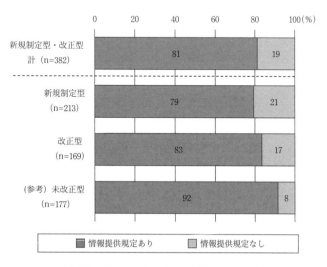

図2-14 「市民からの情報提供」規定の有無

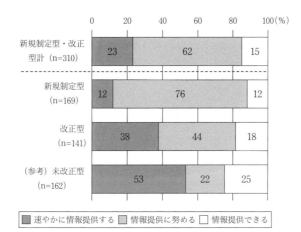

図 2-15 「市民からの情報提供」規定の内容

する」とあるように，市町村からの情報提供が努力義務であることとのバランスを図ったともいえる．

とはいえ，情報提供を義務付ける表現にしたとしても，特に罰則規定があるわけではないので，あくまでも理念的な規定にすぎない．その意味で情報提供の実効性が担保できるとは限らないが，市民からの情報提供の必要性を周知する上では意味はあるだろう．

(2) 管理不全空き家に対する緊急安全措置
❶緊急安全措置の規定状況

管理不全空き家に倒壊や崩壊等の恐れがあったり，著しく衛生上有害であったりする場合は，特定空家等に認定し，改善や除却等の措置を促していくことになる．しかし，迅速に措置を講じる時間的な余裕がない，もしくは所有者が適切に対処できない時には，緊急的に自治体が対処しなければならない事態が想定される．そこで，条例の中に，特定空家等の措置とは別に，管理不全空き家の応急的な対策を講じる緊急安全措置を設ける自治体がある．

緊急安全措置を規定している自治体は，計 559 自治体のうち 412 自治体

（74％）に及ぶ（図2-16）．新規制定型が91％，改正型が78％に対し，未改正型は49％と半数を下回ることから，とりわけ法施行後に措置の必要性が認識されていることがうかがえる．名称も様々で30種類ほど確認できるが，「緊急安全措置」が236で最も多く，「応急措置」80，「緊急安全代行措置」25，「緊急措置」24が続く．

緊急安全措置は，あくまでも緊急的な措置であるため，危険を回避したり，

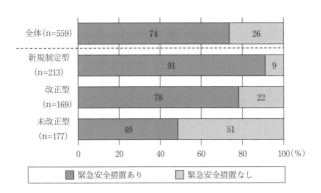

図2-16 緊急安全措置の有無

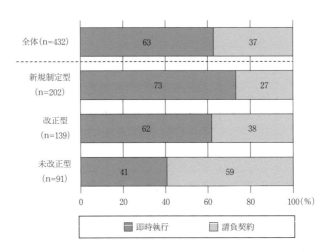

図2-17 緊急安全措置の種類（即時執行・請負契約の例）

被害の拡大を防ぐために必要な最小限の措置と規定しているものが大半を占める．条例で具体的な措置の内容を明示するケースはほとんどないが，土浦市の条例には「空家等の屋根瓦，外壁その他の破損部分等を防護するためのネット，空家等のブロック塀その他の破損部分等の倒壊を防止するための柵の設置等による簡易的な養生」とある．いずれにせよ，防護ネットや柵の設置，外壁や瓦の一部撤去等のような応急措置を念頭に置いたものといえよう．

　行政法学上，緊急安全措置は即時執行の措置とみなされている[10]．即時執行とは，義務を命ずる暇のない緊急事態等に，相手方の義務の存在を前提とせずに，行政機関が直接に実力を行使して行政上望ましい状態を実現するというものである[11]．つまり，空き家の緊急安全措置では，勧告や命令といった改善等の義務を課すことなく，いきなり改善等を自治体が行使することになる．実際に，緊急安全措置の名称を「即時執行」（久慈市），「即時の措置」（洲本市），「緊急時の即時執行」（南木曽町）としている例がある．一方，緊急安全措置の中には，即時執行ではなく，措置の内容や費用等について，所有者等の同意を得た上で自治体が措置を代行するものもあり，これは一種の請負契約といえる[12]．

　このように，緊急安全措置には，即時執行と請負契約の2種類がある．自治体の中には，条文を分けて，即時執行と請負契約の2つの緊急安全措置を併置しているケースもあるため[13]，緊急安全措置の延べ数は432に及ぶ（内訳は，即時執行が363，請負契約69）．未改正型は請負契約が多く，法施行後（改正型・新規制定型）は即時執行の割合が高くなっている．

　以下では，延べ432の措置を対象にその内容を見ていく．

❷緊急安全措置の対象の限定

　緊急安全措置の中には，対象となる空き家をあらかじめ限定している自治体もある．主なものを見ると，「特定空家等や条例で定める管理不全空家等に限定する場合」「公共空間（道路，公園，広場等）に影響を与える恐れがある場合」「所有者等から申出があった場合」「所有者等が確知できない場合」に分けられる（表2-6）．

表 2-6 緊急安全措置の対象を限定するケース

緊急安全措置の対象	措置の数	割合
「特定空家等」や「条例で定める管理不全空家等」に限定する場合	100	23%
特定空家等・条例等の措置を行った物件に限定	45	10%
所有者等自ら対処できない場合	69	16%
公共空間（道路，公園，広場等）に影響を与える恐れがある場合	37	9%
所有者等が確知できない場合	28	7%
緊急安全措置総数	432	

　特定空家等や条例で規定する管理不全空き家（準特定空家等，特定類似空家等といったもの）に限定する措置は 100（23％）ある．管理不全状態にあると認められた物件のみが対象になるわけだが，そもそも特定空家等に認定する手続を進める時間的余裕がない場合に，緊急安全措置が適用できないといった課題は残るだろう．

　また，このケースの約半数にあたる 45 については，空家法や条例に基づく助言・指導，勧告，命令を行った物件に限って適用することとしている．45 のうち 20 が即時執行に該当する措置だが，所有者等に改善の義務を課していることになるため，厳密には即時執行とはいえないだろう．

　道路，公園，広場といった公共空間に影響を与える恐れがある場合に限定した措置は 37（9％）ある．不特定多数の人が利用する公共性の高い場所は，緊急性や必要性が高いとの判断からこのような条件を設定していると思われる．不特定多数の人が利用する広場等の公共空間は，必ずしも公的な施設に限定されないが，「道路，公園その他の不特定多数の者が利用する国又は地方公共団体が管理する場所」と規定し，行政の所管する施設に限定している自治体もある（尾道市，福山市，東広島市の 3 自治体）．

　また，諸事情から所有者等が自ら適切に対処できない場合に限定して緊急安全措置を適用する自治体が 69（16％）ある．本来，管理不全空き家の改善は，所有者等が自ら行うことが原則であるが，所有者等から危険状態を解消できないとの申し出を受けて，自治体がやむを得ないと認めたものに対し

第2章　空家法の補完機能としての空き家条例の実態

て講じるものである．

しかし，そもそも空き家の所有者等が判明しない場合もあり得る．そこで，所有者と連絡がとれないこと，所有者等の居所が不明であること，所有者等及びその連絡先を確知することができないことを条件とする自治体も28（7%）ある．本来は対処すべき所有者等が確認できないために，やむを得ず自治体が対応せざるを得ないケースといえる．

❸緊急安全措置の手続

緊急安全措置の手続を確認すると，所有者等の事前同意，措置の実施に先立って所有者等に通知（事前通知），措置の実施後に通知（事後通知）のいずれかに分けることができる．

計432のうち，「事前同意」が37%で最も多く，「事後通知」26%，「規定なし」23%が続く（図2-18）．タイプ別に見ると，新規制定型は「事後通知」，改正型と未改正型は「事前同意」が多いことがわかる．

即時執行と請負契約の別で見ると，請負契約はそもそも事前同意が前提である．しかし，事前同意を要件にすると，緊急を要する管理不全空き家が存

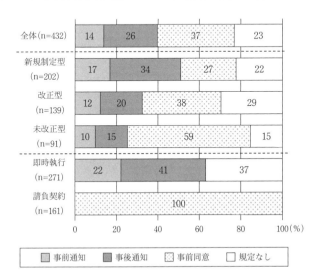

図2-18　緊急安全措置の手続

在する場合に迅速な対応が取れなくなる恐れがある．そのため，事前同意を要件としつつも，同意を取る時間的余裕がない場合や所有者等の連絡先が確知できない場合は例外としているところも少なくない．

❹緊急安全措置の費用負担

緊急安全措置に要した費用の負担については，「所有者等から徴収できる」が47％で最も多く，「所有者等から徴収する」と合わせると88％に及ぶ（図2-19）．法施行前後で違いはあまりない．

手続と費用負担の関係を見ると，事前同意の場合は「徴収する」，事前・事後通知の場合は「徴収できる」が多いことがわかる（図2-20）．事前同意（請負契約）は，実施内容と費用負担について所有者等の同意を得てから措置を講じるために，「徴収する」と位置付けているわけである．また，事前同意だが，「徴収できる」としているものも4割弱存在しており，所有者等の経済事情等を考慮して，徴収の可否を自治体が判断するものと思われる．

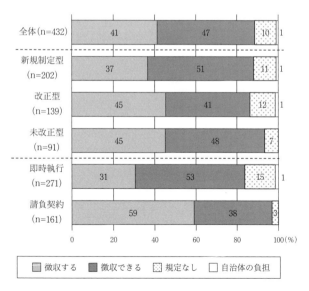

図2-19 緊急安全措置の費用負担

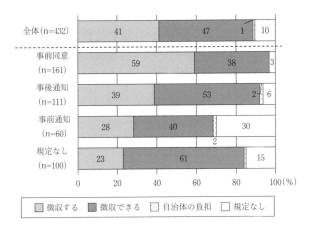

図 2-20　緊急安全措置の手続と費用負担の関係

(3) 公表措置の追加

　公表措置とは，特定空家等の所有者が勧告（法 14 条 2 項）または命令（同条 3 項）に従わない場合に，市町村がその氏名や住所等を公表する措置である．

　法施行後に対応した 382 自治体のうち 109 自治体（29％）が公表措置を設けている（図 2-21）．タイプ別に見ると改正型が 30％，新規制定型が 29％と大きな差異はない．なお，大半が命令に従わない場合の措置であり，勧告に従わない時点で公表を行う自治体それぞれ 1％程度にとどまる．

　未改正型の条例を確認すると，公表措置を設けているものは 9 割を超えることから，法施行後は，公表措置を設ける自治体が少ないことがわかる．その理由としては，命令に違反したものは，法 16 条に基づき 50 万円以下の過料が課せられるために，公表措置を設けなくとも，命令の実効性が担保されると判断したためと思われる．また，別の理由としては，法 14 条 11 項で，命令後に標識設置等による公表措置が位置付けられているため，あえて公表措置を設ける必要がないと判断したとも考えられる[14]．ただ，所有者等の氏名については公表内容に含まれていないことから，命令もしくは勧告に従わ

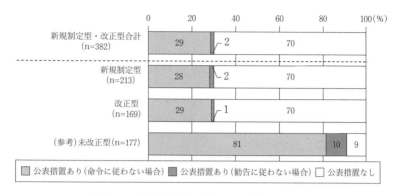

図 2-21 特定空家等に対する公表措置の有無

ない所有者等に関する公表措置の追加は罰則規定として，一定の効果があるだろう．

5. 管理不全空き家に対する手続の付加：公平性の確保

特定空家等の措置は，権利制限にもつながる可能性があることから，適正な手続を経て行うことが求められる．法律上，特定空家等に対する命令にあたっては，空き家の所有者等は意見書や自己に有利な証拠を提出する機会が与えられているほか（法14条4項），意見書の提出の代わりに公開による意見聴取を請求することも可能となっている（同条5項）．

一方，各自治体の条例を見ると，勧告時に所有者等に対して意見陳述の機会を付与したり，あらかじめ第三者機関（協議会や審議会等）の意見聴取や調査審議を位置付けたりすることで，措置の公平性を確保しているものも見られることから，これらの状況について見ていきたい．

(1) 勧告に際しての意見陳述の機会の付与

法14条2項に基づく勧告は処分性のない措置ではあるが，勧告を受けた所有者等は固定資産税の減免措置（200m^{2}以下の住宅の固定資産税が6分の

1に減免）が適用除外となるため，勧告が実質的な処分とみなせるとの見解もある[15]．勧告に処分性があると考える場合，行政手続法13条の不利益処分にあたっての弁明の機会の附与等が求められることから，勧告時に所有者等に対して意見陳述の機会を設けている自治体がある．ただし，意見陳述の機会の規定は，法施行後に対応した382自治体のうち26自治体（7％）にとどまる[16]．

(2) 特定空家等の措置に際しての第三者機関の関与
❶第三者機関の関与の有無

法施行後に対応した自治体のうち，第三者機関の意見聴取を位置付けたものは，認定時19％，勧告時21％，命令時25％，公表時[17]19％，代執行時27％となっている（図2-22）．おおむね2割程度であるが，処分性のある命令や代執行での割合が高い傾向にある．

タイプ別に見ると，新規制定型で第三者機関の関与を位置付けている自治体が多い．その理由の1つには，空家法7条において第三者機関である協議会が制度化されたことが影響していると思われる．そこで，条例で位置付ける第三者機関の種類について見てみたい．

❷第三者機関の種類

第三者機関の種類は，空家法に基づく協議会，独自に条例で位置付けた審議会や審査会等がある．

このうち法定協議会を位置付けるものが，49％と半数を占める．改正型は法定協議会が36％にとどまるが，その理由は従前の条例で位置付けた審議会を継続しているためとみられる（図2-23）．

特定空家等の措置の審議を行う組織を協議会とは別に位置付けている自治体もある[18]．例えば，「特定空家等（対策）審議会」（町田市，柏崎市，都留市，飛騨市，高浜市，美作市，久米南町，宮崎市），「特定空家等（対策）審査会」（荒川区，鎌ケ谷市，燕市，北九州市，福津市），「特定空家等判定委員会」（むつ市），「特定空家等適正管理審議会」（武蔵野市），「特定空き家等

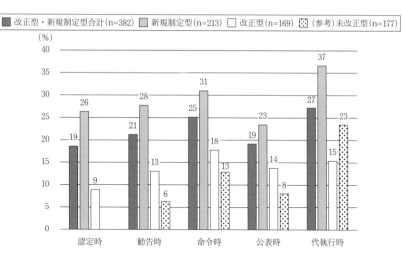

図 2-22 特定空家等の措置に際しての第三者機関の関与

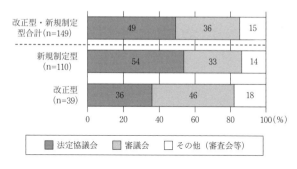

図 2-23 特定空家等の措置に際しての第三者機関の種類

認定調査会」（妙高市）等のように，「特定空家等」を組織名に冠しているケースが多い．金沢市は，特定空家等の審査を行う機能を協議会の専門部会に任せている．

協議会以外の組織を別途設ける理由としては，法定協議会のメンバーが「市町村長（特別区の区長を含む．）のほか，地域住民，市町村の議会の議員，

法務，不動産，建築，福祉，文化等に関する学識経験者その他の市町村長が必要と認める者をもって構成する」（法7条2項）とあるように，必ずしも空き家の危険性を判断する上での専門的な知見を持つ人たちで構成されているわけではないことが挙げられる．

まとめ

　本章では，空家法施行から約3年間における空き家条例による法の補完の実態について概観した．

　法の施行によって，条例によらずとも空き家対策が可能となったにも関わらず，条例を廃止した自治体はわずかにとどまり，条例の改正ないし新規制定で法への対応を図った自治体が559条例の約3分の2に及ぶことがわかった．条例による空家法の補完の必要性を多くの自治体が認識していることがうかがえる．

　また，条例による法の補完の状況を「多様性の確保」「実効性の確保」「公平性の確保」の観点から確認した結果，以下の点が明らかとなった．

　まず多様性の確保は，「特定空家等以外の空き家」「空き地」「管理不全建物（居住あり）」の3つの対象への拡大に大別できるが，対象を拡大する自治体は限られた数にとどまっていた．しかし，特定空家等の措置と同様に命令や代執行まで規定する自治体が少なくない．また，各対象はさらに細分化され，「特定空家等以外の空き家」については，法定空き家（特定空家等以外の空家等）と法定外空き家（集合住宅，未利用状態が1年未満のもの等），「空き地」については宅地のみならず住宅地に隣接した農地・林地や耕作放棄地，「管理不全建物」に関しては老朽建物やごみ屋敷（廃棄物，堆積物の放置）といったように，地域の課題に応じて対象の設定を行っていることがわかった．管理不全状態を巡る問題は，法律で定義される空き家に限ったことではないことから，多様な管理不全状態の建物・土地に対する包括的な条例を目指す自治体は今後増えていくと思われる．

実効性の確保（措置の拡充）については，「緊急安全措置」や「市民からの情報提供」の設置割合が高いことから，法には位置付けられていないものの，必要不可欠な空き家対策を補完する手段と捉えられていることがわかる．緊急安全措置は，即時執行と請負契約の二つの側面があるが，それぞれの性格や役割を認識した上で位置付けることが求められるだろう．

　また，公平性の確保（手続の付加）は，特定空家等の措置の正当性を確保する上で重要である．ただ，第三者機関の関与の状況を見ると，法施行後に関与を位置付ける自治体が増加傾向にあるものの，まだ限定的であった．措置の判断基準を設けていたとしても，裁量的な判断が入らざるを得ないため，第三者機関の関与等によって手続的公正を保障することが求められるだろう．法定協議会がその役割を担うことが期待されているが，協議会の委員は10名を超えるものが多く，頻繁に開催できるわけではなく，必ずしも個別物件の審査を行う専門的な機関とは言いがたい面もあるため，特定空家等の個別物件の審議に特化した組織を設置する等の工夫も必要になると思われる．

　全体の傾向としては，法施行後に新規制定した自治体ほど，法を補完する手段を積極的に盛り込んでいる様子がうかがえる．これは法施行前に運用されていた全国の先進的な条例の蓄積を踏まえることができた後発組ならではの利点といえるだろう．今後も既存条例の改正や新規制定が進むと思われるが，条例の積極的な活用によって，地域の課題に応じたきめ細やかな空き家対策が講じられることが期待される．

注
1) 北村喜宣『空き家問題解決のための政策法務：法施行後の現状と対策』第一法規，2018年，岩﨑忠『空家特別措置法施行後の自治体の空き家対策：公共政策からのアプローチ』『地域政策研究』19（2），地域政策学会，2016年，11-33頁．
2) 環境保全等に関する条例の中で空き家対策を位置付けている条例については分析の対象外とし，これらの条例のうち，法施行後に空家法との関係を明記したもののみ対象に含めている．
3) 「空家等に関する施策を総合的かつ計画的に実施するための基本的な指針」（総務省・国土交通省告示第1号，平成27年2月26日）

4) 北村喜宣，米山秀隆，岡田博史『空き家対策の実務』有斐閣，2016 年，58-59 頁．
5) 国土交通省によると空家法制定前に 401 の空き家関連条例があったという．
6) 前掲，北村，270 頁．
7) 宅地造成等規制法第 2 条第 1 項「宅地　農地，採草放牧地及び森林並びに道路，公園，河川その他政令で定める公共の用に供する施設の用に供されている土地以外の土地をいう．」
8) 板橋区と新宿区の条例で定める廃棄物は，廃棄物の処理及び清掃に関する法律第 2 条第 1 項で定める廃棄物であり，次に示すもの．「ごみ，粗大ごみ，燃え殻，汚泥，ふん尿，廃油，廃酸，廃アルカリ，動物の死体その他の汚物又は不要物であつて，固形状又は液状のもの（放射性物質及びこれによって汚染された物を除く．）をいう．」
9) 条文の見出しを「情報提供」としているものが大半だが，「市民の役割・責務」の条文の中に，情報提供の規定を位置付けているものもある．
10) 前掲，北村，283 頁．
11) 宇賀克也『行政法概説 I（第二版）』有斐閣，2006 年，95 頁．
12) 第 5 章の釰持論文参照
13) 綾部市の緊急安全措置は，1 つの条文の中に，即時執行と請負契約の両方を含めている．「市長は，空家等がその状態に起因して人の生命及び身体に対する危害又は財産に対する損害を及ぼし，又はそのおそれがあり，公益上その状態を緊急に回避する必要があると認めるとき（空家等の所有者等から自らその状態の解消をすることができない旨の申出があったとき及び過失がなくて空家等の所有者等を確知できないときを含む．）は，当該危害又は損害を防ぎ，又は予防するために必要な最小限度の措置（以下「緊急安全措置」という．）を講じることができる」
14) 法第 14 条 11 項　市町村長は，第三項の規定による命令をした場合においては，標識の設置その他国土交通省令・総務省令で定める方法により，その旨を公示しなければならない．
15) 前掲，北村，281 頁．
16) 苫前町，北広島市，六戸町，東根市，新座市，三郷市，板橋区，練馬区，日野市，長岡市，柏崎市，伊賀市，大津市，長浜市，京都市，京丹後市，枚方市，茨木市，河内長野市，神戸市，明石市，加古川市，福崎町，鳥取市，倉敷市，日向市．
17) 公表措置は，条例で独自に設定されたもののうち，第三者機関の関与を位置付けたものを対象としている．
18) 組織ではなく，専門的知見を有する者の意見聴取としているところもある（仙台市，登米市，東白川村，安八町，海陽町）．

第3章
空き家問題の一考察
―政府・コミュニティの視点から―

佐 藤 公 俊

はじめに

　2019年現在,「空き家問題」の深刻性は社会全体で広く認識されており,政府（地方公共団体等を含む,以下同じ）も様々な対策を講じている．しかしながら,それらの策が功を奏しているとはいいがたく,総務省の「土地・住宅統計調査」によれば,2013年には約820万戸（13.5％）であった空き家が,2030年には2,000万戸（30％）を超えるという予測がなされている状況である[1]．

　本章では空き家問題の本質を踏まえた上で,1つのケースを通じて空き家などの住宅・土地（以下住宅）問題に関する政府やコミュニティの役割を概観し整理することを試みる．住宅供給あるいは空き家問題に係る社会的アクターとしては,民間部門（デベロッパーやハウスメーカーなど）,政府公共部門（都道府県,市町村,地方住宅供給公社,土地開発公社など）,NPO法人,町内会や自治会などの地域自治組織などが考えられる．前二者は住宅供給と空き家対策において重要なプレーヤーであり,NPO法人等は空き家対策において重要な位置を占めつつある．後述のように,政府公共部門は民間企業とともに高度経済成長期以降の住宅供給に大きな役割を果たした．また,政府公共部門だけではなく民間部門の論理で空き家問題を解決しよう,という試み――例えば中古住宅市場の活性化など――も存在する．これらの役割論の交錯と現況を踏まえた上で,本章では政府とコミュニティを軸にして,

議論を進めることとしたい．

　本章の基本的なアイディアと方法論は政治学による．政治とは各人の個人的行為ではなく集合行為（collective action）であり，各人みなに共通する公共問題をみなで協力して解決するというのがその図式である．この公共問題解決のためにわれわれは政府を作り，選挙を通じて代表（政治家）を選び，試験等の制度により一般の公務員を選任し，解決策の決定と執行を行う．この仕組みにより，われわれは政治を行わない（政府を持たない）状態に比べて厚生の水準が高い状態を実現する．つまりは豊かに暮らすことができるわけである．これが現代民主主義国家のモデルである．

　このことを前提とした上で，われわれは政治のカバーする範囲はどのように設定されるべきか，ということを確認しておく必要がある．公共選択論などにおける伝統的な議論にのっとれば，政府は基本的には市場においては解決しない問題をカバーする，ということになる．本稿ではこれらを「政府の役割」としてとらえて，議論を進めたい．

　本章のもう1つのアイディアは，政府の別働隊としての組織，例えば自治会や町内会などのコミュニティの役割について焦点を当てることである．実際の公共問題の解決に際しても，例えば町内会などが自治体の協力機関として公共財の供給に貢献していることは，例えば「ごみ収集所の管理」などの事例により理解することができる．地域政策の実態的な担い手として，町内会や自治会などの組織が大きな役割を担っている現状を踏まえ，空き家問題におけるコミュニティの役割を射程に入れて議論を展開したい．

　本章は，はじめに住宅問題と政府の役割について理論的な整理を行い，議論の枠組みを提示したい．次に，地方住宅供給公社を中心とした政府による住宅供給の歴史を紹介し，その上で岩手県盛岡市の松園ニュータウンの形成過程を整理する．その上で，分析の枠組みに基づいた考察を行い，空き家問題解決に対する政府とコミュニティの可能性と限界について，そして今後の政府の役割のあり方について議論を行いたい．

1. 議論の枠組み

マスグレイブ（R.A. Musgrave）によれば，政府の役割は①公共財の供給，②外部性の除去，③所得再分配，④経済安定化ということになる[2]．ここでは空き家問題に係る①と②に絞って理論的整理を行いたい．さらにティブー（C.M. Tiebout）の「足による投票」モデルを取り入れ，政府の補完機関としてのコミュニティの役割について理論的な枠付けを行いたい．

(1) 公共財と外部性の問題
❶公共財

社会科学においては，財・サービスは理論的に3つに区分される．（純粋）公共財，準公共財，私的財である．その区分はいかにしてなされるかといえば，「消費における非排除性（排除性なし）」という性質と「消費における非競合性（競合性なし）」という性質が備わっているか否か，による．双方の性質を併せ持つものが公共財，いずれか1つの性質のみを持つものが準公共財，何れの性質も持ち合わせていないものが私的財である

また準公共財はコモンプール財（非排除性はあるが〔排除できないが〕，非競合性はない，公園，空気，水など）とクラブ財（非排除性はないが〔排除はできるが〕，非競合性はある，高速道路，映画，講義，ケーブルテレビなど）に分けられる．

ここで重要なことは，「非排除性がある（排除できない）」財は民間企業が供給できない，という点にある．消費から排除できないということは，負担

表3-1 公共財，準公共財，私的財

	競合性あり	競合性なし
排除性あり	私的財	クラブ財
排除性なし	コモンプール財	公共財

出典：筆者作成．

をしない（対価を支払わない）人も恩恵に与ることができるということを意味する．例えば，国防によって生命・身体・財産の安全が確保されている社会においては，税金を支払わない人も守られてしまう，という事例は公共財の理解のために好適である．その場合，もし納税を強制できなければ，人々は税金を支払わないであろう．つまり非排除性という性質は，合理的個人が他者との協力を拒んでしまう「ただ乗り」(free-ride) 問題を誘発してしまう可能性がある．このことはすなわち税金が集まらないがゆえに公共財が充分な水準で供給されないという論理的帰結を導く．したがって，「排除性なし」の公共財とコモンプール財は，政府が提供しなくては充分に供給されることがない財である．これがいわゆる「公共財の議論」(public goods argument) の結論ということになる[3]．

❷外部性

外部性とは，ある主体の行動が他の主体の厚生の水準に影響を与えることをいう．その際に正の影響を与える場合と負の影響を与える場合が考えられるが，多くの場合それらの影響についてなんらの補償もなされない．

例えばたばこの煙による受動喫煙が喫煙者以外の人々の健康を損なうと仮定した場合を考える．その場合，喫煙者は通常であれば受動喫煙者に対して金銭的支払いなどの補償をすることはない．また喫煙者は特定できても，受動喫煙者は不特定多数であり，交渉による解決は困難である．したがって「被害」は一方的となる．外部性とはこのようなことをとらえた概念である．CO_2 の排出による大気汚染等などの環境問題は，外部性の発生している問題の典型と考えることができる．

外部性の問題を解決することを内部化 (internalization) といい，これを行うことは政府の役割と考えられている．例えば公害問題が発生した場合に，1970年代以降は被害者への補償を行うなどが一般的になったが，これは司法などを通じた強制的な外部性の内部化の一例である．さらには例えばガソリンの消費が地球環境に悪影響を及ぼすのであれば，それを内部化するためにガソリンの消費に課税するといったような方法で，つまりは市場メカニズ

ムを通じて内部化するということもなされる．何れにせよ不特定多数が係る外部性の問題は，政府公共部門によることなく解決するのは難しいとされる．

(2) 住宅問題解決の主体としての政府，そしてコミュニティ
❶政府の役割

以上のことから，政府の役割として公共財を供給しなくてはならないこと，外部性の問題を解決しなくてはいけないことが理解される[4]．ここでは住宅問題においてこの2つの理論的観点がどのように現れるか，ということを考えてみたい．

まずは，住宅は公共財か否かという点である．住宅は供給者と消費者の取引で成り立っており，対価を支払った消費者は財を占有できるため，これを私的財とみなすのは常識的であろう．別な言い方をすれば，対価を支払わない者がその恩恵を享受することは考えられないので，ただ乗り問題が起こらない．したがって住宅は公共財とは言いがたいと結論付けることができる[5]．

しかしながら，住宅は通常の財とは異なる性質を持つ．住宅はいわゆる不動産であり，特質として，それを移動させることができない．このことは，住宅が私的財であるにせよ特殊な問題を引き起こす可能性があることを意味する．すなわち，モノではなくヒトが移動することによらなければその消費が実現しない，ということから供給主体のコストは高くなり，民間企業のみに供給を依存していた場合に，需要に対して充分に住宅が行き渡らないこともありうるのである．問題は，このような状況を政府が放置できるか否かである．以上のように考えた場合，公共の福祉・治安維持の観点から住宅を公共財として用意する，というロジックが説得力を持つ可能性がある．

以上のことから考えると，住宅は私的財である以上基本的には民間企業が開発，供給するのが基本線であり，政府はその補完的役割と位置付けるのが自然であるが，しかしながら社会状況によっては政府が重大な役割を占める可能性を指摘することができる[6]．

次は外部性の問題である．これは，「ある人が土地を買いそこに家を立て

て住めば，生活そのものが隣人に正負の影響を与えるし，空き家になっても影響を与えてしまう」ということにつきる．特に空き家になった場合は，例えば火災が起こった時に延焼を食い止めるなどの対応がなされず被害が近隣に拡大してしまう，ゴミ屋敷や廃墟となったときに住環境の悪化や治安の悪化が近隣住民に悪影響を及ぼしてしまう，などのより深刻な問題が起こりうることが考えられる．

家の所有者が特定できていれば，その影響については相互に交渉し解決することも可能であるが，所有者が特定できないあるいはいなくなるような場合には解決困難である．このことは，住宅政策あるいは空き家問題に政府が関わらなくてはならない根本的理由と考えられる．

以上のとおり，公共財と外部性の理論が，現在空き家問題に対して政府が取り組んでいる理論的根拠と考えることができるのである．

❷コミュニティについて

ここで「足による投票（voting with one's feet）」というモデルを導入しよう[7]．これは，仮に移動のコストが限りなくゼロに近いのであれば（例えば引越しの費用がかからない，仕事や給料に影響が出ないなど），人々は自らの好む税額と公共サービスの水準を選択し，居住する場所を決めることができる．そしてその結果としてパレート効率的な資源配分が実現する，というものである．以上のことは条件が厳しすぎるので現実には起こりえないことであるが，思考実験としては大変に興味深いものである[8]．これは通常の経済財の中でも私的財が移動可能であることに対して，「居住地域」は移動させることができず，消費者が移動しなくてはならないことから発想されたモデルであるが，これはそのまま住宅に当てはまる．つまり，住宅も移動しない以上，移動するのは消費者であり，このことが（パレート効率的な）改善を阻んでいるのである．

以上のモデルは空き家に買い手がつくことの難しさを示唆している．さらに，移動させることができない住宅が発生させる外部性の問題は地域政策の対象とならざるを得ない，というのがこのモデルから得られる含意というこ

とになる．「足による投票」がなされないという点と外部性の問題からも政府の役割は重要であるが，それに加えてその地域に居住する人々の自然発生的（あるいは人工的）組織機能であるところのコミュニティの重要性も強調されるべきなのである．

2. ニュータウンと地方住宅供給公社

(1) ニュータウン

戦後の日本は高度経済成長，人口増加と人口移動が同時平行で進行する時期が続いた．このことが主に都市圏において住宅不足を招来せしめたと考えられる．この状況に対して，都市部の郊外の大規模開発が行われ，住宅街が出現することとなった．これらの住宅街を一般にニュータウンと称している．

国土交通省作成のニュータウンリストには，次の条件(1)～(3)を満たす住宅・宅地開発事業で開発された地区が掲載されており，本章ではこの3条件を充たすものをニュータウンとみなす[9]．

① 1955（昭和30）年度以降に着手された事業
② 計画戸数1000戸以上又は計画人口3000人以上の増加を計画した事業のうち，地区面積16ha以上であるもの
③ 郊外での開発事業（事業開始時にDID（人口集中地区）外であった事業）

国土交通省の作成したリストでは，これらの基準を充たしたニュータウンには整理番号が振られており，その数は2,022に上る．

ニュータウンの造成に関しては，安価で良質な住宅を多数供給する必要があったという理由から説明される．マクロの数字を追うならば，住宅の総供給数と世帯数のバランスは，統計上は1968年には前者が後者をすでに上回ったとされる[10]．要するに，場所等を選ばないなどの条件が適えば，すべての世帯に住宅が行き渡る状況である．しかしながら前述のとおり住宅は通常の私的財とは異なり移動させることができない財であり，消費をする主体が移動しなくてはならない．したがってこのマクロの数字は「この時点では」

さほどの意味を持たず，その後1990年代に至るまでニュータウンの開発と住宅供給が続けられることになった．表3-2は，1955年から2015年までの年度別のニュータウン事業開始地区数を5年ごとに集計したものである．ここからは，1990年代後半に入るとその数が急激に減ることがわかる．

(2) 地方住宅供給公社

ニュータウンの事業主体は民間デベロッパー，都道府県や市町村，地方住宅供給公社，地方土地開発公社，都市機構などの政府公共部門など多岐にわたる．住宅は民間が提供できる財である以上本来であれば民間企業が主体となって経済活動が行われるのが望ましいという学問的知見からは地方住宅供給公社の評価は難しい反面，1955年以降の高度経済成長期においては圧倒的住宅不足が問題視されていた以上，政府が乗り出す必要性に迫られていたということも事実であろう．

表3-2 年度別ニュータウン事業開始地区数

年度	地区数	比率
1955-59	34	1.6
1960-64	121	6.1
1965-69	232	11.5
1970-74	530	26.3
1975-79	266	24.3
1980-84	250	12.5
1985-89	209	10.5
1990-94	178	9.0
1995-99	117	5.9
2000-04	51	2.7
2005-09	16	0.8
2010-14	7	0.3
2015-	2	0.3
合計	2013	100

出典：国土交通省ウェブサイトより筆者作成．

地方住宅供給公社は1965年に定められた地方住宅供給公社法に基づき，「住宅の不足の著しい地域において，住宅を必要とする勤労者の資金を受け入れ，これをその他の資金とあわせて活用して，これらの者に居住環境の良好な集団住宅及びその用に供する宅地を供給し，もって住民の生活の安定と社会福祉の増進に寄与することを目的とする」として作られた組織である．地方公共団体でなければ地方住宅供給公社に出資することができず，設立団体は地方住宅供給公社の基本財産の額の2分の1以上に相当する資金その他の財産を出資しなければならない．設立団体となることができるのは都道府県と政令指定都市に限られており，これまでに47都道府県と政令指定都市（千葉市，川崎市，横浜市，名古屋市，京都市，大阪市，堺市，神戸市，北

表3-3 住宅供給の事業主体

事業主体	地区数	(%)	面積 (ha)	(%)
都道府県	74	3.7	19,185	10.0
市町村	186	23.8	46,615	24.2
公社	123	6.0	10,416	5.2
都市機構	267	13.0	38,391	19.9
その他公共団体	3	0.1	370	0.2
組合	645	31.6	44,681	23.2
個人	36	1.9	3,157	1.7
民間	405	19.9	29,689	15.2
合計	2039	100	192,505	100

出典：国土交通省ウェブサイトより筆者作成．

九州市，福岡市）に存在していた．ただし2017年時点では全体で39公社となっている[11]．

住宅の供給主体に関して，千葉昭彦は「都市圏の人口規模が大きければ，つまり住宅地に対する需要量が大きいほど民間開発業者，とりわけ全国各地で開発を行っている中央民間開発業者の果たす役割が大きい．これに対して都市圏の人口規模が小さくなればなるほど公的主体，特にそれぞれの県を住宅供給公社を果たす役割が大きくなっている．」と指摘している[12]．表3-3から理解されるとおり，政府公共部門による供給は全体の半分程度を占めており，これらがわが国戦後の住宅不足解消に大きな役割を果たしてきたことは明白である．

ここで，政府公共部門の1つであるところの地方住宅供給公社について考えることの意義について触れておきたい．地方住宅供給公社を問題として取り上げるねらいは，50年前には大きな役割を担って制度化された公社がその後半世紀も経たないうちにその役割を終えた，という政府の仕事の難しさを考えることにある．2000年代に入り財務状況の悪化が取りざたされるようになり，その後数年のうちに破綻した公社が複数現れたが，このようなことを設立当事は考えることができなかったはずである．以下では1つの事例を考察してみたい．

3. 松園ニュータウン：1つの事例

地方住宅供給公社が事業主体となったニュータウンは全国に数多く存在す

るため，事例から政府公共部門の役割を考察するためにはそれぞれのケースを分析した後一般化する試みが必要となる．本章ではそのための一試論として，東北地方最大規模のニュータウンでありかつ住宅供給公社がその役割を終えた（解散した）岩手県盛岡市の松園ニュータウンを取り上げて試論を展開したい．

(1) 岩手県地方住宅供給公社と松園ニュータウン[13]

❶岩手県住宅供給公社

　岩手県住宅供給公社（以下公社）の前身は，1956年5月に設立された「財団法人岩手県住宅協会」である．この団体の基本財産は105万円，出資団体は県と県内市町村であった[14]．この団体は1964年8月に財団法人岩手県住宅公社と名称変更し，その後1965年6月に公布された地方住宅供給公社法に基づき，1966年1月に岩手県住宅供給公社として発足した．発足時の基本財産は協会の105万円に2145万円を増額して計2250万円であった[15]．したがって，法に基づく公社としての歴史は1966年以降になるが，公社の実質的なスタートは1956年からであり，公社創立式典は1956年から数えて挙行されている．

　この組織の理事長は初期の頃には県知事が就くことが多く，その後は副知事や土木部長が多く就いている．副理事長，常務理事以下役員は県職員を中心に出資団体の職員が就いており，まさに政府の別働隊としての役割が組織構成にも如実に現れている．この組織は県民の住宅事情の改善を目指したものであり，その後県内全域にわたり主に郊外型団地の造成等を行うが，本章で取り上げている松園ニュータウンの造成を開始した当時の公社理事長は千田忠岩手県知事であった．

❷設立の背景と終焉

　盛岡都市圏は戦後一貫して人口が増加しており，住宅需要が大きかった（住宅が不足していた）地域であった．盛岡都市圏は持ち家比率が低く，1990年時点で盛岡市の持ち家比率は48.8%となっており，岩手県全体の数

字である 72.3％や市部平均の 65.1％と比べて著しく低いとの指摘もなされていた[16]．

　岩手県の住宅開発における公社の果たした役割は大きかった．20ha 以上の大規模宅地開発における公社の占める割合は 31.4％，5ha 以上だと 27.8％という数字であった[17]．その後公社は 1990 年代にいたるまで宅地造成工事を手がけているが，国土交通省の区分によるニュータウンの造成に関しては，1980 年代でその仕事を終えている．その後 2000 年代にかけて採算が悪化し，2002 年度の包括外部監査において「本来的な存在意義はほぼ失われかけている」として廃止の提言を受けた．民間の事業主体による供給に任せても住宅政策が滞ることはないとの判断がなされ，岩手県議会の議決を経て 2009 年に公社は解散することとなった．岩手県住宅供給公社はもっとも早く解散した地方住宅供給公社の１つである．

❸松園ニュータウンの造成

　盛岡都市圏の人口増と住宅不足が進行する間，公社は設立された．そして公社は 1969 年に岩手県盛岡市の盛岡駅から 7〜8km 離れた丘陵地帯に大規模団地の造成を開始した．ここは公社の前身である岩手県住宅公社が 1966-68 年にかけてすでに取得していた土地に作られたものである．これがここで取り上げる松園ニュータウン（現在の松園，東松園，西松園地区）である．この団地の造成面積は 2,172,698m^2，計画戸数は 4,419 戸，計画人口は 15,000 人という東北最大級の大規模なものであった．1972 年 7 月には第 1 期 120 世帯の入居が開始され，1977 年まで供給がなされた．

　また 1986 年 5 月には松園ニュータウンの北東部においてサンタウン松園（現在の北松園地区）造成工事に着工し，1988 年 12 月には入居が開始している．サンタウン松園の造成面積は 822,298m^2，計画戸数 1,700 戸，計画人口 4,250 人であり，2000 年にかけて住宅の供給を行った．またこの地域においては，大和ハウス工業が「グリーンパーク小鳥沢」を造成面積約 3,800m^2，計画戸数 1,000 戸という規模で開発し，1989 年から 2000 年にかけて住宅を供給している[18]．

この地域は，開発以前はその94.5％が山林原野であったが，開発後は49.0％が住宅地となった[19]．なお，1972年7月から入居が開始され，1976年6月には宅地造成工事竣工した松園ニュータウンは，1980年6月に「盛岡市松園ニュータウン宅地造成事業が優良な大規模住宅団地として開発の成果が認められ建設大臣より表彰を受ける」という栄に浴した．

(2) コミュニティの形成と役割[20]
❶コミュニティ形成のプロセス

松園地区に自治会組織ができたのは，入居が始まった年の1972年12月とされる．また，町内会の組織については，公社先行で話があったとされている．このことから，政府の別働隊としての公社，その別働隊としてのコミュニティの重要性が認識されていたことがうかがえる[21]．以降自治会，町内会，町内会連合会等が，表3-4に示されるとおり次々と設立された．

新しいニュータウンの発展のためにコミュニティを作り上げることが重要であるという認識は，ごくごく初期の頃から存在していたと思われる．例えば松園ニュータウン入居が始まって10周年の1982年当時，中村直岩手県知

表3-4 松園地区の町内会等組織の形成

年次	自治会等形成に関するイベント
1972	入居開始，自治会結成
1973	自治会設立総会
1976	町内会分割のための各町内会設立準備委員会設置，5町内会に分割
1977	松園地区町内会連合会（自治会の発展的組織）設立
1979	盛岡市よりコミュニティ推進モデル地区指定を受ける
1980	松園地区コミュニティ推進委員会設立
1981	西松園町内会を分割・松園中央町内会設立，東松園二・三丁目町内会設立
1982	小鳥沢町内会，四十四自治会が連合会加入
1983	松園地区町内会連絡協議会（連協）と改称
1986	東黒石野町内会が連協加入
1987	黒石野町内会が連協加入
1989	北松園町内会が連協加入（13町内会）
1990	松園地域づくり懇談会開催
1994	小鳥沢一・二丁目町内会設立（14町内会・自治会），松園地区地域づくり懇談会

出典：『松園地区自治協議会40年の歴史　創立40周年記念誌』より筆者作成．

事は記念誌に「松園ニュータウンが今後ますます発展いたすためには，住宅団地としてのハード面の整備は欠くことができませんが，それ以上にコミュニティーとしての地域連帯が，よりいっそう重要であると考えます」と述べており，この時点ですでにコミュニティという概念が大きな意味を持っていたことがうかがえる[22]．

❷松園ニュータウンにおける空き家と高齢化

その後40年を経て，松園地区も人口減少と高齢化が進行した．市街地から離れた陸の孤島と呼ばれるような丘陵地帯に立地していることから公共交通の便はそもそも良くなく，また雪対策などの課題を抱えており，このことはニュータウンの入居開始時から変わっていない．そのことに加えて，「地域コミュニティの担い手不足，空き家の増加に伴う防犯対策や生活環境，ライフスタイルや価値観の変化による近隣との交際の希薄化など」といった新たな課題を抱えるに至っている[23]．

表3-5は松園ニュータウン，サンタウン松園，グリーンパーク小鳥沢の人

表3-5 松園ニュータウンの人口等

町内会・自治会	65〜	人口	世帯数	高齢化率
松園一丁目	499	1,252	519	39.9
松園二丁目	543	1,141	510	47.6
松園三丁目	206	700	311	29.4
東松園一丁目	354	1,589	677	22.3
東松園二・三丁目	388	1,179	476	32.9
東松園四丁目	187	931	415	20.1
西松園町内会	590	1,491	643	39.6
松園中央町内会	490	1,450	667	33.8
北松園町内会	576	4,083	1,519	14.1
小鳥沢一・二丁目町内会	274	2,792	975	9.8
東黒石野町内会	166	946	396	17.5
小鳥沢	95	251	165	37.8
四十四田	—	102	64	0
松園地区合計	4,368	7,337	7,337	24.4
盛岡市合計	67,445	294,435	129,671	22.9

出典：「松園地区　地域づくり計画書」より筆者作成．

口や高齢化率等の数字である．これによると，松園地区の高齢化率は盛岡市の平均である 22.9％を上回っており，40 年前は最も若かった地域の急速な高齢化が理解できる．特筆すべきは，早くから存在する松園二丁目にいたっては高齢化率が 47.6％となっていることである．これは 65 歳以上人口 50％以上と定義されるいわゆる限界自治体（集落）に匹敵する数字となっている．その他の町内会・自治会も軒並み盛岡市平均と比べて高水準の高齢化率となっているが，造成と入居開始が新しいサンタウン松園においてはその数字が 10％台前半となっていることも特徴的である．以上のことは，新陳代謝が進まない団地は自然に歳をとることを意味しているし，またサンタウン松園など新しい団地においても 20 年後は同様の道をたどる可能性があることを示唆している[24]．

❸松園地区地域協働推進委員会

　盛岡市は 2010 年 3 月に策定した「盛岡市自治体経営の指針及び実施計画」で住民，町内会，自治会，NPO，学校，商店など多様な主体と市が役割を分担しながらまちづくりに対応するというガイドラインを示した．これを受ける形で，2013 年に松園地区自治協議会の中に「地域協働推進委員会」を設置し，「松園地区地域協働推進委員会要領」第 2 条に規定しているとおり盛岡市と連携しながら「地域づくり計画」を策定することとなった[25]．

　このコミュニティにおける活動テーマは「保健・福祉分野（子供から高齢者まで元気なまち）」，「安全・地域分野（冬も安心，快適なまち）」，「教育・文化分野（子供の個性を育むまち）」，「生活の利便分野（誰もが便利に暮らせるまち）」，「自然・環境分野（松園ガーデン・花と自然と調和したまち）」，「その他の分野」に分けられている．「空き地・空き家の活用」は，役割分担としては地域と行政が共に取り組むものとして，また分野としては「自然・環境分野」の長期活動計画（じっくり検討を重ねて取り組む）として位置付けられている．

(3) 考察

❶政府の失敗？

　盛岡都市圏が人口増加地域であったこと，また持ち家比率が県内他地域と比べても，住宅需要が供給に追いつかない状況であることは先述した．1989年のいわゆる1.57ショック（合計特殊出生率）により少子高齢化が明らかになった1990年代に入っても，問題とされたのは依然住宅不足であった．しかしながら，これは後知恵ではあるが，この時点までに政府が人口動態と住宅需要の予測を誤っていたことを否定することはできない．これはその後10年も経たずに空き家が社会的問題となったこと，2000年代に入り岩手県住宅供給公社をはじめとして地方住宅供給公社が相次いで破綻したことからも明らかである．民間事業者は住宅需要が減った場合業態転換を図り企業の生き残りを図るが，公的セクターはそのような経営の自由度はなく，またインセンティブもないため，社会的存在意義がなくなれば消えて行くのみである．このことを政府の失敗というのが適切か否かについてはより精密な議論が必要であろうが，わずか40年前に大きな期待を持って設立された公社が解散し，ニュータウンが高齢化にみまわれ空き家問題を抱えることになったということは，住宅という財の持つ難しい側面をよく現しており，そして（それゆえにというべきか）政府の能力の限界を示していると考えることができる．

❷郊外型大規模開発の問題

　1960年代当時の社会状況を無視した議論は意味がないとはいえ，今日的視点で考えれば郊外型大規模開発は「まちの機能維持」の観点からは大きな問題を残すこととなった．住宅政策のみの観点から離れて考えれば，1970年代には「コンパクトシティ」の考え方があらわれ始めており，高齢化社会への対応などを考えた場合に，今日的な観点からは問題がないわけではなかった．

　第3節で「都市圏の人口規模が大きければ，つまり住宅地に対する需要量が大きいほど民間開発業者，とりわけ全国各地で開発を行っている中央民間

開発業者の果たす役割が大きい．これに対して都市圏の人口規模が小さくなればなるほど公的主体，特にそれぞれの県を住宅供給公社を果たす役割が大きくなっている．」という指摘を引用したが，これは公社による大規模開発がもたらした松園ニュータウンにおけるダメージの大きさを連想させる．コンパクトではない都市を公社主導で作り上げた結果，空き家対策も含めてその維持に莫大なコストがかかる都市圏を形成してしまった，という評価は酷に過ぎるかもしれないが，それは現実の姿となってしまっているのである．

❸ コミュニティの役割

　空き家の利活用に関して政府の役割が大きいとして，現実の対応はコミュニティの力に頼らざるを得ないのではないか，というのが本稿の重要な主張である．本章で取り上げた事例においてはごく初期の段階から公社がコミュニティを重視してきたこと，40年間にわたってコミュニティを作り上げてきたこと，そして現在盛岡市と協働しながら空き家問題に取り組んでいることが理解できるが，これはこの問題の本質的部分なのだと考える．

　このことは，空き家の管理利活用はその地域の住民が行わなくてはならないし，実際にそうなっていることを相当程度に説明できている．前述のとおり「足による投票モデル」が現実には起こりえないという視点から，むしろこのモデルは移動しない財の管理は地域社会において行わなければならないことを示唆していると捉えることができるのである．その意味において，空き家問題を「中古住宅市場の活性化」という仕組みで解決するのはかなり難しいと思われる．松園地区でいえば，40年以上にわたってコミュニティ形成及び維持の取り組みを続けたこと，松園地区自治協議会・松園地区地域協働推進委員会の活動などもあり，その仕組みで解決していくしか方策はないのではないか．一般的にいえば，政府に加えてコミュニティの力により，移動することのない空き家を管理利活用せざるを得ないのではないかと考える．

おわりに

本論は政府の役割，コミュニティの役割という観点から空き家問題の考察を行うという試論であった．住宅という財の特質を前提とした本章の議論の結論は，空き家問題の解決を市場機能に任せるという方法よりも，むしろ政府による解決，政府的機能を果たすコミュニティによる解決をより重視したものとなっている．空き家問題の本質が防犯・防災になどのいわゆる外部性に係る以上，市場機能のみでは解決し得ない問題であることを強調して筆を置くこととしたい．

注
1) 総務省統計局「土地・住宅統計調査」，2013 年による．
2) 本論が「政府の役割」を議論する際の下敷きとして採用するのは，マスグレイブの議論であるが，これは公共経済学の分野における古典的な知見であることを断っておきたい．See, R.A. Musgrave, *The Theory of Public Finance, A Study in Public Economy*, McGraw-Hill, 1959.
3) See, e.g., David Schmidtz, *The Limits of Government : An Essay on The Public Goods Argument*, Routledge, 1990.
4) もちろん公共財の供給は外部性の一種でありこれらは密接に関るが，本論においては問題を単純化するためにこのことはひとまずは措いておく．
5) 公営住宅を公共財として位置付ける議論はある．これは公営住宅の「所得再分配」あるいは「生活保護」的な側面を取り上げているものと考えることができる．
6) ただし，このことが理論的に支持されうるかについては，今後の研究を俟つ必要があると考える．特に人口増加社会と人口減少社会における住宅供給のあり方についてその動態をデータに基づいて分析する必要がある．
7) See, C.M. Tiebout, "A pure theory of local expenditures", *Journal of Political Economy*, 64 (5)，1956, pp. 416-424.
8) このモデルは「ふるさと納税」を考える時に有効であると考えられ，その意味では現実社会において起こり得ないこととはいえない可能性がある．
9) 全国のニュータウンリストについては，国土交通省のウェブサイト (http://www.mlit.go.jp/totikensangyo/totikensangyo_tk2_000065.html) を参照した（最終閲覧日：2019 年 2 月 19 日）．
10) 前掲，総務省統計局「土地・住宅統計調査」．

11) 地方住宅供給公社は債務超過などの理由により，2009 年以降青森県，岩手県，秋田県，福島県，茨城県，栃木県，富山県，石川県，福井県，三重県，滋賀県，奈良県，岡山県，山口県，香川県，佐賀県，神戸市で解散した．
12) 千葉昭彦「盛岡都市圏における宅地開発の展開とその諸特徴」『季刊地理学』Vol. 50，1998 年，17-18 頁．
13) この節の記述は，岩手県住宅供給公社編『岩手県住宅供給公社 35 年のあゆみ 岩手県住宅供給公社創立 35 周年記念誌』，1991 年，および岩手県住宅供給公社編『岩手県住宅供給公社創立 40 周年記念誌』，1997 年，による．
14) 岩手県 30 万円，盛岡市 20 万円，宮古市・大船渡市・水沢市・花巻市・北上市・久慈市・遠野市・一関市・陸前高田市・釜石市・江刺市各 5 万円を出資した．
15) 岩手県 1470 万円，盛岡市 240 万円，釜石市 125 万円，宮古市 85 万円，北上市・大船渡市各 35 万円，花巻市・一関市 30 万円，水沢市・江刺市各 25 万円，遠野市・久慈市各 20 万円，陸前高田市 5 万円を追加で出資した．
16) 浅井敏博・長沢由喜子『盛岡都市圏の住宅供給を考える』チャネル企画，1994 年，4-5 頁．この文献は，1994 年当時においても盛岡都市圏における大きな問題は住宅不足，持ち家比率の低さだったことがわかる貴重な資料となっている．
17) 前掲，千葉，23 頁．住宅供給公社に自治体，地域振興公団を加えると，20ha 以上が 71.6%，5ha 以上が 62.9% ととなり，表 3-3 の数字と比較するならば，岩手県において公的主体が果たした役割が大きかったことが理解できる．
18) 本章においては岩手県住宅供給公社の役割を主に取り上げているが，現時点においてグリーンパーク小鳥沢も「松園地区自治協議会」の構成員となっており，また松園ニュータウン等に比べて比較的歴史が浅く比較対象としての意味が大きいため，取り上げている．
19) 前掲，千葉，20 頁．この地域はサンタウン松園も同様に 90% 以上が山林原野であった．
20) この節の記述は，西松園町内会創立 40 周年記念誌編集委員会編『創立 40 周年記念誌　交流　助け合い未来につなごう西松園』，2016 年，松園地区自治協議会・松園地区地域協働推進委員会「松園地区　地域づくり計画書（ウェブサイト：http://matsuzono.info/gaiyou.htm，最終閲覧日：2019 年 2 月 19 日），2013 年，松園地区自治協議会 40 周年記念誌編集委員会編『松園地区自治協議会 40 年の歴史　創立 40 周年記念誌』，2012 年，松園地区町内会連合会編『まつぞの　10 周年記念誌』，1982 年，松園地区町内会連絡協議会編『松園 20 年のあゆみ』，1992 年，盛岡市立松園小学校『盛岡市立松園小学校創立 40 周年記念誌』，2014 年，盛岡市立松園中学校創立 20 周年記念事業協賛会編『盛岡市立松園中学校創立 20 周年記念誌』，2000 年，による．
21) 松園地区町内会連合会編『まつぞの　10 周年記念誌』，1982 年，29 頁．街灯整理組合を作って欲しい，との話だったとの証言がある．
22) 同上，8-9 頁．

23) 松園地区自治協議会・松園地区地域協働推進委員会「松園地区　地域づくり計画書」，2013 年（ウェブサイト：http://matsuzono.info/gaiyou.htm）
24) 2003 年の松園ニュータウンの 65 歳以上人口は 17％，サンタウン松園は 6％，2012 年は前者 31％，後者 12％である．ただし 0〜14 歳人口の同期間の変動は，松園ニュータウンが 14％→13％であるのに対して，サンタウン松園は 17％→9％となっており，後者のほうが少子化の影響が現れていることが見て取れる．松園地区自治協議会 40 周年記念誌編集委員会編『松園地区自治協議会 40 年の歴史　創立 40 周年記念誌』，2012 年 74 頁．
25) これは盛岡市による地域協働推進モデル地区事業の一環として行われている．

第 2 部
空き家問題と法

第4章
特定空家等に対する行政代執行と費用回収

釼持 麻衣

1. 空き家問題で活用される代執行等

(1) 代執行=「さびついた伝家の宝刀」

　自治体は，さまざまな政策目的を実現するため，条例を通じて広く住民一般に，あるいは命令を通じて個別住民に対し，行政上の義務を課している．もし，義務者が課された義務を履行せず，さらに一定の条件が満たされる場合，行政庁は，自ら義務者のなすべき行為をなし，または第三者をしてこれをなさしめることができる（行政代執行法2条）．このように，私人間における自力救済禁止原則の例外として，行政庁が司法手続を経ることなく，自ら行政上の義務の履行を強制しうる仕組みが設けられた背景のひとつには，行政目的の早期実現がある[1]．

　しかしながら，行政代執行（以下，「代執行」という．）という強力なツールは，「さびついた伝家の宝刀」と称されてきた[2]．すなわち，実際の行政現場では，代執行が使いづらいものと考えられ，実施件数が極めて少ないとの指摘がしばしばなされる[3]．代執行制度が機能不全状態に陥っている要因としては，行政代執行法2条または個別実定法が定める実体的要件の解釈および個別事例への当てはめについて行政庁が確信を持てないこと，代執行に伴う動産の管理に関する明文規定がないこと，義務者からの費用回収が困難なこと，代執行を行うためのノウハウが不足していること，代執行には強権発動のイメージがあり，マスコミや住民などから批判を受けることが挙げら

れる[4]．

(2) 空家法の下での 100 件以上の代執行等

そうしたなか，2015 年 5 月に全面施行された「空家等対策の推進に関する特別措置法」（以下，「空家法」という．）の下では，2018 年 10 月 1 日までに，26 自治体で 29 件の代執行が行われている．さらに，行政上の義務を課すべき相手方を市町村長が過失なく確知することができない場合の代執行，いわゆる略式代執行は，68 自治体で 89 件もの実績がある（図 4-1 を参照）[5]．法施行から約 3 年半で，代執行と略式代執行（以下，総称して「代執行等」という．）の実施件数は 100 件を超え，今後も増加していくと予想される．

「さびついた伝家の宝刀」といわれてきた代執行制度が，空き家問題で積極的に活用されているのはなぜだろうか．先に述べた機能不全の要因に照らしてみると，空家法が規定する実体的要件の解釈および個別事例への当てはめという点では，「特定空家等」の判断基準や特定空家等に対する措置の手続などについて，国が示したガイドライン[6]が，自治体の判断の後ろ盾になっているようである[7]．また，空家法が制定される以前にも，大仙市や大田区，大阪市などで空き家条例あるいは建築基準法に基づく代執行の実績[8]があったほか，空家法施行後，地方整備局や県が自治体間の情報共有の場を設

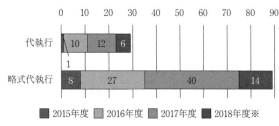

※ 2018 年 4 月 1 日〜2018 年 10 月 1 日の間に実施された件数．
出典：国土交通省・総務省・前掲注 5）資料を基に筆者作成．

図 4-1　代執行等の実施状況

けることで，ノウハウの蓄積が進んでいる．さらに，「平成25年住宅・土地統計調査」の結果が大きく取り上げられ，空き家問題が社会問題化したなか，代執行等がマスコミや住民などに必ずしも批判的には受けとめられず，逆に好意的にも捉えられており，市町村長の決断を後押ししている[9]．

(3) 依然として残る費用回収の壁

　以上のように，空き家問題については，代執行制度が機能不全になる要因のいくつかが解消されているため，活用が進んでいると考えられる．しかしながら，代執行等の実施後，どのようにその費用を回収するかという課題は，依然として残されたままである[10]．日本弁護士連合会が全国自治体に対して実施したアンケート調査によれば，回答自治体の約8割（574自治体）が，費用回収の見込みの低さを代執行等の実施を躊躇させる要因として挙げている[11]．費用回収が進まなければ，私人の財産管理に公金を支出する是非が問われるとともに，「所有者が空き家の管理を適切に行わなくても，最終的には自治体が対応してくれる」というモラルハザードを引き起こすおそれがある[12]．そこで本章では，特定空家等に対して実施された代執行等の費用がどのように回収され，また，行政現場ではいかなる課題があるかをみていく．

2. 代執行に係る費用回収

(1) 空家法・行政代執行法の規定

　空家法14条9項に基づいて，市町村長は，同条3項の命令を受けた者が当該命令に係る措置を履行しないとき，履行しても十分でないとき，または履行しても同項の期限までに完了する見込みがないとき，「行政代執行法……の定めるところに従い，」代執行することができる．すなわち，代執行の実体的要件は空家法が定めているが，戒告等の手続および費用の徴収は，行政代執行法3～6条に基づいて行われる．このうち，費用の徴収に関する規定は次のとおりである．

> 第5条　代執行に要した費用の徴収については，実際に要した費用の額及びその納期日を定め，義務者に対し，文書をもつてその納付を命じなければならない．
> 第6条　代執行に要した費用は，国税滞納処分の例により，これを徴収することができる．
> 2　代執行に要した費用については，行政庁は，国税及び地方税に次ぐ順位の先取特権を有する．
> 3　（略）

　5条に基づく納付命令によって，義務者が納付すべき金額および納付期限が法的に確定する[13]．行政実務上は，納付命令と併せて，歳入調定し，義務者に対して納入通知書を送付する（地方自治法231条）．納付期限までに納付されないとき，市町村長は，義務者への督促を経て（231条の3第1項），国税徴収法に基づき，義務者の財産に対する差押え等の滞納処分を行いうる．

(2) 現状

　国土交通省資料や新聞報道によると，代執行に要した費用は，木造平屋建ての倉庫を除却した菰野町の事案での約50万円が最低額，木造2階建ての住宅を除却した板橋区の事案での約2,000万円が最高額となっている．

　2016年3月に全国で初めて空家法に基づく代執行を行った葛飾区では，木造2階建ての建物の除却等に185万円を要した[14]．当該建物を所有していた義務者は，当初，代執行措置自体に納得しておらず，費用の支払いを拒否していたが，その後，家族で現在居住している住宅が差し押さえられる可能性が出てきたため，翌年2月に全額を支払っている．

　義務者が納付命令に従わず，代執行費用を納付しなかったとしても，前述のとおり，市町村長は，国税滞納処分の例により，強制徴収できる．その場合，市町村長は代執行費用につき，租税に次ぐ順位の先取特権を有するが，直接の滞納処分費や納付期限日以前に設定された担保権により担保される私法上の債権などには劣後する[15]．そのため，義務者が十分な財産を有していなければ，代執行費用の回収は極めて困難となる．例えば，2017年4月に

代執行を行った柏市は，国税徴収法に基づく差押え・公売を行ったものの，約1,040万円の代執行費用のうち，回収できたのは一部のみであった[16]．

空家法に基づいて行われた29件の代執行について，費用回収状況は公表されていない[17]．ただ，前述の日本弁護士連合会が実施したアンケート調査結果に鑑みても，葛飾区のように代執行費用の全額を回収できたケースは，決して多くないと考えられる．立地条件等が良い土地であれば，特定空家等として代執行が講じられる以前に，所有者自身による活用が図られたり，民間事業者が賃貸あるいは売却を打診したりするだろう．また，土地に抵当権等が設定されており，滞納処分を行っても，満足に代執行費用の回収ができない場合もあると思われる．

3. 略式代執行に係る費用回収

(1) 空家法の規定

空家法14条9項に基づく代執行は，義務者に対する命令が発出されているのが前提である．しかし，命令の相手方となるべき所有者等が不明な場合や所有者等が存在しない場合には，そもそも命令自体ができないため，代執行を行えない．空家法はこうしたケースに対応するため，略式代執行の規定を設けている（14条10項）．この規定は，行政代執行法1条にいう「別に法律で定めるもの」に当たり，行政代執行法の特別法的措置である[18]．

> 第14条
> 10　第3項の規定により必要な措置を命じようとする場合において，過失がなくてその措置を命ぜられるべき者を確知することができないとき（過失がなくて第1項の助言若しくは指導又は第2項の勧告が行われるべき者を確知することができないため第3項に定める手続により命令を行うことができないときを含む．）は，市町村長は，その者の負担において，その措置を自ら行い，又はその命じた者若しくは委任した者に行わせることができる．……

代執行に関する空家法14条9項が，「行政代執行法……の定めるところに

従い」と規定するのに対し、略式代執行に関する同条10項には同旨の文言が含まれておらず、手続および費用徴収に関する行政代執行法の規定が準用されていない。他方で、「その者の負担において」との文言から、略式代執行後に命令の相手方となるべき所有者等が判明した場合には、当該所有者等にその費用を負担させるというのが立法者意思である[19]。

略式代執行を行った自治体は、どのような手続によって、その費用を所有者等から徴収するべきだろうか。ガイドラインでは、地方自治法施行令171条の2第3号に従い、「義務者が任意に費用支払をしない場合、市町村は民事訴訟を提起し、裁判所による給付判決を債務名義として民事執行法に基づく強制執行に訴えることとなる」との見解が示されている（第3章7(4)）。空家法およびガイドラインには、債権額を確定するための手続に関する規定が欠けているが、立法者意思に鑑みれば、行政代執行法5条の類推適用が望ましいと考えられる[20]。

命令の相手方となるべき所有者等が存在しない場合にも、市町村長は略式代執行を行いうるが、その費用をどのように回収するかが問題になる。義務者が存在しないケースとしては、死亡した所有者等に相続人がいない、すべての相続人が相続放棄をしている、所有していた法人が既に解散等で存在していないといったことが挙げられる。こうした場合、例えば、相続財産管理人制度（民法952条）の活用が考えられる[21]。また、所有者等の有無が不明、あるいは所有者等はいるが、その所在が不明な場合には、不在者財産管理人制度（25条）を活用できる。

(2) 現状

国土交通省資料や新聞報道によると、略式代執行に要した費用は、草木等の除却、窓の補修などをした東近江市の事案での約18万円が最低額、鉄筋コンクリート造り3階建ての元旅館を除却した柏崎市の事案での約6,300万円[22]が最高額となっている。

空家法の下では、略式代執行後に所有者等が判明したときは、その者から

費用を徴収することが想定されている．しかし，市町村長は略式代執行を行うにあたり，その職務行為において通常要求される注意義務をもって，命令の相手方の確知に努めている[23]．そのため，略式代執行後に調査を継続したとしても，費用を負担させるべき者が判明する可能性は極めて低いと考えられ，筆者が仄聞する限りでも，そのようなケースは見当たらない[24]．

自治体としては，費用回収の可能性をより高めるために，命令の相手方を継続的に調査するのみならず，不在者財産管理人制度の活用も検討すべきだろう[25]．実際に香取市では，附属屋および屋上塔屋部の撤去などに要した約120万円の略式代執行費用について，同制度の活用が検討された[26]．

所有者等が存在しない場合，自治体としては，略式代執行の要件の充足性が明らかであり，その実施に踏み切りやすい反面，費用を負担させるべき者がいないという事態に陥る．2018年10月1日までに実施された略式代執行89件のうち，自治体または国土交通省の資料や新聞報道等から，措置に至る経緯を筆者が知り得たものは75件ある．その内訳をみると，所有者等の相続人による相続放棄または相続人死亡が28件，所有者等の相続人不存在が12件，所有していた法人の解散が12件，所有者等またはその所在の不明が23件であった（図4-2を参照）．略式代執行費用が約2,800万円にのぼった妙高市のケースでも，当該建物を所有していた法人は既に破産し，法人格が消滅していた．このケースでは，空き家対策総合支援事業補助金[27]が活用され，費用を国と市が負担した[28]．

相続放棄あるいは相続人不存在の場合，自治体が，略式代執行費用に係る債権を理由に，利害関係人として相続財産管理人の選任を家庭裁判所に申し立てられる．例えば，空家法施行前の2014年12月に，

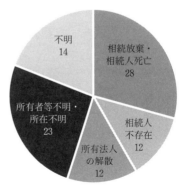

出典：筆者作成．

図4-2 所有者等が確知できない理由

危険な空き家に対して，建築基準法9条11項に基づく略式代執行を実施した神戸市は，当該建物の所有者に相続人がおらず，また，被相続人に一定額の預貯金があったため，固定資産税に係る債権と併せて，相続財産管理人の選任を申し立てた．その後，選任された相続財産管理人が財産整理を進め，最終的に略式代執行費用約260万円と固定資産税約16万円の全額が市に支払われている[29]．

ただし，不在者財産管理人あるいは相続財産管理人の選任を申し立てた利害関係者が，優先的に債務の履行を受けられるわけではなく，また，略式代執行費用には，代執行費用のように先取特権は付与されていない[30]．不在者財産管理人は，家庭裁判所の許可を得る必要がない「保存行為」（民法28条，103条1号）として，弁済期限の到来した債務を弁済できる[31]．相続財産管理人は，当該財産に設定された担保権により担保される債権を有する者などに対し，優先的に弁済をした上で，他の債権者には，それぞれの債権額の割合に応じて弁済するものとされる（957条2項，929条）．

4．費用回収をめぐるいくつかの課題

(1) 請求しうる費用の範囲

行政代執行法5条は，「実際に要した費用の額」を「代執行に要した費用」として，義務者から徴収すると規定している．「代執行に要した費用」は，「作業員の賃金，請負人に対する報酬，資材費，第三者に支払うべき補償料等」を指す[32]．代執行等は，義務者がなすべき行為を行政庁が義務者に代わって行うものであるから，義務者自らが措置を講じた場合でも，行政が負担する費用は含まれず，義務違反の確認のために要した調査費用や代執行等の手続に従事した行政職員の人件費などがこれに当たる[33]．特定空家等に対する代執行等については，家屋調査などの調査および動産の管理に要した費用が，主に問題となる[34]．

❶ 家屋調査などの調査費用

調査費用をめぐっては，名古屋地岡崎支判平成 20 年 1 月 17 日判時 1996 号 60 頁，および，その控訴審判決である名古屋高判平成 20 年 6 月 4 日判時 2011 号 120 頁がある．この事件では，産廃業者が不法投棄した廃棄物の撤去等を代執行するにあたり，市が廃棄物実態調査および周辺環境調査等（以下，「廃棄物実態調査等」と総称する．）を実施し，その費用を支出したとして，当該産廃業者に対し，事務管理に基づく費用償還（民法 702 条）を求められるかが争われた[35]．第一審は，「生活環境保全上の支障の除却等を行うためには，本件過剰保管廃棄物による影響を調査し，その結果を踏まえて実際の方策について検討することが不可欠である」と述べた上で，廃棄物実態調査等は，本来，義務者たる産廃業者が行うべきものであると判示し，控訴審もこれを維持した．命令内容をどのように履行するかを具体的に判断するために行われる調査の費用は，義務者が負担すべきと考えられる以上，代執行費用として，行政代執行法 5 条に基づく納付命令を行い，強制徴収できたとも考えられる[36]．

特定空家等に対する代執行等では，近隣家屋調査やアスベスト使用調査が行われるケースが，複数見受けられる．これらの調査は，建物の解体工事の際に行われるものであり，空家法に基づく命令違反の確認のために行われた調査ではないため，代執行費用に含まれると解すべきだろう．宗像市が 2017 年 2 月に略式代執行を行ったケースでは，近隣家屋調査に係る費用を含む略式代執行費用約 234 万円を債権として，市が相続財産管理人の選任を申し立て，現在手続が進められている[37]．

❷ 動産の管理費用

もうひとつの問題は，代執行等の対象となる特定空家等の中に存置されている動産の搬出・保管や処分に係る費用を代執行費用に含めうるかという点である[38]．代執行等の実施に伴う動産の処分または搬出・保管は，義務者自らが措置を講じたときにも義務履行の一環で行うと考えられるため，代執行費用として請求できる[39]．

行政庁が動産を保管する場合，それらの保管義務を行政が負うのはどの時点までだろうか．伝統的学説によれば，代執行の終了をもって，行政の保管義務は終了するとされてきたが[40]，通説・実務上は，代執行等の実施期間中，終了後を問わず，所有者への引渡し時，または通知した引渡し期限までと解されている[41]．ただし，後者の見解に立つとしても，代執行費用として強制徴収しうる保管費用の範囲につき，代執行終了宣言までのものに限定する論者[42]と，行政の保管義務が消滅するまでのものが含まれるとする論者[43]がいる．

　ガイドラインは，パブリックコメント時に動産の管理に関する意見が寄せられたことを受け，「代執行の対象となる特定空家等の中の動産の取扱い」の項目を追加している[44]．具体的には，「特定空家等の中に相当の価値のある動産が存する場合，まず，所有者に運び出すよう連絡し，応じない場合は保管し，所有者に期間を定めて引き取りに来るよう連絡することが考えられる．」と規定する（第3章6（5），7（3））．行政が動産の保管義務を負うべき期間，およびその費用が代執行費用に含まれるかといった点に関する明確な言及はなされていないものの，所有者への連絡または公示を経ても，所有者が引き取らない場合は，敷地内に戻してシートで包むといった措置を講じることで足りるだろう[45]．そして，代執行費用としては，代執行終了宣言後の保管，敷地への搬入およびシートの購入に要した費用も，義務者に請求できると思われる[46]．

(2) 財産管理人制度の活用

　略式代執行のケースでは，不在者財産管理人制度または相続財産管理人制度（以下，総称して「財産管理人制度」という．）を活用し，その費用を回収しようとする取組みが見受けられる[47]．2018年10月1日時点で，空き家等に係る財産管理人制度の活用実績は，163件にのぼる[48]．現在政府では，空き家問題や所有者不明土地問題の深刻化を受けて，これまで任意とされてきた相続登記の義務化が検討されており[49]，これが実現すれば，不在者財産

管理人制度を活用すべきケースは，減少していくものと考えられる．他方で，相続放棄の件数は近年増加傾向にある[50]とともに，高齢化や未婚率上昇によって相続人不存在となるケースは，さらに増えると予想されるため，相続財産管理人制度を活用する場面も今後多くなるだろう[51]．

自治体は，代執行費用や租税などの債権以外にも，空家法を根拠として，財産管理人の選任を申し立てられる[52]．実際に，川口市や松戸市，大田区，世田谷区で申立てが行われ，財産管理人が選任されている（表4-1を参照）[53]．いずれも，当該財産は空家法上の「特定空家等」に相当する案件であった．

略式代執行前に，自治体が財産管理人の選任を申し立てるメリットとしては，除却などの是正措置が，財産管理人または買取者によって講じられ，自治体による略式代執行の実施およびその費用の支出を回避できる点が挙げられる[54]．もし，財産管理人または買取者が是正措置を講じず，結果的にそれらの者を義務者とした代執行が行われた場合でも，略式代執行では認められていない，代執行費用の強制徴収を行いうるという違いが生じる．

ただし，財産管理人の選任申立てから財産管理人による管理が行われるまで，2～3か月ほどかかり，また，財産管理人が除却や売却を行うためには，家庭裁判所の許可が必要である以上（28条，953条），迅速な解決が図られるとは限らない．そのため，特定空家等の状態によっては，財産管理人の選任申立てよりも略式代執行の方が望ましい場合もあるだろう[55]．さらに，選任申立てに際して，財産管理人の報酬および管理費用に充てるため，裁判所

表4-1 空家法を根拠とした財産管理人の選任の申立て事例

自治体名	制度	申立理由
川口市	相続財産管理人	空家法14条に基づく法的措置の名宛人が必要
松戸市		空家法に基づく措置が進められない
大田区	不在者財産管理人	公益の保護を目的とした公法上の権利義務がある
世田谷区		空家法4条の市町村の責務があり，略式代執行に係る公告を実施

出典：国土交通省・前掲注16）資料川口市・前掲注47）資料124-128頁，を基に筆者作成．

から予納金の納付を求められる場合が多い．ヒアリング調査では，予納金の予算化が難しく，かつ還付の可能性が低いことが，自治体による申立てを躊躇させる要因として指摘された．一方，略式代執行後に財産管理人の選任申立てを行ったある自治体は，略式代執行費用や予納金の回収が見込めないとしても，特定空家等を除却した後の土地管理者を明確にするという観点から，財産管理人の選任を申し立てていた．

ガイドラインに関するパブリックコメントでは，自治体による積極的な財産管理人制度の活用に関する意見が出されたが，国土交通省および総務省は，財産管理人の選任を申し立てるべきかは，「個別の事案に即して各市町村長において御判断いただく必要があると考えます．」と回答しており，同制度の活用が必ずしも最善であるとは限らないと考えているようである[56]．確かに，財産管理人の選任申立ての必要性，および略式代執行と財産管理人の選任申立ての先後関係は，特定空家等の状態や立地条件，租税の滞納状況，抵当権の有無などによって異なる以上，一律で定めらず，個別事案に即した判断が求められる．

しかしながら，自治体が財産管理人の選任申立てを躊躇する要因となっている予納金については，国や都道府県による財政的支援を望む声が，ヒアリング調査のなかでは聞かれた[57]．また，建物と土地の所有者が同一である場合の略式代執行については，実施後の当該土地の管理者を定める規定，あるいは財産管理人制度よりも簡易迅速な手続に対して，自治体のニーズも高く，この点に関する法整備が期待される．略式代執行後の跡地については，財産管理人の選任手続を経ずに，国または略式代執行を行った自治体への帰属を可能とする規定を空家法に追加することが，2016年の地方分権に関する提案募集で兵庫県などから提案されていた．しかし，個人の財産権の侵害などを理由に，法改正は実現していない．

(3) 土地所有者による代執行費用の負担

建物と土地の所有者が異なるケースで，建物の除却等が代執行等でなされ

たとき，その費用を土地所有者に負担させうるだろうか．建物の管理不全状態を原因として，「特定空家等」と判定されたとしても，土地所有者は是正措置を講じる権原を有しないため，空家法14条3項に基づく命令の名宛人にはならない[58]．この意味において，土地所有者は行政代執行法5条にいう「義務者」に当たらず，代執行費用を負担すべき者とは解せない．

　特定空家等と判定されるほど危険な空き家が除却された結果，その土地の価値が上がると捉えれば，土地所有者に受益者負担を求めることも考えられよう[59]．自治体は，「数人又は普通地方公共団体の一部に対し利益のある事件に関し，その必要な費用に充てるため，当該事件により特に利益を受ける者から，その受益の限度において，分担金を徴収することができる」(地方自治法224条)．特定空家等の代執行等が，「数人又は普通地方公共団体の一部」を利するといえるかが問題になる[60]．特定空家等の除却によって，土地所有者，あるいは近隣住民を含む特定の人々を利すると捉えれば，分担金を徴収できる．しかし，実際には隣接する道路の通行人などの不特定多数への危険も考慮して，代執行等が行われている以上，分担金と整理するのは，困難であるように思われる[61]．もし，代執行等について，土地所有者に分担金を課しうるとしても，その金額の上限は，代執行等による地価の上昇分か代執行費用のいずれか低い額とするべきである．

　行政代執行法上の「代執行に要した費用」または地方自治法上の「分担金」として，土地所有者に納付命令をできない以上，自治体は任意で土地所有者に費用負担等を求めていかざるをえない．例えば，2016年3月に略式代執行を行った明石市では，土地所有者が当該土地を売却し，その売却益の一部が市に寄附された[62]．また，同年10月に略式代執行を行った上市町は，土地所有者から土地の寄附を受け，除雪機械等置き場として活用している[63]．

5. 空家法等の改正に向けて

　本章では，空家法に基づく特定空家等への代執行等につき，費用回収の現

状を概観するとともに，代執行費用の範囲，財産管理人制度，および土地所有者による費用負担を検討してきた．従来から指摘されてきたような，代執行費用の回収の困難さに加えて，動産の取扱いや代執行後の土地の管理といった，空き家問題に顕著な課題が残されている．空家法附則2条によれば，施行から5年後となる2020年には見直しが行われる．その際には，略式代執行に要した費用の徴収手続に係る規定の追加をはじめとした法改正が望まれるところである[64]．併せて，行政代執行法や民法などの関係法令の改正も検討すべきだろう[65]．

［付記］代執行等の実施自治体へのヒアリング調査に当たっては，高崎経済大学地域科学研究所研究プロジェクト「空家特別措置法施行後の空家対策に関する総合的研究」の助成を受けた．なお本章は，拙稿「特定空家等に対する行政代執行と費用回収」都市とガバナンス30号（2018年）164頁以下を基に加筆修正を行ったものである．

注

1) 宇賀克也『行政法概説Ⅰ〔第6版〕』（有斐閣，2017年）221頁．
2) 北村喜宣「学界の常識は現場の非常識？－空家法のもとで活用される代執行」同『自治力の挑戦』（公職研，2018年）52頁．
3) 例えば，津田和之「行政代執行手続をめぐる法律問題（一）」自治研究87巻9号（2011年）85頁．
4) 津田・前掲注3)論文，宇賀・前掲注1)書237頁，黒川哲志「行政強制・実力行使」磯部力・小早川充郎・芝池義一編『行政法の新構想Ⅱ』（有斐閣，2008年）114-115, 119頁．
5) 国土交通省・総務省「空家等対策の推進に関する特別措置法の施行状況等について（平成30年10月1日時点）」．
6) 国土交通省・総務省『「特定空家等に対する措置」に関する適切な実施を図るために必要な指針（ガイドライン）』（以下，「ガイドライン」と引用．）（平成27年5月26日）．
7) 以下，北村・前掲注2)．代執行等を行った自治体へのヒアリング調査でも，「特定空家等」への該当性判断や代執行等の実施に際して，国および県が示したガイドラインを積極的に活用したり，それらを参照しつつ独自の基準等を策定したりする動きが見受けられた．

8) 「老朽危険家屋の行政代執行の実務」北村喜宣編『行政代執行の手法と政策法務』（地域科学研究会，2015年）47頁以下，小畑和也「都市自治体の空き家対策事例」日本都市センター編『都市自治体と空き家－課題・対策・展望－』（日本都市センター，2015年）171頁以下を参照．なお，代執行の実施根拠につき，既存の建築基準法ではなく，空き家条例や空家法が選択される背景には，不行使の前例がなく，自治体としてその実施に踏み切りやすい点も指摘される（北村・前掲注2）54頁）．
9) ヒアリング調査を行った自治体では，長が代執行等の実施を決断したことで，財政所管部署をはじめとする庁内関係部署の協力をより得やすくなったとの意見が聞かれた．総務省『空き家対策に関する実態調査結果報告書』（以下，「総務省報告書」と引用．）（平成31年1月）に掲載された事例集でも，長の決断が代執行等の実施を後押ししたことがうかがえる（157頁，183頁，203頁，205頁）．
10) 代執行に伴う動産の管理という問題も残されているが，本章では費用回収との関係で論ずるにとどめる．宇那木正寛「行政代執行法における課題－執行対象外動産の管理を中心に」行政法研究11号（2015年）71頁以下，津田和之「行政代執行手続をめぐる法律問題（二・完）」自治研究87巻10号（2011年）65-68頁を参照．
11) 「『空家法』施行1年後の全国実態調査　集計結果」日本弁護士連合会法律サービス展開本部自治体等連携センター・日本弁護士連合会公害対策・環境保全委員会編『深刻化する「空き家」問題－全国実態調査からみた現状と対策－』（明石書店，2018年）190頁．また，半数以上の回答自治体（373自治体，53.1％）が，代執行費用が高額となることも躊躇する要因として挙げている．
12) 岩﨑忠「自治体の空き家対策の検証と今後の課題～政策執行過程における『点』と『面』からの対策～」自治総研459号（2017年）61頁，鈴木賢一「空き家対策の現状と課題－空家法施行後の状況－」調査と情報997号（2018年）8頁．
13) 以下，北村喜宣・須藤陽子・中原茂樹・宇那木正寛『行政代執行の理論と実践』（ぎょうせい，2015年）260頁以下〔宇那木執筆部分〕．
14) 下村聖二・海老原佐江子「葛飾区の空き家対策－行政代執行事例を中心に」自治実務セミナー660号（2017年）20頁以下を参照．
15) 北村ほか・前掲注13)書303頁．
16) 国土交通省「地方公共団体の空き家対策の取組事例2（平成30年3月末時点）」．当該建物が立地していた土地は，約350万円で落札されたが（千葉県HP「合同不動産公売の結果概要について」（https://www.pref.chiba.lg.jp/zeimu/koubai/goudoukoubai-kekka.html）（2018年7月30日最終アクセス）），抵当権等も設定されていたようである．
17) 総務省報告書・前掲注9)によれば，調査対象の10件のうち，全額回収済みは1件（10％），一部回収済みまたは回収見込みは3件（30％）である（57頁）．
18) 北村喜宣『空き家問題解決のための政策法務－法施行後の現状と対策－』（第一

法規，2018 年）196 頁．行政代執行法 1 条の「法律」に条例が含まれないと解される以上，略式代執行制度の導入は，空家法の意義のひとつといえる．

19) 自由民主党空き家対策推進議員連盟編著『空家等対策特別措置法の解説』（以下，「議連解説」と引用．）（大成出版社，2015 年）162 頁．

20) 北村喜宣「略式代執行の費用徴収－空家法を素材にして」鈴木庸夫先生古稀記念『自治体政策法務の理論と課題別実践』（第一法規，2017 年）305 頁．納付命令によって確定した債権は公債権であり，その給付を求める訴えは，「公法上の法律関係に関する訴訟」（行政事件訴訟法 4 条）に当たる（同 306 頁）．

21) 柳井幸「空家対策と相続財産管理人選任申立て」判例自治 412 号（2016 年）10 頁を参照．

22) なお，湯沢市が 2019 年 1 月より実施している，廃業ホテルに対する略式代執行では，代執行に要する費用として，約 1 億 6,900 万円が見込まれている．

23) 具体的には，周辺住民への聞き込みや空家法 9 条に基づく立入調査が考えられるほか，住民票情報，戸籍情報，登記情報，固定資産税情報等の情報の活用などが少なくとも求められる（ガイドライン・前掲注 6）第 3 章 7 (1)，議連解説・前掲注 19) 160 頁）．

24) 空家法以外の国土交通省所管法律についても，略式代執行後に義務者が事後的に判明し，費用を請求した実例はないという（北村・前掲注 20) 論文 302 頁）．

25) 北村喜宣「空家法制定後の市町村空き家行政」同『分権政策法務の実践』（有斐閣，2018 年）304 頁．

26) 国土交通省・前掲注 16) 資料．

27) このほか，自治体による空き家の除却や活用への財政的支援制度としては，空き家再生等推進事業や県による補助事業が用意されている．しかし，ヒアリング調査のなかでは，実際に補助が決まるまで時間を要することや，相続財産管理人制度等を通じて代執行費用を回収できた場合に補助金を返還する必要があることなどが，自治体に支援制度の利用を躊躇させる要因になっているとの意見があった．総務省報告書・前掲注 9) でも，返還手続の手間等を考慮し，支援制度の利用を断念したとのコメントがある（162 頁）．

28) 当該建物の敷地が国有地であり，略式代執行によって，地価が上昇しても利益を得る私人がいないこと，さらに，当該建物の存在によって観光業への悪影響が懸念されていたことから，市が費用の一部を負担するとしても，略式代執行を実施すべきとの判断がなされたという．

29) 国土交通省・前掲注 16) 資料．同様に，財産管理人制度を活用し，代執行費用を全額回収した例が 4 件ある（総務省報告書・前掲注 9) 148 頁）．

30) 板橋区は，代執行費用に先取特権が付与されているため，略式代執行ではなく，相続財産管理人を選任して，代執行を行う手法を選択した（総務省・前掲注 9) 175 頁）．

31) 我妻榮・有泉亨・清水誠・田山輝明『我妻・有泉コンメンタール民法－総則・

物権・債権−』(日本評論社, 2018 年) 104 頁.
32) ガイドライン・前掲注 6) 第 3 章 6 (6).
33) 阿部泰隆『行政法解釈学Ⅰ』(有斐閣, 2008 年) 573 頁.
34) 義務者に請求する「代執行に要した費用」の範囲の精査は, 実務上, 徴収に関しての重要なファクターとなっている(岡﨑泰治郎・大山亘「事例②行政代執行−岡山市の実例」自治体法務研究 7 号 (2006 年) 64 頁).
35) 市は, 廃棄物実態調査等に要した費用が, 「代執行に要した費用」に当たらないと狭義的に解したため, 強制徴収できず, 民事訴訟を提起したと考えられる (平田健治「判批」私法判例リマークス 39 号 (2009 年) 35 頁).
36) 津田・前掲注 10)論文 69 頁, 北村ほか・前掲注 13)書 127 頁〔宇那木執筆部分〕. ただし, 廃棄物実態調査等に係る費用を「代執行に要した費用」として, 義務者に請求した場合には, 行政上の強制徴収が認められている金銭債権につき, 民事訴訟・民事執行の選択を否定する, 最大判昭和 41 年 2 月 23 日民集 20 巻 2 号 320 頁と整合しないおそれがある (宇賀・前掲注 1)書 231-232 頁).
37) 都市計画法違反の建物を除却した岡山市の代執行のケースでも, 近隣家屋調査に係る費用約 440 万円が代執行費用として請求されている (岡山市行政代執行研究会編著『行政代執行の実務』(ぎょうせい, 2002 年) 131 頁).
38) 空家法 14 条 1 項に基づく助言または指導の段階から, 特定空家等に係る措置と併せて, 動産の搬出と適正処理をその内容とすれば, 当然に動産の管理費用も代執行費用として請求でき, この点は問題とならない. 北村喜宣「とんだオジャマ虫!?−空家法代執行と残置動産への対応」自治実務セミナー675 号 (2018 年) 21 頁を参照.
39) 北村喜宣・米山秀隆・岡田博史編『空き家対策の実務』(有斐閣, 2016 年) 134-135 頁〔文山達昭執筆部分〕.
40) 広岡隆『行政代執行法〔新版〕』(有斐閣, 1981 年)〔復刻 2000 年〕184 頁. 前述の岡山市の代執行事例において, 市は伝統的学説に立ち, 動産の搬出費用と代執行終了宣言までの保管・処分費用を代執行費用, その翌日以降の保管・処分費用を事務管理費用として, 義務者に請求した (岡山市行政代執行研究会編著・前掲注 37)書 126-128 頁).
41) 宇那木・前掲注 10)論文 87-88 頁, 津田・前掲注 10)論文 67 頁, 北村ほか・前掲注 13)書 223 頁〔宇那木執筆部分〕, 北村・米山・岡田・前掲注 39)書 134 頁.
42) 津田・前掲注 10)論文 68 頁, 福井県空き家対策協議会『福井県空き家対策マニュアル〔第 2 版 修正版〕』(平成 27 年 8 月) Ⅲ-13 頁.
43) 宇那木・前掲注 10)論文 99-100 頁, 北村ほか・前掲注 13)書 253 頁〔宇那木執筆部分〕.
44) 国土交通省・総務省「『「特定空家等に対する措置」に関する適切な実施を図るために必要な指針(ガイドライン)(案)』に関するパブリックコメントに寄せられたご意見と国土交通省及び総務省の考え方」(以下, 「パブコメ回答」と引用.)

(平成27年5月26日) 27頁.

45) 北村・前掲注18)書251頁. ただし, 現金や美術・骨董品等の換価価値が見込まれる動産は, 代執行等を実施する前の存置状況や保管費用を総合的に考慮して, 引き続き行政が倉庫などで保管する方が適切な場合もあろう.

46) 代執行等の終了時期につき, 代執行終了宣言ではなく, 動産の所有者への引渡しまたは敷地への搬入までと捉えるべきとも考えられる(北村喜宣「代執行はいつ終わる?－動産保管費用の扱い」同・前掲注2)書63頁).

47) 空き家対策における財産管理人制度の活用については, 川口市『所有者所在不明・相続人不存在の空家対応マニュアル～財産管理人制度の利用の手引き～』(平成29年3月), 帖佐直美「空き家対策～相続人全員が相続放棄をした場合の対応～」自治実務セミナー669号(2018年) 40頁以下, 柳井・前掲注21)論文, 北村・米山・岡田・前掲注39)書155頁以下〔河田真一執筆部分〕を参照.

48) 国土交通省・総務省・前掲注5)資料.

49) 日本経済新聞2018年6月1日夕刊.

50) 荒井俊行「最高裁判所『司法統計年報』等のデータから推測される所有者不明土地等の動向」(2016年9月21日) (http://www.lij.jp/news/research_memo/20161003_6.pdf) (2018年7月30日最終アクセス)を参照. ヒアリング調査では, 自治体が所有者等の相続人を探し出したものの, 空家法に基づく助言・指導等の手続を経る過程で, すべての相続人が相続放棄をしてしまい, 略式代執行に依らざるをえなくなるケースが散見された.

51) 日本経済新聞2017年4月16日朝刊によれば, 国庫に帰属した相続財産額は, 2015年度に420億円まで達し, 10年間で2.5倍に拡大した.

52) なお, 2018年6月13日に成立した「所有者不明土地の利用の円滑化等に関する特別措置法」は,「所有者不明土地」(「相当な努力が払われたと認められるものとして政令で定める方法により探索を行ってもなおその所有者の全部又は一部を確知することができない一筆の土地」(2条1項))について,「その適切な管理のため特に必要があると認めるとき」, 国の行政機関の長または地方公共団体の長が, 相続財産管理人の選任を申し立てられるとした(38条).

53) 川口市・前掲注47)資料93-94頁, 国土交通省・前掲注16)資料.

54) 実際に, 不在者財産管理人が選任された大田区および世田谷区では, 管理人によって特定空家等の除却が行われた.

55) 帖佐・前掲注47)論文44-45頁.

56) パブコメ回答・前掲注44) 7, 23頁.

57) 予納金の支出を回避するという点では, 検察官申立ての積極的な活用も考えられる(柳井・前掲注21)論文, 帖佐・前掲注47)論文43-44頁).

58) 北村・米山・岡田・前掲注39)書128頁.

59) 千葉実ほか『空家対策の法的対応の検討(市町村条例のバージョンアップ等)研究成果報告書』(2018年) 53頁〔北村喜宣発言部分〕.

60) 松本英昭『新版　逐条地方自治法〔第9次改訂版〕』（学陽書房，2017年）823頁を参照．
61) 千葉実ほか・前掲注59)書は，即時執行に要した費用を分担金で徴収しうる理由として，周辺住民が受ける利益は，危険性を除去するという意味で「プラス」のものではない一方，空き家の所有者等が受ける利益は，自らの負担で行うべき措置を行政が実施するという点で「プラス」のものと整理する（9頁，千葉実「空き家対策における即時執行費用の回収と相続財産管理制度の活用等について」自治実務セミナー671号（2018年）39頁も参照）．この理解に立った場合でも，土地所有者が，建物所有者と同様に，「プラス」の利益を受けていると解するのは難しいと思われる．
62) 西尾浩「［兵庫・明石市］空家特措法に基づく行政代執行（略式代執行）による空き家の除却」北村喜宣編『空家法施行と自治体空き家対策〜空家法実施上の論点・条例対応と実践実務〜』（地域科学研究会，2017年）169頁．
63) 国土交通省・前掲注16)資料．
64) 北村・前掲注18)書306頁を参照．
65) 例えば，代執行費用に係る財産保全処分制度や事前徴収制度の創設，動産の除却・保管・換価・廃棄に関する規定の設置が考えられる．総務省『地方分権の進展に対応した行政の実効性確保のあり方に関する検討会報告書』（平成25年3月）32-33頁，日本都市センター編『行政上の義務履行確保等に関する調査研究報告書』（日本都市センター，2006年）18頁を参照．

第5章
空き家条例における緊急安全措置の法的考察

釼持麻衣

1. 自治体現場において需要が高い緊急安全措置

(1) 空き家条例の「標準装備」

「所沢市空き家等の適正管理に関する条例」を端緒として、いわゆる「空き家条例ブーム」が起こり、2014年11月に「空家等対策の推進に関する特別措置法」(以下、「空家法」という。) が制定されるまでに、401市区町村[1]が空き家条例を制定していた。空家法には、固定資産税情報の利用 (10条1項) や略式代執行 (14条10項) のような、多くの自治体が条例では設けられないと考えていた規定が盛り込まれた一方、既存の空き家条例と重複する内容も少なくなかった。そのため、宗像市をはじめとする一部の自治体では、空家法の成立を受けて、既存の空き家条例を廃止する動きが見られた[2]。

一方で、空家法の成立後も、新たに空き家条例を制定する自治体は絶えない。自治体が空き家条例を新規制定する要因としては、空家法では任意となっている空家等対策計画の策定 (6条) や協議会の設置 (7条) などを義務化したり、空家法にいう「特定空家等」に該当しないものを対象とした措置に関する規定を設けたりすることが挙げられる[3]。そうしたなかで、空き家条例の「標準装備」[4]となりつつあるのが、「緊急安全措置」や「応急措置」と呼ばれる、行政による実力行使に関する規定 (以下、「緊急安全措置」と総称する。) である。緊急安全措置とは、空き家の倒壊や資材の飛散などによって、人の生命、身体または財産に危害が及ぶのを避けるため緊急の必要

があると認められるとき，命令や代執行手続等を経ずに，行政が必要最小限の措置を講ずるものである．2017年3月末時点で，空き家条例を制定している525市区町村のうち，297市区町村（56.6％）が緊急安全措置を規定している[5]．

(2) 多用される緊急安全措置

緊急安全措置は，多くの条例で規定されているのみならず，その実施件数も多い．国土交通省や各自治体のホームページにおいて公開されている限りでも，200件以上の実績がある．緊急安全措置として実施される措置の内容としては，屋根の雪下ろしや資材の撤去，飛散防止ネットの設置といった軽微なものが大半を占めている．これらの措置は，当該建物等の所有者の財産権を侵害する程度が比較的小さいといえるだろう．また，自治体職員が措置を講じたり，事前に購入済みの消耗品・備品を使用したりすることで，措置に要する費用は低額に抑えられている．他方で，緊急安全措置として建物全部を撤去するケースも見受けられる．このように財産権侵害の程度が大きい措置については特に，空家法に基づく代執行手続を選択しなかったことの正当性，あるいは措置内容の妥当性などが問題となりうる．

このように，自治体における空き家対策の現場では，緊急安全措置の需要が高く，今後もその活用が進むと考えられる．ただし，緊急安全措置と一口に言っても，その規定内容は空き家条例によって多様である．本章では，国土交通省の資料に掲載された26の実施例を中心に（表5-1を参照），その根拠規定や具体的な措置内容を踏まえながら，空き家条例における緊急安全措置について，法的検討を行う．

2. 緊急安全措置に関する規定と法的性格

(1) さまざまな規定内容

緊急安全措置は，①人の生命，身体または財産に危害が及ぶことを避ける

表5-1　緊急安全措置の実施例

自治体名	措置の名称	実施年月	措置内容	措置費用	費用請求	措置時の所有状況
函館市	緊急時の管理行為	2016.1	建物全部の撤去	162万円	○	所有者あり
旭川市	緊急安全措置	2014.12	上屋部分の解体，材敷地内保管	43万円	×	相続人あり→後に，相続放棄
五城目町	緊急安全代行措置	2017.2	危険箇所の解体，集積，隣家屋根等の養生	27万円	○	所有者あり
羽後町	緊急安全措置	2017.3	崩落した2階部分の除去，飛散防止ネットの設置	24.8万円	×	所有者なし（相続放棄）
八潮市	緊急安全措置	2016.7	モルタルの撤去	0円	×	所有者あり
柏市	緊急安全措置	2016.6	竹木の伐採	0円	×	所有者あり
柏崎市	緊急安全措置	2013.12	筋交いの設置，ワイヤー固定	約26万円	○	所有者あり
新発田市	緊急安全措置	2016.5	合板による出入口・窓の封鎖，草の除去	11.1万円	×	相続人の有無，不明
見附市	緊急安全措置	2017.1	建物全部の解体，飛散防止ネットの設置	20万円	○	所有者あり
燕市	緊急安全措置	2015.11	部材の剥離，外壁への防護ネットの設置	139万円	×	相続人あり（一部，相続放棄済）→後に，相続放棄
上越市	緊急安全措置	2016.12	注意喚起看板等の設置	7.8万円	×	所有者なし（所有法人の破産）
魚沼市	緊急安全措置	2015.1	屋根除雪	2万円	○	所有者あり
越前町	緊急安全措置	2016.8	柱の支保など	8万円	×	所有者なし（相続放棄）
伊賀市	応急措置	2017.3	開口部の封鎖	5,382円	○	所有者あり
大津市	応急措置	2016.11	簡易バリケードの設置など	0円	×	所有者あり
彦根市	緊急安全措置	2016.3	外壁面に取り付けている看板の撤去	10,800円	×	所有者あり
京都市	緊急安全措置	2016.11	養生足場の設置，瓦撤去など	386,640円	○	所有者あり
八尾市	緊急応急措置	2014.7	柵の設置など	33.48万円	○	所有者あり
神戸市	応急的危険回避措置	2017.10	飛散部材の撤去，傾斜した壁の補強	13.8万円	×	所有者不明
尼崎市	応急措置	2016.6	建物前面庇の撤去，シート貼り	157,680円	×	所有者なし（相続放棄）
明石市	応急措置	2017.1	瓦等の建築資材の撤去，飛散防止ネットの設置	0円	×	所有者不明
小野市	危険予防措置	2016.12	簡易バリケードの設置	3.7万円	×	所有法人の居所不明
佐賀市	緊急安全措置	2016.12	瓦の一部撤去，養生ネットの設置	16.2万円	○	所有者あり
小城市	緊急安全措置	2016.4	壁や屋根等の資材撤去，倒壊防止の補強	20万円	○	相続人あり
嬉野市	緊急安全措置	2017.1	木柵の設置	20万円	×	所有者なし（所有法人の閉鎖）
鹿児島市	応急危険回避措置	2015.3	大型土嚢の設置	20万円	×	所有者不明

出典：国土交通省・前掲注5)資料を基に筆者作成．

ため緊急の必要があると認められるとき，②行政が必要最小限の措置を講ずるものである．空き家条例によって，その対象となりうる建物等の範囲はさまざまであり，また，実施要件が加重されていたりする．以下では，いくつかの条文を見ていきながら，その比較を行う．

❶対象

緊急安全措置の対象となりうる建物等の範囲を，空家法にいう「特定空家等」に限定するもの（例／函館市条例9条）や，同法にいう「空家等」と広義的に捉えるもの（例／福津市条例8条）が比較的多い．また，すべての「特定空家等」を対象とするのではなく，とりわけ危険性が高いと考えられる一部の類型に絞っているものもある（例／明石市条例11条）．

◆明石市空家等の適正な管理に関する条例（下線筆者）
第11条　市長は，特定空家等が前条第1号に定める状態にあることが明らかであり，人の生命，身体又は財産に対する重大な被害を防ぐため緊急の必要があると認めるときは，当該被害を防ぐため必要な最小限度の応急措置を講ずることができる．
〔参考〕
第10条　市長は，次の各号に掲げる事由のいずれかがあると認める場合には，法第14条第3項の規定に基づく命令を行うものとする．
(1) 特定空家等が倒壊し，又は特定空家等の建築資材等が飛散し，若しくは剥落することにより，人の生命，身体又は財産に被害を与えるおそれが高いと認められること．

さらに，空家法上の「空家等」に該当しない建物等を，条例で独自に定義づけ，助言・指導等の措置と併せて，緊急安全措置の対象としているものも見受けられる．例えば，京都市条例の「特定空き家等」は，長屋あるいは共同住宅の空き住戸や，不使用が常態化してはいないが，それに準じる状態にあるものも含んだ概念となっている．

◆京都市空き家等の活用，適正管理等に関する条例（下線筆者）
第2条　この条例において，次の各号に掲げる用語の意義は，それぞれ当該各号に定めるところによる．

(1) 空き家等　本市の区域内に存する建築物（長屋及び共同住宅にあっては，これらの住戸）又はこれに付属する工作物で，現に人が居住せず，若しくは使用していない状態又はこれらに準じる状態にあるもの……及びその敷地（立木その他の土地に定着する物を含む．……）をいう．ただし，国又は地方公共団体が所有し，又は管理するものを除く．
(2) 特定空き家等　次のいずれかに該当する状態であって別に定めるもの……にあると認められる空き家等をいう．
　ア　そのまま放置すれば倒壊等著しく保安上危険となるおそれのある状態
　イ　そのまま放置すれば著しく衛生上有害となるおそれのある状態
　ウ　適切な管理が行われていないことにより著しく景観を損なっている状態
　エ　その他周辺の生活環境の保全を図るために放置することが不適切である状態

❷要件

　緊急安全措置は，空家法に規定された，「助言・指導→勧告→命令→代執行」という段階を踏まずに，私人の財産権に実力を行使する例外的な措置である．したがって，その実施は，人の生命，身体または財産に危害が及ぶことを避けるため緊急の必要があると認められるときに限られる．また，なしうる措置も，人の生命，身体または財産への危害を回避するために必要最小限のものにとどまる．これらは，緊急安全措置規定に共通して設けられている要件である．

　さらに，いくつかの空き家条例では，このほかにも実施要件が規定されている．具体的には，①助言，指導，勧告または命令の前置（例／五城目町条例13条1項），②所有者等の同意（例／柏崎市条例8条1項）[6]，③所有者等が直ちに措置を講ずることができない特別の事情（例／燕市条例18条1項），④所有者等の不確知（例／鹿児島市条例12条1項）が挙げられる．②の要件については，所有者等が確知できない，あるいは相続放棄等により所有者等が存在しないため，所有者等の同意が得られない場合，緊急安全措置を実施できないという問題がある[7]．こうした場合を想定し，中央市条例のように，措置の内容等に関する公告をもって，所有者等の同意に代えられる

とするのが望ましいだろう（6条2項）．④の要件を設ける神戸市条例は，空き家や空き地等の適切な管理が，本来は所有者の責務であることを重視し，緊急安全措置を実施しうる場合を意識的に限定している[8]．

◆五城目町空き家等の適正管理に関する条例（下線筆者）
　　第13条　町長は，<u>助言，指導，勧告又は命令を行った場合</u>において緊急に危険を回避する必要があると認めるときは，<u>所有者等の同意を得て</u>，当該危険を回避するために必要と認める最低限度の措置を講ずることができる．
◆新潟県柏崎市空家等の適正な管理に関する条例（下線筆者）
　　第8条　市長は，特定空家等が市民等の生命，身体又は財産に対する重大な被害を与えることが明らかな状態であって，緊急に危険を回避する必要があると認めるときは，<u>所有者等の同意を得て</u>当該被害を防止するために必要最小限度の措置をとることができる．……
◆燕市空き家等の適正管理及びまちなか居住促進に関する条例（下線筆者）
　　第18条　市長は，空き家等の危険な状態が切迫している場合であって，<u>所有者等が直ちに危険な状態を解消するための措置を講ずることができない特別の事情があると認められるとき</u>は，当該危険な状態を回避するために所有者等に代わって必要な最低限度の措置……をとることができる．
◆鹿児島市空き家等の適正管理に関する条例（下線筆者）
　　第12条　市長は，管理不全な状態にある空き家等の<u>所有者等が判明しない場合で</u>，当該空き家等に対し，応急的な危険回避をする必要があると認めるときは，当該危険回避に係る最低限度の措置を講ずることができる．

　行政が緊急安全措置としてとりうる措置につき，小野市条例では，「原状回復が可能な範囲において」（10条）との要件を設けている．他の空き家条例のもとでは，人の生命，身体または財産への危害を避けるために必要最小限であると認められれば，建物等の全部あるいは一部を解体しうる．こうした規定の仕方と比較すると，小野市条例の要件は行政がとりうる措置の選択肢を大幅に制限するものである．具体的には，立入禁止看板や柵，飛散防止ネットの設置などが想定されている．

　他方，佐賀市条例には，「法令に違反しない限りにおいて」（10条）との文言が付されている[9]．地方自治法が，「地方公共団体は，法令に違反して

その事務を処理してはならない。」(2条16項) と定めている以上，この要件は確認的な意味合いにとどまると考えられる．

> ◆小野市空家等の適正管理に関する条例（下線筆者）
> 第10条　市長は，第8条の規定による措置を命ぜられるべき者を過失なく確知することができず，かつ，その履行を放置することが著しく公益に反すると認めるとき，又は急迫した現在の危険を避けるため第8条及び前条の規定による措置をとる暇がないと認めるときは，<u>立入禁止看板の設置その他原状回復が可能な範囲において</u>必要な措置を講ずることができる．
>
> ◆佐賀市空家空地等の適正管理に関する条例（下線筆者）
> 第10条　市長は，空家空地等が著しく危険な状態にあり，その状態を放置することにより，人の生命，身体又は財産に重大な損害を及ぼすおそれがあると認めるときは，<u>法令に違反しない限りにおいて</u>，当該危険な状態を解消するために必要な最低限度の措置を講じることができる．

❸事前・事後通知

個別事案によって，その程度は異なるものの，緊急安全措置は私人の財産権を侵害する．そのため，所有者等への通知などの手続を設けるのが望ましい．例えば，越前町条例は，緊急安全措置の実施後に，「当該空き家等の所在地及びその措置の内容を当該所有者等に通知（所有者等又はその連絡先を確知することができない場合にあっては公告）しなければならない．」としている（20条2項）．こうした事後的通知に関する規定は，空き家条例の施行規則に置かれている場合も多い（例／柏市条例施行規則5条）．さらに，新発田市条例では，「緊急かつやむを得ないと認められるとき」を除き，事前通知を義務づけている．

> ◆新発田市空家等の適切な管理に関する条例
> 第18条　（略）
> 2　市長は，緊急安全措置を講ずるときは，当該空家等の所在地及び当該措置の内容を当該空家等の所有者等に通知（所有者等又はその連絡先を確知することができない場合にあっては，公告）をしなければならない．ただし，緊急かつやむを得ないと認められるときは，この限りでない．

❹費用請求

緊急安全措置に要した費用を，当該建物等の所有者等に請求するかという点では，4つのパターンがみられる[10]．すなわち，①「所有者等に請求するものとする」と費用請求を義務化するもの（例／羽後町条例14条2項），②「所有者等に請求することができる」と費用請求を任意とするもの（例／旭川市条例13条3項），③「市が負担するものとする」と費用請求を行わないことを明確化するもの（例／飯田市条例8条2項），④特に言及しないもの（例／柏市条例）である．八潮市条例のように，所有者等の「負担において」と規定するものは，①のパターンに類すると考えられる[11]．また，①のパターンをとる中央市条例には，「特別な事由があると認めるときは，この限りでない．」（6条3項）との定めも置かれており，個別事案に応じて，費用請求を行わない余地も残されている．

◆八潮市まちの景観と空家等の対策の推進に関する条例（下線筆者）
第20条　市長は，建築物等の管理不全状態に起因して，人の生命，身体又は財産に危害が及ぶことを避けるため緊急の必要があると認めるときは，<u>当該建築物等の所有者等及び占有者の負担において</u>，これを避けるために必要最小限の措置を自ら行い，又はその命じた者若しくは委任した者に行わせることができる．

④のパターンに当たるものであっても，上越市条例および見附市条例のように，所有者等への費用請求が予定されている場合もある．上越市条例のもとでは，緊急安全措置に要した費用について，行政実務上，「事後に民事徴収するものである．」と考えられている[12]．一方，見附市条例は，「管理義務者」[13]の同意を得ることを緊急安全措置の実施要件としており（7条2項），その同意事項のなかには費用負担も含まれる（条例施行規則5条）．

(2) 緊急安全措置の法的性格
❶即時強制

一般的に，緊急安全措置とは，講学上の即時執行に当たると解されてい

る[14]. 即時執行とは,「相手方に義務を課すことなく行政機関が直接に実力を行使して, もって, 行政目的の実現を図る制度」[15]である. 危険が切迫しているなどの理由で, 行政が実力を行使する前に, 自発的に是正措置を講ずるかを選択する余地を相手方に与えないという特徴がある[16]. 人の身体または財産に実力を行使する以上, 法律あるいは条例にその根拠規定が置かれている必要がある[17].

なお, 即時執行としての緊急安全措置は, あらかじめ所有者等に是正措置の実施義務を課していないため, その履行の確保を目的とした仕組みとはいえない. したがって, 義務履行確保手段の創設を法律のみに許容する行政代執行法1条が適用されず, 条例によって創設できる[18].

五城目町条例のように, 助言, 指導, 勧告または命令の前置を緊急安全措置の要件としている場合は, 即時執行といえるだろうか. プレジャーボート等の不法係留対策として, 放置船舶の移動措置を規定する「横浜市船舶の放置防止に関する条例」が, 行政代執行法1条に違反するかが争われた裁判例では, この仕組みは「履行要請付きの即時執行」であるとして, その適法性が認められている[19]. 同条例10条は, 所有者等が条例に基づく「指導若しくは勧告若しくは命令に従わない場合」, 放置されている船舶を「あらかじめ市長が定めた場所に移動させることができる.」と規定する. 船舶の移動を義務づける命令は当然のことながら, 同裁判例は, 指導および勧告についても, 移動措置の要件となっている点を考慮し, 処分性を有すると判示している. すなわち, 移動措置に先立って, 船舶の所有者等への義務づけがなされている以上, 一種の義務履行確保手段が条例により創設されたとも捉えられうる. しかしながら, 横浜地裁は, 「少しでも余裕があるときには, まず履行要請等を課すべきであって, いきなり即時強制を実施するのを避けることはむしろ望ましいことである.」と述べ, 10条に基づく船舶の移動措置を「履行要請を事前に行うことを要件としたいわゆる即時強制」と位置づけた. 人の財産に行政機関が実力を行使する措置につき, 手続的保障を厚くすることを積極的に評価する判決と考えられる[20]. この裁判例によれば, 空き家条

例においても，助言，指導，勧告または命令を前置する緊急安全措置は，「履行要請付きの即時執行」と解しうるだろう．

❷事務管理および契約の可能性

空き家条例のなかには，緊急安全措置を即時執行と捉えていないと思われるものもある．例えば，嬉野市条例は，緊急安全措置に要した費用について，「民法……第702条の規定に基づき，所有者等に償還請求するものとする．」と規定している（9条2項）．民法702条は，民法697条に基づく事務管理を行った者が，本人に対して，事務管理に要した費用の支払いを求める際の根拠規定である．すなわち，嬉野市条例における緊急安全措置は，即時執行ではなく，民法に基づく事務管理として行われるものと解せる[21]．建物等の倒壊などによって，人の生命，身体または財産に損害を与えたときには，当該建物等の占有者および所有者は，民法717条に基づく工作物責任が問われる．そうした損害が生じないように，本人に代わって，行政が建物等の修繕を行うのが，事務管理型の緊急安全措置の発想だろう．

◆民法
第697条　義務なく，他人のために事務の管理を始めた者（以下……「管理者」という．）は，その事務の性質に従い，最も本人の利益に適合する方法によって，その事務の管理（以下「事務管理」という．）をしなければならない．
第702条　管理者は，本人のために有益な費用を支出したときは，本人に対し，その償還を請求することができる．

緊急安全措置が，所有者等の同意を得て行われる場合でも，あらかじめ当該所有者等に是正措置の実施義務を課していない以上，事前同意という手続的保障を伴う即時執行と考えられる．他方で，足立区条例における緊急安全措置（7条）について指摘されるように[22]，所有者等の同意を要件とした緊急安全措置は，準委任契約（民法656条）あるいは請負契約（民法632条）とも捉えられうる．足立区条例には，所有者等からの申出という要件も設けられているが，建物等の危険な状態が切迫しており，あらかじめ所有者等の同意を得て実施されるという点は，所有者等の同意を要件とした緊急安全措

置を規定する他の空き家条例と共通している．ただし，所有者等が確知できないとき，公告をもって所有者等の同意に代えうるとする緊急安全措置については，所有者等がいる場合は，準委任契約あるいは請負契約，所有者等が確知できない場合は，公告という手続的保障を伴う即時執行，と所有者等の有無によって異なる法的性格を帯びることとなる．

◆足立区老朽家屋等の適正管理に関する条例 （下線筆者）
第7条 区長は，建物等の危険な状態が切迫している場合で，<u>所有者等から自ら危険な状態の解消をすることができないとの申出があったときには</u>，危険な状態を回避するために必要な最低限度の措置（以下「緊急安全措置」という．）をとることができる．
2 区長は，前項に規定する緊急安全措置を実施する場合は，<u>所有者等の同意を得て実施するものとする</u>．

3. 緊急安全措置をめぐる法的課題

　以上のように，緊急安全措置と一口に言っても，根拠となる空き家条例の規定内容やその法的性格は，多様である．また，緊急安全措置は，危険を避けるために必要最小限の措置を行政が実施するものであるが，実際の適用例をみてみると，建物等の周囲への簡易バリケードの設置といった軽微な措置から，建物全部の撤去のような財産権侵害の程度が大きいものまで，さまざまである．以下では，条例の規定内容や実際の適用状況等を踏まえて，緊急安全措置として行いうる措置内容の範囲，および即時執行としての緊急安全措置費用の所有者等への請求の可否について検討する．

(1) 緊急安全措置として行いうる範囲

　行政が緊急安全措置としてとりうる措置内容は，個別事案において生じている危険の態様や切迫性に応じて異なり，一概には定められない．また，緊急安全措置の法的性格によっても，行政が選びうる措置の範囲は異なると思

われる.

　即時執行型の緊急安全措置の場合には，私人の財産管理に対して公権力を行使するものであるため，当然に比例原則が適用される[23]．とりわけ空き家対策では，人の生命，身体または財産への危害が目前急迫であることを理由に，事前手続は整備されていないのが一般的である．したがって，即時執行型の緊急安全措置としてとりうる措置は，財産権侵害の程度が小さい行為に限定されると解すべきだろう[24]．前述の，放置船舶の移動措置を規定する条例の適法性が争われた裁判例でも，当該措置が重大な財産的損失に当たるとは必ずしもいえないこと，そして，代執行手続を踏むまでの慎重さを求める必要が乏しいことなどから，その違法性が否定されている．建物の全部あるいは一部を解体するような財産権侵害の程度が大きい措置は，即時執行としての緊急安全措置ではなく，空家法に基づく代執行または略式代執行によって行うのが望ましい．

　一方，契約型の緊急安全措置は，即時執行型に比べて，行政がとりうる措置内容の選択肢は広がる．危険を回避するために必要最小限の措置という制約はあるものの，所有者等の同意が得られている以上，何が必要最小限の措置であるかを厳密に問う必要はないだろう．したがって，即時執行型の緊急安全措置では実施が難しいと考えられる，建物の全部あるいは一部の解体といった措置も実施可能となる．契約型の緊急安全措置に課せられている必要最小限という制約は，公権力の行使に対する比例原則の確認規定というより，自治体自らが緊急安全措置の適用場面あるいは措置内容が無制約に拡がるのを防ぐために創出したものと捉えられよう．

　事務管理型の緊急安全措置の場合は，どのように考えられるだろうか．事務管理を規定する民法697条1項は，管理者は，「その事務の性質に従い，最も本人の利益に適合する方法によって」，実施しなければならないとする．そして，「管理者は，本人の意思を知っているとき，又はこれを推知することができるときは，その意思に従って」事務管理を行う必要がある（同条2項）．もし，倒壊等の危険がある建物等の所有者が，筋交いの設置やワイヤ

ーの固定といった倒壊防止措置ではなく，建物等の全部の撤去を望んでいた場合，民法の規定によれば，行政は後者の措置をとるべきである．しかし，空き家条例の多くは，措置内容が必要最小限であることを求めているため，前者の措置で倒壊等の危険を回避できるのであれば，行政は後者の措置まで実施する必要はないと考えられる．すなわち，事務管理型の緊急安全措置では，行政は最も本人の利益に適合し，かつ本人の意思に沿った措置をとりうるが，条例によって，必要最小限という制約が課せられている．

(2) 即時執行費用の所有者等への請求の可否

契約型の緊急安全措置では，措置内容とともに費用負担についても，あらかじめ所有者等の同意を得るため，基本的にはその費用請求の可否は問題にならないだろう[25]．事務管理型の緊急安全措置でも，民法702条に基づき，管理者は本人に対し，費用の償還を請求できる．したがって，これらの法的性格を有する緊急安全措置については，空き家条例中に当該措置に要した費用の請求に関する規定が置かれていなくても，所有者等への請求の可否を判断しうる．

他方，即時執行型の緊急安全措置は，どうだろうか．学説上，即時執行に要した費用は，行政費用であり，当該状況を生じさせた原因者には請求しえないというのが，一般的な理解だった[26]．しかしながら，多くの空き家条例は，緊急安全措置に要した費用の当該建物等の所有者等への請求を行政に義務づけ，あるいは請求を可能としている．表5-1の26事例をみてみても，実際に費用請求が行われたものは11事例に及ぶ（図5-1を参照）．このうち，緊急安全措置を行うにあたり，条例が所有者等の同意を義務づけているものは3事例（五城目町，柏崎市，見附市）にとどまり，他の8事例は即時執行型の緊急安全措置である[27]．さらに，費用請求がなされなかった残りの15事例は，①緊急安全措置に要した費用が0円（4事例），②所有者等またはその所在が確知できない（4事例），③相続放棄や所有法人の解散によって所有者等が存在しない（5事例），あるいは④措置実施後に相続人全員が相

続放棄した（2事例）として，いずれも請求しうる相手方がいない事例であった．このことに鑑みると，行政実務上は，即時執行型の緊急安全措置であっても，その相手方が存在する限り，当該措置に要した費用を所有者等に請求しうると解されていると考えられる．

即時執行型の緊急安全措置は，相手方に是正措置の実施を義務づけず，行政が当該措置を行うものである．自発的に是正措置を講ずるかを選択する余地を相手

出典：国土交通省・前掲注5)資料を基に筆者作成．

図5-1 費用請求の状況

方に与えない点を考慮すると，当該措置に要した費用を事後的に行政が相手方に請求するのは，理に適わないように思われる．しかし，一般的・抽象的な責務規定であっても，空き家の所有者等に当該空き家を適正に管理する義務が課されていれば，その義務を履行せず，人の生命，身体または財産への危険を生じさせている点を問題視し，原因者負担の発想に基づき，緊急安全措置に要した費用を請求することも許容されるだろう[28]．所有者等による空き家の適正管理について，空家法では努力義務としての定めにとどまるが（3条），空き家条例では一般的な義務づけ規定が置かれているものもある．前述の緊急安全措置に要した費用を所有者等に請求した11事例でも，空き家条例によって，所有者等に空き家の適正管理の一般的義務づけがなされていた．このような一般的な義務づけ規定により，所有者等が緊急安全措置の実施にあらかじめ同意していない場合でも，当該所有者等がその費用負担に理解を示し，支払いがなされていると考えられる[29]．

4．空家法等の改正に向けて

以上のように，多くの空き家条例に規定されている緊急安全措置には，当

該措置としてなしうる行為の範囲やその費用負担のあり方について，議論の余地がある．しかしながら，空き家問題に第一線で取り組む自治体が，緊急安全措置を重用する背景には，現行の空家法に規定されている代執行および略式代執行の仕組みでは，人の生命，身体または財産への危険が切迫しているケースに対応するのが難しいといった実態があると考えられる．

所有者等の財産権を侵害する以上，行政は原則として，手続的保障が図られている，代執行あるいは略式代執行を選択するべきである．逆に，行政はこれらの手続を履行できるよう，危険が切迫する以前に，早い段階から対応を検討するのが望ましい．ただ，台風や大雪などの突発的な事象によって，急激に危険性が増大した場合には，代執行および略式代執行の手続を踏む時間的余裕がないことも想定される．こうした場合に，通常履行すべき手続の一部を省略しうるとする「緊急代執行」に関する規定を，空家法は置いていない．一般法として緊急代執行を規定する，行政代執行法3条3項に基づけば，戒告および代執行令を経ずに，同法2条に基づく代執行がなしうるものの，空家法14条9項によって削除されたはずの公益要件は満たす必要があるだろう．さらに，行政代執行法1条によって，自治体は条例で義務履行確保手段を独自に創設できない．そのため，その適法性は疑問視されるものの[30]，条例に基づく緊急安全措置を最大限に活用し，実質的な緊急代執行を行わざるをえない，というのが自治体現場の実情であろう．

したがって，特に即時執行型の緊急安全措置が過度に用いられるのを抑制するためには，空家法を改正し，緊急代執行に関する規定の新設が望まれる[31]．空家法に緊急代執行が規定された後は，即時執行型の緊急安全措置としてなしうる行為は，代執行手続を踏むまでの慎重さを求める必要性に乏しい，財産権侵害の程度が小さい措置に限定される．さらには，義務履行確保手段の創設が法律のみに許容されていること，それ自体を問い直し，行政代執行法の改正も検討されるべきだろう[32]．

注

1) 小林宏和「空家等対策の推進に関する特別措置法」法令解説資料総覧401号（2015年）31頁．
2) 宗像市，室蘭市，和泉市における空き家条例の廃止について，北村喜宣「三市三様－空家対策特措法を受けての条例廃止」同『自治力の挑戦』（公職研，2018年）106頁以下を参照．このほか15市町村が空家法の制定を受けて，既存の空き家条例を廃止している（108頁）．
3) 空家法制定後の空き家条例の動向については，北村喜宣「空家法制定後の市町村空き家行政」同『分権政策法務の実践』（有斐閣，2018年）305頁以下を参照．
4) 北村喜宣「パンツが破れそう!?：即時執行の限界」自治実務セミナー669号（2018年）39頁．
5) 国土交通省「平成28年地方分権改革に関する情報提供1　台風・大雨等の緊急時における空き家等に対する応急措置に関する情報提供」（http://www.mlit.go.jp/common/001218429.pdf）．なお，大澤昭彦准教授（高崎経済大学地域政策学部）の調べによると，2018年9月時点で収集しえた559の空き家条例のうち，緊急安全措置を規定しているものは412（73.7％）に及ぶ（本書第2章を参照）．
6) 条文上は，所有者等の同意を実施要件として規定していないが，実務上，所有者等の同意を得て実施している場合もあるようである．例えば，魚沼市は空き家条例の逐条解説で，原則として，所有者等の同意を得て，緊急安全措置を行うとしている（魚沼市『魚沼市空き家等の適正管理及び有効活用に関する条例【説明】』）．
7) 所有者等の同意を得ないまま，緊急安全措置を行った場合には，当該措置に係る費用の支出が，公金の違法な支出に当たるとして，地方自治法に基づく住民監査請求（242条1項）および住民訴訟の4号請求（242条の2第1項4号）の対象となるおそれがある．しかし，財産的損失の程度や緊急安全措置を行わなかった場合に生じうる危険およびその切迫性によっては，民法720条の緊急避難の法意に照らし，賠償請求が退けられる可能性もあるだろう（法律の根拠なく，町が漁港水域内の鉄杭を撤去した措置につき，賠償請求を退けた，旧浦安町ヨット係留用施設撤去事件最高裁判決（最2小判平成3年3月8日民集45巻3号164頁）を参照）．
8) 神戸市『神戸市空家空地対策の推進に関する条例（逐条解説）』（平成28年9月）23頁．
9) 空き家条例以外では，暴力団排除条例のもとで，各自治体の事務および事業における措置につき，「法令に違反しない限りにおいて」との文言が入っている例が複数見受けられる（例／広島県暴力団排除条例6条1項）．
10) 北村喜宣「『する』『できる』『しない』『沈黙』：空き家条例にもとづく即時執行の費用徴収」同・前掲注2)書112頁以下を参照．
11) 略式代執行を規定する空家法14条10項にも，「その者の負担において」との文

12) 上越市『上越市空き家等の適正管理及び活用促進に関する条例逐条解説』11頁.
13) 「管理義務者」とは、「所有者、占有者、相続人その他の当該空き家等を管理すべき者」を指す（2条3号）.
14) 北村喜宣「空家法制定後における市町村の条例対応とその特徴」同『空き家問題解決のための政策法務』（第一法規、2018年）283頁.
15) 塩野宏『行政法Ⅰ〔第6版〕』（有斐閣、2015年）277頁.
16) 藤田宙靖『行政法総論』（青林書院、2013年）322頁、大橋洋一『行政法Ⅰ〔第3版〕』（有斐閣、2016年）312頁.
17) この点、彦根市の緊急安全措置は、施行規則に根拠規定が置かれ、条例による規則委任もなされておらず、その適法性が疑問視される.
18) 塩野・前掲注15)書279頁、北村・前掲注14)論文283頁.
19) 横浜地判平成12年9月27日判自217号69頁.
20) 黒川哲志「行政強制・実力行使」磯部力＝小早川光郎＝芝池義一編『行政法の新構想Ⅱ』（有斐閣、2008年）118頁．即時執行に対する手続的保障の必要性について、宇賀克也『行政法概説Ⅰ〔第6版〕』（有斐閣、2017年）110-111頁、塩野・前掲注15)書281頁、大橋・前掲注16)書313-314頁.
21) 行政実務の現場において、事務管理制度が活用されることは、決して少なくないようである．しかしながら、同制度は、違法性の阻却や費用償還といった事後的な調整を図る法理であるため、行政による実力行使の根拠規定として用いることに否定的な見解もある（北村喜宣「行政による事務管理（1）～（3・完）」自治研究91巻3号33頁以下・4号28頁以下・5号51頁以下（2015年））.
22) 北村喜宣「空き家対策の自治体政策法務」同・前掲注14)書21頁.
23) 塩野・前掲注15)書280頁.
24) 北村・前掲注4).
25) 同意をした者が緊急安全措置に要した費用を負担する旨を明記した同意書を、所有者等から提出させるのが一般的である（例／柏崎市条例施行規則9条1項）．そのため、所有者等の同意を要件とする緊急安全措置では、行政に費用請求を義務づける規定が置かれている場合が多い.
26) 北村・前掲注10）112頁.
27) 所有者等の同意を得ることを義務づけられていないものの、実際には同意を得た事例が2つ（函館市、佐賀市）、事前通知を行った事例が2つ（魚沼市、彦根市）ある.
28) 北村喜宣「行政費用か原因者負担か？：即時執行費用の取扱い」自治実務セミナー639号（2015年）37頁.

29) 即時執行型の緊急安全措置に要した費用を所有者等に請求する際には，いかなる歳入科目および手続で徴収するかという問題も生じる．地方自治法224条の分担金と整理する見解（千葉実ほか『空家対策の法的対応の検討（市町村条例のバージョンアップ等）研究成果報告書』(2018年) 9頁，千葉実「空き家対策における即時執行費用の回収と相続財産管理制度の活用等について」自治実務セミナー671号 (2018年) 39頁）や，法定外収入項目として条例で納付命令手続を規定するという見解（北村・前掲注22)論文38頁）がある．督促後も，費用請求された所有者等が支払わない場合，前者は地方自治法231条の3第3項に基づき，地方税の滞納処分の例により強制徴収しうる一方，後者は民事訴訟あるいは公法上の当事者訴訟を提起し，給付判決を求める必要がある．また，緊急安全措置によって，所有者等が空き家の適正管理義務を免れたとして，民法703条に基づく不当利得返還請求を行う方法も考えられる（野田崇「行政活動の費用負担の一断面―行政による事務管理の可能性―」法と政治69巻2号Ⅰ (2018年) 599頁，624頁，宮﨑伸光編著・ちば自治体法務研究会著『自治体の「困った空き家」対策』（学陽書房，2016年）133頁）．
30) 北村・前掲注14)論文283頁．
31) 北村喜宣「あとがき」同・前掲注14)書306頁．立法にあたっては，「廃棄物の処理及び清掃に関する法律」の19条の7および19条の8の1項4号が参考となる（千葉ほか・前掲注29)報告書8頁，千葉・前掲注29)論文40頁）．
32) 黒川・前掲注20)論文127頁．

第6章
民法による空家問題解決の可能性
―財産管理人制度の活用を例にして―

帖 佐 直 美

はじめに

　平成25年に総務省が実施した「住宅・土地統計調査」の確報集計結果（平成27年2月26日公表）によると，全国の総住宅数が6,063万戸となっている一方で，総世帯数は5,245万世帯となっており，住宅ストックが量的には充足していることが分かる．

　全国の総住宅数のうち空家の数は820万戸であり，その割合は，13.5％と過去最高となった．そして，同集計結果において，「賃貸用又は売却用の住宅」及び「二次的住宅（別荘等）」を除いた「その他の住宅」に属する空家の数は，318万戸にも上っている．これが全国の総住宅数に占める割合は5.2％であるが，その数は過去20年間で約2倍に増加している．このような「その他の住宅」に属する空家の中には，適切な管理が行われていない結果として安全性の低下，公衆衛生の悪化，景観の阻害等多岐にわたる問題を生じさせ，ひいては地域住民の生活環境に深刻な影響を及ぼしているものがある．今後，空家の数が増加すれば，それがもたらす問題が一層深刻化することが懸念される．

　適切な管理が行われていない空家の問題は，原則として，空家の所有者又は管理者（以下「所有者等」という．）が解決すべき問題である[1]．このことは，民法（明治29年法律第89号）が工作物責任（717条）の規定を設け，土地の工作物（空家もこれに当たる．）について所有者等の責任を定めてい

ることからも明らかである．そして，適切に管理されていない空家を巡るトラブルは，空家の隣地所有者等空家の影響を直接受ける者が，空家の所有者等に対応を求める形で民法に基づいて解決すべき問題であると考えられてきた．

ところが，近年，適切な管理が行われていない空家の問題について民法のみでは解決できない問題が各地で見られるようになり，これらの問題に対応するため，市町村（特別区を含む．以下同じ．）が空家対策に乗り出すこととなった．

そこで，適切な管理が行われていない空家の問題の解決に，本来的な解決手段である民法がどの程度有用であるのか，さらに，空家等対策の推進に関する特別措置法（平成26年法律第127号，以下「空家法」という．）に基づく市町村による空家対策が進められている現在において，民法がどの程度貢献できるのかを解明することが，本章の目的である．

1. 空家対策として活用可能な民法上の手法及びその限界

(1) 民法の規定のうち適切な管理が行われていない空家の問題の解決のために活用可能な手法としては，以下の手法が考えられる．

❶物権的請求権

物権の内容の完全な実現がなんらかの事情で妨げられている場合には，物権者は，その妨害を生じさせている地位にある者に対して，その妨害を除去して物権内容の完全な実現を可能とする行為を請求することができる．たとえば，土地の所有者は隣地から倒れてきた樹木の除去を請求することができる．物権のこのような効力を「物権的請求権」という．また，妨害が現に発生しているわけではないが，そのおそれがある場合には，所有者は，物権的請求権の一種である妨害予防請求権を行使し，事前に妨害の予防措置を求めることもできる．

民法は，占有についてこれら物権的請求権を規定しているが（198条から

200条まで)，その他の物権，ことに所有権についてはなんらの規定も設けていない．しかし，学説・判例は，所有権についてもこれを認めている[2]．

　もっとも，物権的請求権を行使することができるのは，物権を有している者であって，その物権を侵害されている，あるいは侵害されるおそれのある者に限られる．そのため，空家の敷地内の樹木が公道へ倒れてくるのではないかと不安を感じている地域住民では公道について物権を有しているわけではないため物権的請求権を行使することはできない．

❷相隣関係

　隣地の竹木の枝が境界線を越えるときは，その竹木の所有者に，その枝を切除させることができる（民法233条1項）．また，隣地の竹木の根が境界線を越えるときは，その根を切り取ることができる（同法同条2項）．このような相隣関係の規定も適切な管理が行われていない空家の問題の解決のために活用することが可能である．

　しかし，これら相隣関係の規定に基づく権利を行使することができる者は空家の隣地の所有者等に限られる．そのため，樹木が鬱蒼と茂る空家があることで地域の治安や景観に悪影響があると不安を感じていても，空家の隣地所有者ではない地域住民は，これらの権利を行使することはできない．

❸事務管理

　事務管理とは，たとえば隣人の留守中に暴風雨で破損した屋根を修繕してやるように，義務がないのに他人のためにその事務を処理する行為である．民法は，社会生活における相互扶助の理想に基づいて，これらの行為を適法な行為とし，一面において，管理者のためにその管理に費やした費用の十分な償還請求権を認めるとともに，他面において，管理者にその管理を適切に遂行するべき義務を課して，本人と管理者との関係を妥当に規律しようとしている．

　事務管理は，物権的請求権や相隣関係の規定とは異なり，隣地等の所有権等を有していない者についても成立する．

　しかし，事務の管理を始めた者は，「その事務の性質に従い，最も本人の

利益に適合する方法によって」その事務の管理をしなければならない（民法697条1項）．空家の場合，本人は当該空家に関心がなく，費用をかけて修繕を行うことを望んでいないことも考えられるため，当該要件を満たさない可能性がある[3]．

また，事務管理は「本人又はその相続人若しくは法定代理人が管理をすることができるに至るまで」継続しなければならない（民法700条）．空家の場合，本人等が不明であり，本人等が管理することができるに至ることはないことも考えられ，いつまで管理し続けることになるのか分からないという問題もある．

❹工作物責任

ある人（B）の支配のもとにある物が，他の人（A）に損害を与えたときには，BはAに対してどのような責任を負うか．これについて，民法717条1項は，いわゆる土地工作物責任を定め，第一次的には土地工作物の占有者，占有者が必要な注意を払ったのに損害を防止できなかったときには，第二次的に所有者が過失を要件とすることなしに責任を負うものと定めている．同条2項は，竹木についても，1項を準用している．

そして，「土地の工作物」とは，「土地に接着して築造した設備」とされ[4]，空家を含む建物や塀もこれに該当する．

工作物責任は，所有者に過失がなくとも責任を問える点で適切な管理が行われていない空家の問題の解決のために活用しやすい規定であるが，損害が発生した後の対応（損害賠償）にならざるをえない．そのため，損害が発生する前に未然に防ぎたい場合にはこの規定では対応することができない．

(2) 上記各手段は，適切な管理が行われていない空家の問題に対し，第一義的な責任を負う空家の所有者等に自らの責任により的確に対応することを隣地所有者等や事務管理における管理者が請求するために活用することができ，また活用されることが期待される．これらの手段は，各請求の請求権を有する者が請求する場合であって，請求の相手方となる空家の所有者等を確

知することができる場合には，最終的には民事裁判及び強制執行によりその権利を実現することも可能であり，有効な手段である．

　しかしながら，近年，空家の問題は，空家から直接影響を受ける者だけの問題ではなく，地域の問題となっている．空家が公道に面している場合にはその公道を利用する地域住民がその空家に不安を感じている等，上記各請求の請求権を有する者以外の者も，空家に対し関心がある場合が多い．

　また，相続が発生したが相続人の全員が相続放棄をした場合等，空家を管理すべき者が明確でないために，空家が管理されないまま放置される場合も考えられる．

　上記いずれの手段も，請求権がない場合，又は請求権があっても請求の相手方となる空家の所有者等を確知できない場合には行使することができないため，このような場合には上記請求を行うことができない（事務管理については，空家の所有者等を確知できなければ費用の償還請求ができず，またいつまで管理し続けることになるのか分からないため行うことを躊躇する）．適切な管理が行われていない建物であっても，その建物に居住している者がいれば近隣住民にも相手方を特定し民法上の権限を行使することが比較的可能であるが，空家の場合には，費用をかけて弁護士に依頼する等しても相手方を特定することは難しく，民法上の権利を行使することができないことも多い．

　そのため，民法上の権利を行使することができないような場合においては，空家の所有者等の第一義的な責任を前提にしながらも，住民に最も身近な行政主体であり，個別の空家の状況を把握することが可能な立場にある各市町村が，地域の実情に応じて，地域活性化等の観点から空家の有効活用を図る一方，周辺の生活環境に悪影響を及ぼす空家については所要の措置を講ずるなど，空家に関する対策を実施することが重要となってきた．

2. 空家等対策の推進に関する特別措置法上の手法と課題

(1) 空家等対策の推進に関する特別措置法の制定

　このような状況から，県や市町村は，適切な管理が行われていない空家に対して既存法や条例に基づき必要な助言・指導，勧告，命令等を行い適切な管理を促すとともに，空家を地域資源として有効活用するなど地域の実情に応じた空家に関する施策を実施してきた．

　しかしながら，空家がもたらす問題が多岐にわたる一方で，空家の所有者等の特定が困難な場合があること等解決すべき課題が多く，県や市町村の既存法や条例に基づく施策では限界があった．そこで，空家がもたらす問題に総合的に対応するため，空家に対する①立入調査，②固定資産税情報の利用，③行政代執行の特例等を定めた空家法が，平成26年11月19日，第187回国会において議員立法として成立し，同月27日公布された．

(2) 空家法の概要
❶定義

　空家法において「空家等」とは，「建築物又はこれに附属する工作物であって居住その他の使用がなされていないことが常態であるもの及びその敷地（立木その他の土地に定着する物を含む．）をいう．ただし，国又は地方公共団体が所有し，又は管理するものを除く．」（空家法2条1項）と定義されている．また，空家法において「特定空家等」とは，「そのまま放置すれば倒壊等著しく保安上危険となるおそれのある状態又は著しく衛生上有害となるおそれのある状態，適切な管理が行われていないことにより著しく景観を損なっている状態その他周辺の生活環境の保全を図るために放置することが不適切である状態にあると認められる空家等」と定義されている（空家法2条2項）．

❷市町村の取りうる措置

　前述のとおり，空家法制定前から，各市町村等が独自に空家の適正管理に関する条例を定め，管理不良状態である空家について指導・助言，勧告，命令，氏名等の公表などの措置を定め，空家対策を実効的に行おうとする試みがなされていた．しかし，実効性確保の最終的な措置については行政代執行法（昭和23年法律第43号）によることとされていても，同法を適用した例は極めて少なく，また，所有者等が確知できない場合には対処することができない状態となっていた．

　そこで，空家法14条では，市町村長が，特定空家等の所有者等に対して，当該特定空家等に関して，除却，修繕，立木竹の伐採等の必要な措置をとるよう助言又は指導，勧告，命令と順に措置を行うことができることとし（1項から3項まで），加えて，当該所有者等が当該命令を履行しない場合等や過失なく所有者等を確知できない場合であっても，行政代執行によることが可能となることを定めた（9項及び10項）．本条において，助言又は指導，勧告，命令と順に手続を踏むことを要することとしたのは，特定空家等に対する措置は，地域住民の生命，身体又は財産を保護するものである一方で，特定空家等の所有者等に対しては憲法が保障する私有財産権を制限する措置でもあるため，慎重な手続を求めたものと考える．

　具体的な手続の流れは次のとおりである．

①助言・指導

　まず，市町村長は，特定空家等の所有者等に対し，当該特定空家等に関し，除却，修繕，立木竹の伐採その他周辺の生活環境の保全を図るために必要な措置をとるよう助言又は指導をすることができる．ただし，そのまま放置すれば倒壊等著しく保安上危険となるおそれのある状態又は著しく衛生上有害となるおそれのある状態にない特定空家等については，建築物の除却に関する助言又は指導，勧告はできない（空家法14条1項）．

②勧告

　次に，市町村長は，上述の助言又は指導をしてもなお当該特定空家等の

状態が改善されないと認めるときは，当該助言又は指導を受けた者に対し，相当の猶予期限を付けて，同様の内容の措置をとることを勧告することができる（空家法14条2項）．
③命令
　さらに，上述の勧告を受けた者が正当な理由がなくてその勧告に係る措置をとらなかった場合において，特に必要があると認めるときは，市町村長は，その者に対し，相当の猶予期限を付けて，その勧告に係る措置をとることを命ずることができる（空家法14条3項）．この場合には，その命令違反に対して，50万円以下の過料に処せられる（空家法16条1項）．
④行政代執行
　そして，③の命令を行っても，その者がその措置を履行しないとき，履行しても十分でないとき又は履行しても期限までに完了する見込みがないときは，行政代執行法の手続に従い，行政代執行を行うことができることになる（空家法14条9項）．
　また，第3項の命令の名宛人となるべき所有者等が不明である場合に，当該命令を出すことができず，そのため行政代執行を行うことができないこととなると，地域住民の生命，身体又は財産を保護することができない．そこで，市町村長は，過失がなくて所有者等を確知することができない（過失がなくて助言又は指導，勧告の相手方を確知することができないため命令を行うこともできない場合も含む．）ときでも，相当の期限を定めて公告をした上で，当該命令にかかる措置の代執行，いわゆる略式代執行ができるとした（同条10項）．
⑤所有者等の手続的保障
　不利益処分である命令に係る行政手続としては，命令を受ける所有者等に反論の機会として意見書の提出等の手続的保障を与えるための規定が設けられている（空家法14条4項から8項まで）．

(3) 空家法の限界

　この空家法の成立により，市町村の特定空家等に対する対応は進み，特に略式代執行が数多く実施され[5]，倒壊のおそれがある等の危険な空家の除却が進められている．しかし，特定空家等について行政代執行を実施した明石市，十日町市，前橋市及び宗像市に苦慮した点や悩みについてヒアリングを実施したところ[6]，空家法は，特定空家等について倒壊のおそれがある等の危険な状態を解消するという面では一定の効果を上げているが，終局的な解決には足りない部分があることが明らかとなった．

　例えば，前橋市及び宗像市は，略式代執行により空家を除却した後の土地の取扱いについて悩んでいるということであった．

　雑草が繁茂している空き地は，不法投棄の誘発や害虫の発生といった問題があり，空家と同様に地域の問題として認識されてきている．略式代執行により危険な空家を除却しても，その敷地についても不動産登記簿上は同一の所有者が記載されている等，敷地の所有者等も不明であれば，その敷地も適切に管理されていくことはなく，いずれは雑草が繁茂し，不法投棄の温床となる，あるいは害虫が発生する等，地域の問題となることになる．

　適切に管理されていない空き地の問題に対応するため，市町村によっては条例に基づき必要な助言・指導，勧告，命令等を行い適切な管理を促し，命令に従わない場合には行政代執行を行うという対応を行っているところもある．しかし，条例で略式代執行の規定を設けることができるかについては争いがあり[7]，多くの市町村では所有者等が不明の空き地については，条例では対応ができないと考えていると思われる．

3. 民法による空家問題解決の可能性

(1) 民法の規定

　略式代執行により空家を除却した後の土地の取扱いについて市町村はどのように対応すべきなのか．

第6章　民法による空家問題解決の可能性

上記ヒアリングの結果，空家法に基づき略式代執行が実施された事例では，市町村から連絡を受けて相続人全員が相続放棄をしたため所有者等を確知できない状況となった事例が多いことが判明したため，相続人全員が相続放棄をした場合について，民法上はどのように規定しているのかをまず確認する．

❶相続開始時に関する規定

相続について，民法は，まず，「相続は，死亡によって開始する．」（882条），「相続人は，相続開始の時から，被相続人の財産に属した一切の権利義務を承継する．」（896条本文），「相続人が数人あるときは，相続財産は，その共有に属する．」（898条），「各共同相続人は，その相続分に　応じて被相続人の権利義務を承継する．」（899条）と規定している．

人が亡くなった場合に，その相続人の間で誰が何を相続するかが決まるまでには実際には時間がかかるものである．しかし，それでは所有者がいないという空白の時間が発生してしまう．そこで民法は，上記条文により，被相続人が亡くなった瞬間に相続人全員で相続財産を共有するとすることで，所有者がいない状態を発生させないようにしている．

❷相続人全員が相続放棄をした場合の規定

相続人全員が相続放棄をした場合というのは，民法887条，889条及び890条が定める法定相続人に当たる者がいないかその全員が相続放棄をした場合，すなわち死亡した者の配偶者及び子（代襲者等を含む）がいないかこれらの者が相続放棄をし，直系尊属（両親等）がいないか直系尊属も相続放棄をし，さらに，兄弟姉妹（代襲者を含む）がいないか兄弟姉妹もが相続放棄をした場合のうち，法定相続人に当たる者がそもそも一人もいない場合を除いた場合ということになる．なお，法定相続人に当たる者がそもそも一人もいない場合も考え方が共通する部分があるが，本稿では法定相続人に当たる者がそもそもいない場合は除き，法定相続人に当たる者はいるがその全員が相続放棄をした場合に対象を限定して検討する．

法定相続人に当たる者がそもそもいない場合は当然のことながら，いる場合でもその全員が相続放棄をしたときは，「相続の放棄をした者は，その相

続に関しては，初めから相続人とならなかったものとみなす．」と規定する民法939条によって初めから相続人がいないことになる．

さらに，民法は，「相続人のあることが明らかでないときは，相続財産は，法人とする．」（951条），「前条の場合には，家庭裁判所は，利害関係人又は検察官の請求によって，相続財産の管理人を選任しなければならない．」（952条1項）と規定し，相続人がいない場合について，所有者のいない財産の塊に管理人を置くことで，誰も管理する者がいない状態が発生しないようにしている．

また，この管理人が財産の清算を行い，最終的に残った財産については，「前条の規定により処分されなかった相続財産は，国庫に帰属する．」（民法959条）としている．

しかし，被相続人が死亡してから相続財産管理人が選任されるまでには時間がかかる．そこで，相続財産管理人が財産を管理できるようになるまでの空白の時間を埋めるために，民法940条1項が「相続の放棄をした者は，その放棄によって相続人となった者が相続財産の管理を始めることができるまで，自己の財産におけるのと同一の注意をもって，その財産の管理を継続しなければならない．」と規定している．

この条文は，「同順位の相続人がいない場合には，放棄によって新たに相続人となった次順位者が相続財産の管理を始められるまで，あるいは相続人が不存在となる場合には，相続財産の管理人が選任されて職務を始められるまでは，放棄者に管理継続義務を課すこととした」条文であるとされている[8]．

相続人全員が相続放棄をした場合は，相続財産管理人が管理を始めるまで，最後に相続の放棄をした者，すなわち最も順位の低い法定相続人が財産の管理を継続することになる．

(2) 実際の対応事例

上記民法の規定に沿えば，市町村は，特定空家等のうち建物（以下「特定

空家」という.）とその敷地の所有者が同一で，その相続人全員が相続放棄をした事例で，略式代執行により特定空家を除却した後の土地について，相続財産管理人選任の申立てを行うと同時に，最後に相続の放棄をした者に対し，相続財産管理人が選任されるまでの間，特定空家を除却した後の土地を適切に管理するよう指導を行うことになる[9]．

　では，実際に市町村はどのように対応しているのか．上記ヒアリングで確認できた各市町村の対応事例等を紹介する．

❶十日町市

　十日町市では，市から連絡を受けて相続人全員が相続放棄をした事例で，略式代執行を行うつもりで手続きを進めていたところ，他県にある不動産に抵当権が設定されており，抵当権者が相続財産管理人選任申立てをしたため，相続財産管理人が選任されたという事例があったとのことである．

　この事例では幸運なことに市が申立人になることなく相続財産管理人が選任され，相続財産管理人を所有者等として必要な助言・指導，勧告，命令等を行い，雪が降る前に行政代執行を行うことができたということであった．

　この事例では，空家の所有者と空家の敷地の所有者が異なっていたため，代執行後の土地の扱いについては土地所有者に任されることになる．

　仮に，空家の所有者と空家の敷地の所有者が同一であって，この事例と同様にその相続人全員が相続放棄をし，市が申立人になることなく相続財産管理人が選任された場合には，代執行後の土地についても相続財産管理人が管理し，売却できなかったとしても清算後に国庫に帰属することになり，代執行後の土地の扱いについての問題はないことになる．しかし，このような幸運な事例は非常に稀であると思われる．

❷宗像市

　宗像市では，①相続財産管理人制度を活用して空家の売却につながった事例，②相続財産管理人制度を活用して代執行後の土地の管理につながった事例（2件）があった．

　①については，売却見込みの可能性の高い物件であったことから相続財産

管理人選任申立てを行い，選任された相続財産管理人により建物及びその敷地が売却され，買受人により空家が除却されたとのことである．申立てから5か月程度で売却ができたというのであるから，買受人によりその後の敷地の管理も適正になされていくこと，解決前までの費用として市の負担が少なかったことを考えると，売却できる可能性がある場合には，より良い解決方法であると言える．

②については，危険度が高く早急な対応が必要であったため，①とは異なり略式代執行を行い，残された更地について相続財産管理人選任の申立てを行ったとのことであった．2件のうち1件については売却見込みの可能性の高い物件であったということだが，利便性の低い土地であり，清算により代執行費用の全額を回収することは難しいと思われるということである．1件については，売却できないとなれば国庫に帰属させるための測量費用等について予納金を追加することになる可能性もあるとのことであった．

❸前橋市

前橋市では，略式代執行により空家を除却した後の土地について相続財産管理人選任申立て手続による対応を検討しているということであった．売却の見込みが立てば申立てをしたいということであるという．しかし，問題の土地は利便性の低い土地であり，売却先としては隣接地所有者が敷地を広げるために購入するぐらいしか考えられないため，隣接地所有者に打診しているということであった．

(3) 財産管理人制度利用における問題点とその対応策
❶問題点

相続財産管理人の選任を申し立てる際，法に定めがあるわけではないが，家庭裁判所の取扱いとして予納金を納めることとなっている[10]．予納金は，相続財産を清算した後，残余財産があれば返還されるものである．しかし，相続財産として売却の見込みがない土地以外に見るべき財産がないとなると，予納金が返還される可能性は限りなく無いに等しい．市町村としては，土地

の売却の見込みが立たない限り，予納金を負担して相続財産管理人の選任の申立てを行うことは難しいという事情は理解できる．

　民法は相続財産管理人制度を設け，相続人全員が相続放棄をした不動産についても最終的に国庫に帰属するまで管理する者がいないという事態を作らないよう規定しているが，上記ヒアリングからは，申立人が予納金を納めなければならないという家庭裁判所の取扱いが支障となり市町村が相続財産管理人選任の申立てを行うことを躊躇している様子が窺われる．宗像市は，公費で個人財産の除却を行っているため，少しでも債権を回収しなければならないということ，及び今後の土地の管理面を考慮して相続財産管理人の選任の申立てを行ったということであった．空き地が適切に管理されずに放置されれば，いずれ地域の問題となるのであるから，予納金を負担してでも終局的な解決を図るというのは，本来あるべき形であると考える．しかし，予納金を負担するということは市の財産を用いて特定の個人の財産の清算を行うということにもなるため，空家の問題の終局的な解決に必要であるとして市民の理解を得る努力が必要であって，宗像市と同じように決断できる市町村は少ないと思われる．

❷対応策

　民法は明治29年に制定された法律である．先祖代々受け継がれてきた土地・建物を相続することを放棄するという者が多数出ることなどはおそらく想定されていなかったであろう．相続人全員が相続放棄をするなどという事態は滅多に起こることではなく，稀に起こったとしてもその土地・建物の処分について何等かの利益のある者がいて動くことを想定して制度が作られている．人口が減少し，不動産が余り，負の財産にしかならない不動産が発生するという事態が生じてしまっている現代に合った法改正がなされるのが一番ではあるが，まずは現在ある法律で対応する方法を検討する．

　民法952条1項において，市町村は当事者になるとしても，一利害関係人にすぎない．公益を代表し，自己に利点がなくても相続財産管理人選任の申立てをすべきなのは検察官である．亡くなった空家所有者に市税の滞納等が

あれば，その未納の税金の債権者という利害関係人として市町村は相続財産管理人選任の申立てを行うことができる．ただし，利害関係人が申立てを行うのは，通常は相続財産管理人が財産を清算する中で，自己の債権が回収できるという利点があることが見込める場合である．相続人全員が相続放棄をしているということは，プラスの財産よりもマイナスの財産が多い可能性が高く，債権の回収は見込めないケースがほとんどであると思われる．申し立てる利点のある者がいないのであれば，公益の代表者である検察官が申し立てるべきであると考える．

しかし，これまで相続財産管理人選任の申立てを検察官が行うということはほとんどなかったため，経験のある検察官もなかなかいない．そのため，検察官も相談すれば快く引き受けてくれるというわけではない．民法を見れば，検察官が行うべきことであることは間違いないが，根気よく検察官に相談をする必要がある．

(4) 今後の課題

上記ヒアリングの内容から，空家法を根拠に行うことができるのは特定空家等の危険な状態の解消までであり，残される空家除却後の土地をどうするのかは民法の問題になるため，空家問題の終局的な解決を図るためには，土地の所有権を巡る民法上の対応が必要となることが分かる．しかしながら，民法に基づき手続を進めようとすると，民法は古い法律であるがゆえに現在の状況に合わない点が出てきていることや，民法の財産管理制度の使い難さに気づく．

国の対応も早く，国交省に「国土審議会土地政策分科会特別部会」が，法務省に「共有私道の保存・管理等に関する事例研究会」及び「登記制度・土地所有者の在り方等に関する研究会」が設置される等，様々な会が設けられ，検討に入っている．中でも，国交省に設置された「国土審議会土地政策分科会特別部会」における検討が，「所有者不明土地の利用の円滑化等に関する特別措置法案」の提出につながったことは一定の評価ができる．この法律で

民法の特例が定められ，地方公共団体の長が家庭裁判所に対し財産管理人の選任を請求できることになった（38条）．これまでは，空家の所有者に税の滞納がある，あるいは代執行費用という債務があれば，市町村も利害関係人として財産管理人の選任申立てができることは明らかであった．しかし，亡くなった空家の所有者に市税の滞納等がない場合でも，空家法上空家等の対策の責務を負っていることを利害関係として市町村が利害関係人として財産管理人の選任を申し立てることが可能であるか否かは明確ではなかったため，利害関係がなくとも市町村長による申立てを可能にする制度を創設したことは一つ前進であろうと考える．

　もっとも，上記ヒアリングの内容から，市町村が相続財産管理人選任の申立てに積極的でなかった理由は申立ての権限があるかが曖昧であったためではなく，予納金を納めることが難しいからであることは明らかであり，申立権があることが明確になっただけでは，市町村が動き難いことに変わりはないと思われる．

　市町村が空家対策を円滑に行えるよう，早期にさらなる法整備・法改正・市町村長が申し立てる場合に予納金を不要とする仕組みを設ける等の取扱いの変更が行われることが最も望ましい．法務省に設置された「登記制度・土地所有者の在り方等に関する研究会」が，不在者・相続財産管理人制度の機能の向上を図る見直しや所有権の放棄についても検討するとしているため[11]，今後の動きを注視していきたい．

［謝辞］本稿の執筆に当たっては，明石市，十日町市，前橋市，宗像市にヒアリング調査にご協力いただきました．厚く御礼申し上げます．

注
1) 空家等対策の推進に関する特別措置法も，適切な管理が行われていない空家等がもたらす問題を解消するために，行政主体の責務に関する規定の前に「空家等の所有者等は，周辺の生活環境に悪影響を及ぼさないよう，空家等の適切な管理に努めるものとする．」（3条）と規定されているように，第一義的には空家等の

所有者等が自らの責任により的確に対応することを前提としている．

2) この点，内田貴著『民法Ｉ　第4版　総則・物権総論』（東京大学出版会，2008年）367頁では，「この権能の存在は当然の前提と解されている．なぜなら，これを認めないと，所有権があるといっても余り意味がなくなるからである．民法に規定がないとはいっても，手掛かりになる規定が全くないわけではない．189条2項や202条1項には「本権の訴え」という表現が出てくるし，191条には「回復者」という表現がある．ここからも，民法が物権的請求権を前提としていることはわかる．」と説明されている．

3) この点，伊藤栄寿「『空き家問題』の私法的検討序説」（上智法学論集第59巻4号，2016年）220，221頁では，「空き家の事務管理について問題となるのは，第1に，いかなる場合に，本人の意思・利益に明白に適合するといえるかである．空き家に対して物権的請求権を行使できる状態，空き家による工作物責任が生じる危険性が存在すれば，これら責任の発生を回避するための事務処理は，本人の利益に適合するといえる．本人が空き家を放置し倒壊してもよいという意思を有していた場合，事務管理は成立しないようにもみえるが（700条ただし書），公序良俗違反（90条）であるとして，管理者はその意思に従っていなくても，事務管理は成立すると解すべきである．第2の問題は，いかなる措置まですることが認められるかである．物権的請求権の行使による負担，工作物責任を回避するために必要であれば，空き家の取り壊し（についての工務店との契約など），がれきの撤去までも認められると解すべきである．たしかに，所有権の消滅をもたらす取り壊しは，事務管理とはいえないようにも思える．しかし，周囲に危険を及ぼすだけの空き家を放置することは，本人の利益に適合しない．」として，空家問題の解決において事務管理の活用の可能性を広く捉えている．

北村喜宣著『空き家問題解決のための政策法務―法施行後の現状と対策―』（第一法規，2018年）246頁でも，倒壊すれば「民法717条にもとづく工作物責任を負うのは明らかである以上，それを回避させるべくなされる隣地住民の行為は，本人の意思に反するとはいえない．工作物責任を負ってもかまわないという意思を推定するのは，公序良俗に反するだろう．」としている．

4) 大審院大正1年12月6日判決．

5) 「空き家対策に関する実態調査結果報告書（平成31年1月，総務省行政評価局）45頁によれば，空家法施行後から平成29年度末までの間で，行政代執行が21自治体23件，略式代執行が57自治体75件の実績がある．

6) 平成28年11月8日に前橋市，平成29年1月20日に明石市，平成29年8月18日に十日町市，平成30年2月27日に宗像市を訪問し，空家対策を担当する職員（利活用と特定空家等への対処を別部署が担当している場合は特定空家等への対処を担当している職員）から，主に特定空家等に対し行政代執行又は略式代執行を実施した事例について話を伺った．

7) 行政上の義務の履行確保についてはこれを認める法律の根拠がある場合に限っ

て認められること（行政代執行法1条），ここにいう「法律」には同法2条に「法律」に「条例を含む」と明記されていることとの対比から条例は含まれないと解されることからすれば，条例により略式代執行を定めることを可能と解釈することは難しいと考える．
8) 島津一郎，松川正毅編『別冊法学セミナーNo.193 基本法コンメンタール［第五版］／相続』（日本評論社，2007年）138頁．
9) ここでいう「指導」は，空き地の適正管理について条例を定めている市町村においては条例に基づく指導，条例を持たない市町村については，法令・例規に基づかない指導ということになる．

　この点，平成27年12月25日付で国土交通省住宅局住宅総合整備課及び総務省地域力創造グループ地域振興室から各都道府県・政令市空家等施策担当者宛てに出された「『空家等対策の推進に関する特別措置法』に関する御質問について」と題する文書では，空家法14条1項に基づく助言，指導についての見解ではあるが，次のような見解を示している．
① 「民法第940条義務は基本的に相続人間のものであり，例えば相続財産の近隣住民など第三者一般に対する義務ではないことから」，「『最後に相続を放棄した者』については，そのような民法第940条第1項により義務付けられた範囲以上の努力義務を空家法上負うことはないと考えられます．」
② 「仮に民法第940条義務を負うこととなる『最後に相続を放棄した者』が空家法第14条第1項に基づく助言又は指導や同条第2項に基づく勧告を市町村長から受けたとしても，そもそも当該『最後に相続を放棄した者』には第三者一般との関係で民法第940条義務を負っているわけではないことから，当該『最後に相続を放棄した者』に空家法第14条第1項又は第2項に基づく『必要な措置』を行う権原はない（すなわち，当該『最後に相続を放棄した者』は市町村長による助言・指導又は勧告の名宛人にはなるものの，必要な措置を講ずる権原がないことから，助言・指導又は勧告を講ずる実質的な意味がない）と考えられます．」
③ 「『必要な措置』を行う権原がないことは空家法第14条第3項の「正当な理由」に該当することから，そのような者に対して市町村長は当該必要な措置を命ずることはできないと考えられます．」

　しかし，民法の相続に関する条文を全体的に見れば，民法が切れ目のない管理がされることを意図して940条を置いていることは明らかであり，民法940条1項の義務について「相続人間の義務であり，第三者一般に対する義務ではない」と義務を負う範囲を狭く捉えるべきではないと考える．
10) 野々山哲郎，仲隆，浦岡由美子共編『相続人不存在・不在者財産管理事件処理マニュアル』（新日本法規出版，2012年）15頁及び26頁によれば，相続財産管理人を選任する場合，相続財産管理のための手続費用や相続財産管理人への報酬等が発生する可能性がある．相続財産の調査，財産目録の作成，登記手続に要する

費用，官報公告のために要する費用，相続財産管理人の報酬等は，管理費用として，相続財産の中から支弁する．相続財産の内容から，相続財産管理人の報酬を含む管理費用の捻出が見込めない場合は，管理費用の予納が必要になり，原則として，100万円程度の予納が求められる．東京家庭裁判所では，官報公告費3,670円も申立て時に予納する．
11) 平成30年6月1日公表の中間取りまとめ．

第 3 部
空き家問題への対策

第7章
都市のスポンジ化と空き家対策のあり方
── 高崎市空き家緊急総合対策の実績等を踏まえて ──

鈴木　智

はじめに

　人口減少，少子高齢化の進展に伴い，公共施設やインフラの老朽化による更新費用の増大，公共交通や生活サービス機能の低下，空き家や空き地等の管理不全な低未利用地の増加などの都市問題が深刻化している．

　そのような中，2014年8月都市再生特別措置法の改正により，立地適正化計画制度が創設され，人口減少を前提としたコンパクトな都市構造への転換に向け，居住を含めた都市の活動を誘導することで都市をマネジメントする仕組みが示された．

　また，翌2015年2月には，空家等対策の推進に関する特別措置法が施行され，自治体が積極的に空き家対策を講じられるよう，空家等対策計画の策定や個人情報の利用，特定空き家に対する勧告措置等の権限行使が明示された．このように，近年，国が人口減少，少子高齢化を背景とした都市問題の解決に向け，本格的に施策を展開している．

　これまで，コンパクトシティ政策[1]と空き家対策は，個別の課題として捉えられてきた．しかし，都市拡大期におけるスプロール化から，都市縮小期における都市のスポンジ化[2]へと，日本の都市構造が変化する中，両者を一体的に捉えた，新たなまちづくりの理念や施策が求められている．都市のスポンジ化は，空き家や空き地が，ゆっくりと，個人単位の小規模な土地で，ランダムに発生する現象である．そのため，コンパクトなまちづくりを実現

していくためには，スポンジの構造を活かした現実的なシナリオを作っていく必要がある．

筆者は，ここ数年間で，空き家対策などの住宅政策業務や，立地適正化計画などの都市計画業務に携わっている．こうした実務経験の中で，都市計画の所管部署が，都市のスポンジ化に対応したまちづくりの理念を創出し，住宅政策の所管部署が，そうしたまちづくりの理念を共有した上で，従来の短期問題解決型の空き家対策から，まちづくりに資する空き家対策，すなわち，中長期的な視点で「空き家対策のその後」までを想定した施策へ転換することが必要であると考える．

そこで，本章では，空き家が多い高崎市中心部を対象に，都市のスポンジ化に対応した空き家対策の観点から，高崎市が2014年から実施している「高崎市空き家緊急総合対策」の実績を分析する．また，都市中心部の低未利用地を活用した住宅施策の事例として，金沢市の「まちなか住宅団地整備費補助金」と，鶴岡市の「ランドバンク事業」を取り上げ，それらの実績と課題も踏まえ，今後の自治体の空き家対策のあり方を再考する．

1．高崎市中心部の都市構造特性とスポンジ化

(1) 高崎市中心部における駅周辺との格差構造

本節では，高崎市中心部を対象として，土地区画整理事業の施行状況や人口動態，空き家の分布から，都市構造特性を分析する．本章で取り上げる高崎市中心部は，高崎駅周辺とそれ以外の地域との差異を明確にするために，高崎駅から西側の旧市街地を主とする地域に限定した．

高崎市は，東京都心から約100kmに位置する中核都市であり，上越・北陸新幹線が停車し，関越・上信越・北関東自動車道が分岐する等，古くから交通の要衝として知られる．こうした立地条件を活かした産業集積や交流人口の増加が，高崎市の政策理念[3]として根付いているが，とりわけ，高崎駅周辺への大型商業施設，公共施設の集積が，近年の高崎市を象徴している．

第 7 章　都市のスポンジ化と空き家対策のあり方　　165

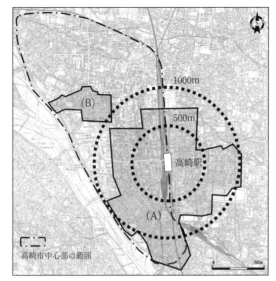

注：(A) は土地区画整理事業が完了または施行中の地区．
　　(B) は土地区画整理事業が都市計画決定されているが
　　　　未着手の地区．
出典：「高崎市の都市計画 2016」より筆者作成．

図 7-1　高崎市中心部における土地区画整理事業の状況

　高崎駅から 1km の範囲では，現在施行中の一部地域を除いて土地区画整理事業が完了している（図 7-1）．また，市街地再開発事業等により，高崎駅周辺では，1990 年代後半以降マンション立地が増加した．それらのマンションには，地元通勤者と東京方面への新幹線通勤者といった生活感覚の異なる居住者の 2 層構造が見られる[4]　など，マンション増加が，高崎駅周辺に東京 100km 圏新幹線停車都市特有の性格を付加している．

　他方で，高崎駅西側 1km 以北の地域は，旧街道沿いに間口狭く，奥行長大の土地が並び，その裏側に狭隘道路が広がる城下町都市特有の市街地形態が知られる．かかる地域で，1968 年中央土地区画整理事業の都市計画決定がされたが，高崎駅周辺や郊外が優先され，未だ事業化されていない．

　その結果，高崎駅周辺では，最近 20 年間で人口が増加している地域が多

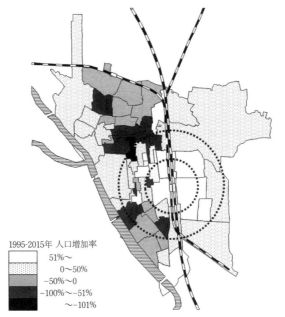

出典：国勢調査1995年（平成7年）及び2015年（平成27年）より筆者作成．

図7-2 高崎市中心部における町丁目別人口の増減（1995-2015年）

いのに対し（図7-2），高崎駅西側1km以北地域では，人口減少が著しく，高齢化率が40％を超える地域も多い（図7-3）．また，1960年代の最高地価地点は高崎駅北西1km付近の中央銀座商店街だったが，1980年代には高崎駅北西500m付近へ，1990年代には高崎駅前へ移動した[5]．

このように，土地区画整理事業をはじめとする公共投資の地域間格差が，地域社会や地域経済の盛衰に大きな影響を与え，高崎市中心部において，高崎駅周辺との格差構造を生んでいる．

(2) **高崎市中心部の空き家分布とスポンジ化**

高崎市では，2015年度に，市中心部を対象とした空き家の現地調査を実

第7章 都市のスポンジ化と空き家対策のあり方　　167

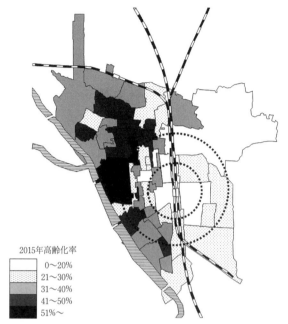

出典：国勢調査2015年（平成27年）より筆者作成．

図7-3　高崎市中心部における町丁目別高齢化率（2015年）

施している．調査方法は，調査対象地域で確認し得る建築物全てに対し，市職員が外観目視により空き家か否かの判断をするものである．空き家と判断された場合は，建築物の危険個所など老朽化の程度も調査した．

2013年（平成25年）総務省住宅土地統計調査の推計値によると，高崎市内の住宅戸数178,220戸に対して，空き家戸数は26,450戸であり，空き家率は14.8％となっている．空き家戸数のうち，戸建て住宅の空き家は11,210戸のため，実質的な市内の空き家率は6％程度である．

現地調査では，空き家率まで算出していないものの，高崎駅周辺や高崎市役所周辺を除いて，高崎市中心部に空き家が密に分布しており（図7-4），市内の平均よりも空き家率が高いものと思われる．特に，高崎駅西側1km

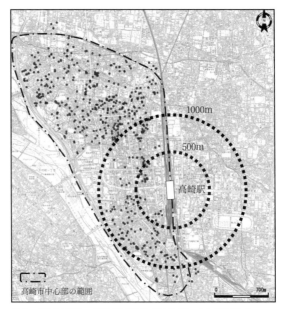

出典：高崎市実施の現地調査結果（2015年）より筆者作成．

図 7-4　高崎市中心部における空き家の分布（2015年）

以北地域で空き家が多い．高齢化率が高い地域ほど空き家が多くなる傾向にあり，今後，高齢化率の上昇に伴って，空き家がさらに増加していくことが懸念される．倒壊寸前や周囲に危険を及ぼす可能性の高い空き家はほとんど確認されなかったが，老朽化が進んでいる空き家は多い．また，現在居住中であっても，建築年数が50年以上経過している住宅や，単身高齢者世帯も多いことから，潜在的な空き家も多い地域である．以上から，高崎市内で都市のスポンジ化が最も顕在化している地域と言える．

他方で，コンパクトなまちづくりの観点から，当地域は各種商店や病院，小中学校，公共施設などが近接し，公共交通の利便性も高い．そのため，都市のスポンジ化に対応したまちづくりのモデル地域として，立地適正化計画等で位置付けることも想定される．

2. 高崎市空き家緊急総合対策の実績と課題

(1) 高崎市空き家緊急総合対策の制度概要

本節では,「高崎市空き家緊急総合対策」の実績を取り上げ,「空き家対策のその後」に必要な視点について,主に空き家解体後の跡地の利用に焦点を当てて検討していきたい.

高崎市では,空家等対策の推進に関する特別措置法施行後,空家等対策計画の策定や条例の制定をせず,市独自の助成制度である「高崎市空き家緊急総合対策制度」を創設し,2014年度当初予算から予算化している.当制度は,空き家の「管理」「解体」「活用」を三本柱としており,全国にも類を見ない多様な助成制度,全国随一な助成金額(表7-1)及び予算規模の大きさ[6]が特徴である.とりわけ,空き家解体助成金の助成金額上限100万円は,筆者の管見上,全国で最も助成金額が大きいものである.空き家を減らすためには,空き家所有者や地域社会の自主的な対応を促すべきという,高崎市の強い政策意識が反映された制度と言える.

また,各助成制度の主旨に沿った条件が設定されているのも当制度の特徴である.空き家の老朽化を未然に防ぐための管理や地域サロン[7]の制度は,概ね1年以上の空き家状態を条件としている.他方で,既に老朽化している空き家に対して,解体除去する場合と,住居や店舗及び事務所として活用再生させる場合は,概ね10年以上の空き家状態を条件としている.

(2) 高崎市空き家緊急総合対策の各制度の実績

「高崎市空き家緊急総合対策」は,2014年度の実施から4年が経過したが,毎年度,補正予算[8]を組む必要が生じるほど申請件数が多く,市民や民間事業者へ広く認知されている.特に,空き家解体助成金の申請件数が4年間で563件と圧倒的に多く(表7-2),高崎市内の老朽空き家の減少に,多大な成果をもたらしている.地域別では,概ね各地域の人口・世帯規模に比例した

表7-1 高崎市空き家緊急総合対策の各制度

	制度名称	制度内容	助成金額	主な条件
制度1	空き家管理助成金	建物内部の清掃や敷地内の除草にかかった費用の一部を助成	費用の1/2 上限20万円	概ね1年以上空き家状態
制度2	空き家解体助成金	空き家の解体費用の一部を助成	費用の4/5 上限100万円	概ね10年以上空き家状態
制度3	空き家解体跡地管理助成金	解体跡地の除草等にかかった費用の一部を助成	費用の1/2 上限20万円	制度2の利用
制度4	サロン改修助成金	空き家を地域サロンとして活用する場合，改修費用の一部を助成	費用の2/3 上限500万円	概ね1年以上空き家状態
制度5	サロン家賃助成金	空き家を地域サロンとして借りる場合，家賃の一部を助成	家賃の4/5 上限5万円(月額)	概ね1年以上空き家状態
制度6	空き家活用促進改修助成金	空き家を住居として活用する場合，改修費用の一部を助成	費用の1/2 上限250万円	概ね10年以上空き家状態
制度7	定住促進家賃助成金	倉渕・榛名・吉井の空き家を住居として借りる場合，家賃の一部を助成	家賃の1/2 上限2万円(月額)	概ね1年以上空き家状態
制度8	空き家事務所・店舗改修助成金	空き家を事務所や店舗として活用する場合，改修費用の一部を助成	費用の1/2 上限500万円	概ね10年以上空き家状態

出典：高崎市の資料により筆者作成．

表7-2 高崎市空き家緊急総合対策の各制度の年度別申請件数

		2014年	2015年	2016年	2017年	計
制度1	管理	35	31	35	31	132
制度2	解体	162	133	132	136	563
制度3	跡地管理	2	0	0	0	2
制度4	サロン改修	13	7	2	2	24
制度5	サロン家賃	5	9	9	10	33
制度6	活用促進改修	5	2	4	4	15
制度7	定住促進家賃	0	0	1	1	2
制度8	事務所店舗改修	-	-	0	2	2
	計	222	182	183	186	773

出典：高崎市の資料により筆者作成．

申請件数となっているが，市中心部や，倉渕地域及び榛名地域のように中山間地を有する地域では老朽空き家が多く，人口・世帯規模の割に解体助成金の申請件数が多い（表7-3）．

地域サロンへの活用も，「高崎市空き家緊急総合対策」を代表する制度となっており，空き家の減少に加え，任意団体や町内会における活動の利便性向上や創意工夫の増加，地域コミュニティーの広がりへも寄与している．また，対外的なインパクトも大きく，他自治体や各種団体からの視察が相次いでおり，全国的にも知名度の高い制度となっている．

他方で，制度6及び7の住居としての活用や，制度8の事務所・店舗としての活用の申請件数は少ない．制度6及び制度8は，空き家状態が10年以上の空き家に限定されるため，古民家再生など老朽空き家の活用に関心が高い特定の人にとっては良い制度だが，一般的には利用しにくいなどの問題がある．

(3) 空き家解体後の跡地と課題

空き家解体助成金は，高崎市内の老朽空き家の減少に大きな成果をもたらした．しかし，「高崎市空き家緊急総合対策」は，解体跡地の管理までは対象とするものの，跡地の活用までは想定していない．そこで，高崎市が2017年に実施した，空き家解体跡地の追跡調査から，2015年に空き家解体助成金を利用して解体除去された土地の利用状況を分析した．

空き家解体後の跡地利用で最も多い用途は，「利用無し」（36.8％）である（表7-4）．その理由として，倉渕地域などの中山間地域をはじめ，跡地の利用を見込むのが困難な地域で，解体助成金の利用が比較的多かったことがあげられる．また，跡地の所有者や法定相続人が県外在住者などのため，空き家解体後2年間では，利活用まで検討するに至らない状況も想像される．

市中心部では，他の地域と比較して，「利用無し」（25.0％）の割合が低い．「駐車場」（45.8％）が11件で最も多いが，「家屋新築」（8.3％）は2件にとどまっている．中心部に立地していた空き家の半数が100m^{2}以下の土地で

表7-3 空き家解体助成金の年度別・地域別申請件数

	2014年	2015年	2016年	2017年	計
高崎地域	121	82	75	80	358
(中心部のみ)	(34)	(24)	(21)	(16)	(95)
倉渕地域	4	2	8	5	19
箕郷地域	4	4	7	10	25
群馬地域	9	6	4	10	29
新町地域	7	9	4	3	23
榛名地域	5	19	24	12	60
吉井地域	12	11	10	16	49
計	162	133	132	136	563

出典：高崎市の資料により筆者作成．

表7-4 空き家解体助成金利用後の跡地の用途

跡地の利用用途	高崎地域		中心部のみ		倉渕・箕郷群馬・榛名吉井地域		計	
	件数	割合	件数	割合	件数	割合	件数	割合
家屋新築	19	23.2%	2	8.3%	11	21.6%	30	22.6%
駐車場	18	22.0%	11	45.8%	5	9.8%	23	17.3%
庭用地	13	15.9%	0	0.0%	7	13.7%	20	15.0%
その他	1	1.2%	3	12.5%	2	3.9%	3	2.3%
売地・管理地	5	6.1%	2	8.3%	3	5.9%	8	6.0%
利用無し	26	31.7%	6	25.0%	23	45.1%	49	36.8%
計	82	100.0%	24	100.0%	51	100.0%	133	100.0%

注：2015年に空き家解体助成金を利用して空き家を解体した133件を対象としている．
出典：高崎市の資料により筆者作成．

あり（表7-5），2台分以上の駐車スペースを確保した上での家屋新築には狭い．他方で，跡地面積が301m² 以上の5件のうち，4件が利用無しとなっている．これらの土地に接道する道路や周辺道路の多くは，幅員4m未満の2項道路であり，セットバックで部分的に道路の幅員が広がったとしても，その土地への車によるアクセスは容易でない．

このような面的な問題を解決する手法として，土地区画整理事業があげられる．しかし，先述した中央土地区画整理事業が，都市計画決定後長期間未着手のように，地価の上昇が見込めず，1区画当たりの面積が狭小な地域で

第7章　都市のスポンジ化と空き家対策のあり方

表7-5　高崎市中心部における空き家解体後の跡地の面積と用途

跡地の利用用途	2015年解体跡地面積（中心部のみ）				計
	0〜100m²	101〜200m²	201〜300m²	301m²〜	
家屋新築	–	1	–	1	2
駐車場	7	4	–	–	11
庭用地	–	–	–	–	0
その他	3	–	–	–	3
売地・管理地	–	1	1	–	2
利用無し	2	–	–	4	6
計	12	6	1	5	24

注：2015年に空き家解体助成金を利用して空き家を解体した高崎市中心部24件を対象としている．
出典：高崎市の資料により筆者作成．

は減歩が難しく，今後，事業化されるには多くの課題がある．そのため，「空き家対策のその後」のあり方として，空き家解体や建て替え等，個別の動きを中長期的にコントロールし，面的な整備につなげていくために，官民が連携していく必要がある．

3. 住宅施策の検討事例①：金沢市

(1) 金沢市まちなか住宅団地整備補助金の制度概要

高崎市中心部の従来からの密集市街地において，空き家解体後の跡地の活用が進まない問題が明らかとなった．こうした地方都市中心部の低未利用地を，住宅取得者のニーズに合った居住地として活用する住宅施策の事例として，金沢市が実施する「まちなか住宅団地整備費補助金」の実績を踏まえ，今後の課題を分析する．

金沢市は，まちなかにおける空き家や空き地の増加や，歴史的建築物の喪失を背景に，2001年「まちなかにおける定住の促進に関する条例」を制定し，「まちなか定住促進事業」に取り組んできた．「まちなか住宅団地整備費補助金」は，「まちなか定住促進事業」の複数ある施策の1つであり，まちなか区域907haにおける500m²以上の開発行為により，住宅団地の開発を

表7-6 まちなか住宅団地整備費補助金の概要

制度内容	まちなかで一定規模以上（500m² 以上）の住宅地の整備を誘導・支援
補助対象	・道路，公園，緑地等の用地費相当額 ・公共施設（道路，公園，緑地など）整備費 ・老朽建築物の除却工事費
補助率	1/2 ※公共減歩率が30％以上の場合は2/3
補助要件	・新築の分譲戸建て住宅を建築するもの ・新築住宅は，まちなか住宅建築奨励金に適合 ・金沢市開発指導基準に適合するもの

出典：金沢市の資料により筆者作成．

行う事業者を対象に，道路，公園などの公共施設整備費や，老朽建築物の除却費の一部に対して補助するものである（表7-6）．

まちなかにおける戸建て住宅団地開発を対象とした制度は，全国的にも非常に少ないが[9]，市民の約9割が戸建て住宅志向[10]である金沢市の地域特性もあり，一定の利用実績が知られる．

(2) 金沢市まちなか住宅団地整備費補助金の実績と課題

「まちなか住宅団地整備費補助金」は，2001年の制度開始以降，2010年までに，民間事業者による15件の利用実績があった（表7-7）．筆者が実施した金沢市へのヒアリング調査や，現地調査によると，開発された住宅団地では良質な住宅が供給されており，道路の幅員や景観も改善されている．かかる点においては，当制度が，低未利用地の活用へ十分に寄与したものと評価できる．しかし，都市のスポンジ化への対応という点では課題がある．

その第一は，複数の空き家や空き地を整理し，必要に応じて隣接地を統合するなど，「土地の集約化」をした例がほとんどない点である．利用実績における従前土地利用の多くが駐車場，空き地等のように，企業等が所有するまとまった土地を入手できる機会があったことで，開発につながっている．民間事業者の意見として，「隣接地に声をかけるようにしているが，なかなかタイミングが合わない．」「小規模な案件は利益が出にくい．」「土地の集約

表7-7 まちなか住宅団地整備費補助金の利用実績

年	団地面積 (m²)	区画数	平均区画面積 (m²)	従前土地利用
2001	1,214	4	204	空き地
2002	1,703	8	143	駐車場（月極）
2003	2,016	9	155	駐車場（月極）
	930	6	135	会社倉庫
2004	891	3	160	林地
2005	1,578	7	184	空き地
2006	1,182	7	133	空き地
	3,935	18	173	駐車場（月極），アパート，店舗
2007	775	4	128	空き地
	658	3	178	駐車場（月極）
2008	2,002	10	158	スーパー
	557	3	176	住宅
2009	938	5	159	駐車場（月極）
	794	4	165	公舎（石川県企業局）
2010	933	4	158	空き地

出典：金沢市の資料及び金沢市へのヒアリング調査により筆者作成．

は行政がやるべき．」などがあげられている[11]．

　第二として，当制度の利用により，まちなかの一部が改善されても，面的な改善につながらない点があげられる．短期的な利益を求める民間事業者にとって，開発した住宅団地が早期に売却できれば，周辺環境の良し悪しはそれほど問題ではない．しかし，まちづくりの観点から，住宅団地の開発による周辺環境の改善や地域経済への波及効果が求められる．

　以上から，民間事業者や土地・建物所有者の意識に左右されやすい補助事業だけでは，都市のスポンジ化へ対応していくことに限界がある．行政が舵取りをしながら，いかにして個別事業を周囲へ連鎖させていくかが今後の課題である．

4. 住宅施策の検討事例②：鶴岡市

(1) 鶴岡市ランドバンク事業の概要

鶴岡市の「ランドバンク事業」は，NPOつるおかランド・バンクが中心となり，空き家，空き地，狭隘道路を密集住宅地の一体的問題として捉え，所有者などのステークホルダーから寄付や低廉売却での協力を受け，生活しやすい環境に小規模であるが，それを連鎖させて再生させる「小規模連鎖型区画再編事業」である．

「ランドバンク事業」で想定される事業経過は，次の通りである（図7-5）．まず，空き家B宅をNPOへ低価格売却し，NPOが空き家を解体する．次に，隣家A及びCに土地を低価格で売却し，解体費用を相殺した上で，旧B宅の前面道路を拡幅する．そして将来，A及びC宅の建替えに伴い，A及びC宅の前面道路が拡幅されれば，車を利用する若年層にとっても魅力的な住宅地となり，地域の世代交代も実現できる．

このように，コンパクトな都市構造の実現と共に，車でも移動しやすいまちなかの将来像を見据えて，行政主体の補助制度や土地区画整理事業に拠ら

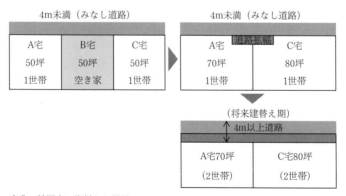

出典：鶴岡市の資料から引用．

図7-5 ランドバンク事業で想定される事業経過

ない民間事業の手法で，空き家や空き地に動きがある時に整備を進めることが，「ランドバンク事業」の特徴である．

(2) 鶴岡市ランドバンク事業の運用から見る問題

2018年7月都市再生特別措置法の改正により，低未利用地の利用促進に関する条項を追加され，都市のスポンジ化への対応を踏まえた立地適正化計画制度の運用手法や，税制優遇措置などが示された．かかる法改正のきっかけとなったモデル事業の1つが，「ランドバンク事業」である．

国や全国の自治体からも注目される，優れたスキームを持つ事業だが，権利関係が錯綜する空き家解体，敷地再編，転売等の権利調整に多大な時間を要する割に，取引価格が低廉のため，時間単位の手数料が少ないという問題がある．そのため，一般の不動産業者が介入しにくく，まちづくり意識の高い特定の不動産業者が，NPO法人の中心となることによって，事業が成立している側面も否めない．

こうした仲介手数料の問題に対して，NPOつるおかランド・バンクは，ファンドを基に，不足する手数料の一部を，コーディネート活動支援[12]などの助成事業で賄う制度を有している．また，2018年1月宅建業法の改正により，不動産の売買または交換に関する報酬額における上限が緩和された[13]．しかし，それでもなお，一般の不動産業者が着手しやすくなるには，手数料が不足しているとの指摘もある．

このように，「ランドバンク事業」は，都市のスポンジ化への対応という点では先進的であるが，他の自治体や民間事業者への一般化や汎用性の点で課題を残している．

まとめ

本章では，都市縮小期における都市のスポンジ化に対応した空き家対策のあり方を検討するために，高崎市中心部を対象として，「高崎市空き家緊急

総合対策」の実績と課題を分析した．また，金沢市の「まちなか住宅団地整備費補助金」及び鶴岡市の「ランドバンク事業」の実績と課題も取り上げ，「空き家対策のその後」までを想定した住宅施策の視点ついても検討した．その結果，次の点が明らかとなった．

　第一に，高崎市中心部では，高崎駅周辺への集中的な公共投資により，高崎駅周辺以外の地域との格差構造が生じた．その結果，高崎駅周辺以外では，老朽空き家が増加し，都市のスポンジ化が顕在化している．

　第二に，高崎市は，「高崎市空き家緊急総合対策」の実施により，老朽空き家の解体や，空き家の地域サロンへの活用に関して大きな成果をもたらした．他方で，市中心部では，空き家解体後の跡地の多くは駐車場としての利用であり，住宅等建物の新築につながっていない．

　第三に，金沢市の「まちなか住宅団地整備費補助金」では，民間事業者による複数の空き家や空き地の整理等，土地の集約化による住宅団地の開発はほとんど無く，まとまった土地を入手できたことで，まちなかでの住宅団地開発が可能となった例が多い．

　第四に，鶴岡市の「ランドバンク事業」は，都市のスポンジ化の性質に適した制度であるが，権利調整に多大な時間を要する割に，手数料が少なく，一般の不動産業者が介入しにくい問題がある．

　以上の結果から，従来の個別の空き家対策から，都市のスポンジ化への対応と，「空き家対策のその後」までを想定した，総合的かつ面的な住宅施策へと転換するには，高崎市や金沢市のような，空き家の所有者や民間事業者への助成制度だけでは限界がある．鶴岡市の「ランドバンク事業」のスキームをベースに，多くの民間事業者が介入しやすくなるよう，コーディネート活動支援などの助成事業を手厚くすることも考えられる．ただし，助成事業の継続が中長期化する可能性があるため，助成事業の導入には，自治体ごとで慎重に検討する必要がある．

　ところで，本章で研究対象地域とした，高崎市中心部縁辺の旧市街地は，生活利便性は高いものの，若年層における居住地や住宅購入先としての評価

や認識は一般的に低い．その理由として，土地価格が高い割に，道路が狭く，老朽空き家も多いなどの生活環境上の不満や，高齢化の進展に伴う地域コミュニティへの不安があげられる．また，空き家解体後の跡地での建物新築が進まないように，そもそも物件の情報が少なく，居住地選択の候補地になりにくい．

しかし，まちなかに隣接する当地域に若年層が増加することで，地域社会の新陳代謝が進むだけでなく，まちなかの賑わい創出にも寄与できる．そのため，コンパクトなまちづくりの観点からも，「まちなかに近い新しい戸建て住宅地域」として，市場価値を高める必要がある．それには，土地の再編や道路拡幅といったハード面だけでなく，住まい方に関する新たな情報収集手段の構築による，若年層の固定的な居住観の改変や想像力の向上など，ソフト的な施策の充実も求められる．それらに関しては，今後の研究課題としたい．

［付記］本章の執筆にあたり，ヒアリング調査及び現地調査にご協力いただきました．金沢市住宅政策課，鶴岡市都市計画課のご担当者の方々には，心から感謝申し上げます．また，筆者の前所属部署である高崎市建築住宅課には，資料の提供等でご協力いただきました．なお，本章の内容は，筆者個人の見解に基づくもので，所属組織の公式見解ではありません．

注
1) 現在は，地域公共交通と連携した，コンパクトなまちづくりの推進が重要視されるため，「コンパクト・プラス・ネットワーク」の使用が多い．しかし，用語としては「コンパクトシティ」が一般化しているため，本章では，「コンパクトシティ」を使用した．
2) 「都市のスポンジ化」が，都市計画の専門家や実務において定着したのは，ここ数年のことである．その内容は次に詳しい．饗庭伸『都市をたたむ 人口減少時代をデザインする都市計画』（花伝社，2015 年）98 頁．
3) 高崎市第 5 次総合計画後期基本計画（2013 年）による．
4) 鈴木智「東京 100km 圏の中核都市における中心市街地の居住形態－高崎市を例に－」（関東都市学会年報第 7 号，2005 年）73 頁．

5) 鈴木智「首都圏外縁都市おける都心の移動に伴う中心市街地の構造変化－高崎市を例に－」（日本地域政策研究第5号，2007年）83頁．
6) 2014年の事業開始以降，毎年度，当初予算1億円を計上している．
7) 本助成制度における地域サロンとは，地域社会の活性化を図るため，高齢者同士の集まりや，小さな子どもを持つ家族の交流の場として，気軽に利用できるサロンを対象にしている．
8) 各年度の補正予算額（増額分）は次の通りである．2014年度：1億3千5百万円，2015年度：6千5百万円，2016年度：5千万円，2017年度：6千万円．
9) 類似制度として，島根県松江市が2012年から実施している「まちなか住宅団地整備計画」が知られるが，これまでの実績は1件のみである．
10) 金沢市が実施した市民アンケート調査結果による．
11) 金沢市の「まちなか住宅団地整備費補助金」については，次に詳しい．福岡敏成・野嶋慎二「地方都市中心部における小規模住宅団地による居住空間の再構築に関する研究－金沢市「まちなか住宅団地整備費補助金」を対象として－」（都市計画論文集 Vol.52, No.3, 2017年10月）1019頁．
12) 3,000万円のファンドを基に，補助率4/5，上限30万円の助成を行っている．
13) たとえば，物件価格が200万円の仲介手数料は，これまでの上限額10万円から，必要経費分の加算追加が可能となり，上限額が18万円まで引き上げられた．

第8章
NPOと自治体の空き家対策事業
―高崎市「地域サロン改修助成金」を例として―

八木橋慶一

1. なぜNPOなのか

　本章は，全国で深刻化する「空き家」問題について，地域コミュニティで活動する町内会・自治会などの非営利団体（以下，非営利団体全体を指す場合はNPO）や特定非営利活動法人（以下，NPO法人）がこの問題にどのように取り組めるのか，また自治体はNPOにどのような支援を行えるのかを先行研究や調査事例から考察するものである．そして，空き家対策における各セクター（NPO，営利企業，自治体など）の役割の類型化を行い，NPOが担うべき役割を明らかにすることを目的とする．

　自治体レベルでは，すでに地域の安全（老朽化した空き家の倒壊の危険性など），市街地の空洞化など多様な観点から，空き家・空き店舗の増加への対策事業が進められている．具体例として，所有者不明の空き家に対する取り壊しの行政代執行，空き家の利活用向けの改修助成事業などがあり，これらの事例に関する先行研究は数多く存在している[1]．

　一方，地域コミュニティおいても，中心市街地や住宅地での空き家の増加は，コミュニティの空洞化などの問題を招いている．中心市街地が衰退した，あるいは町内の人口が減った，といったわかりやすい問題にとどまらず，空き家への不法侵入，地域内でのつながりの喪失，空き家の倒壊の恐れなど，安全・防犯や自治の面などで住民生活に影響を与える可能性は高くなる．地域住民にとっても放置できないのである．

そこで，本章では，NPO の空き家利活用について，どのように行われているのかを検証する．また，空き家の増加に対して，自治体がどのような対策事業を取っているか，そしてNPO の利活用とどのようにかかわっているかも分析する[2]．これにより，NPO 主体の空き家利活用の類型化および自治体の助成事業のあり方への提言を行うことができると考える．

本章の構成だが，次節では空き家の全国的な状況を簡潔に紹介，NPOによる空き家利活用に関する先行研究も紹介する．第3節では，NPO研究と関連が深い「ソーシャルビジネス」と空き家問題の関係性について考察を行う．第4節では，自治体による空き家対策事業の実態，およびNPOによる空き家利活用との関係を検証するため，空き家対策の総合的な事業を行っている高崎市の事業内容と高崎市の空き家対策事業を活用しているNPOの実践について，それぞれ紹介する．第5節では，空き家問題とNPOの関係性をまとめ，この問題におけるNPOの役割，NPOと連携した自治体の空き家対策のあり方を提示する．

2. 空き家問題の概観と NPO による空き家利活用の事例

(1)「空き家」問題の概観

本章では，まず全国の空き家の状況を概観する．多くの先行研究などですでに紹介されているが，全国の空き家数，総住宅数に対する空き家率は，総務省の「住宅・土地統計調査」を実施するたびに増加していることが判明している．2013 年の調査では，総住宅数は約 6,063 万戸，問題の空き家は 820 万戸，空き家率は 13.5％であった（図 8-1）．ただし，この数字には賃貸用，売却用，二次的住宅（別荘など）を含むため，所有者不明や取り壊すことになっている「その他の住宅」は 318 万戸，5.3％と低くなる[3]．

とはいえ，「その他の住宅」も調査のたびに上昇している．人口減少社会に突入している日本において，空き家数が今後劇的に減少するとは考えられない．したがって，自治体による空き家対策は，空き家をいかに減らすかと

第 8 章　NPO と自治体の空き家対策事業　　183

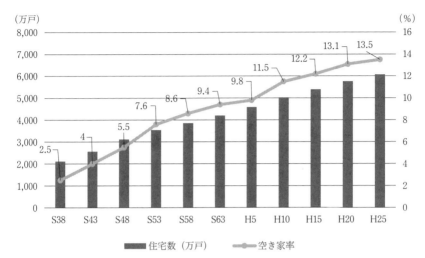

出典：総務省統計局「平成 25 年度住宅・土地統計調査」から筆者作成．

図 8-1　住宅数と空き家率の推移

いうよりも，増加する空き家の管理，居住用以外も用途も含めた多様な利活用を促すものが中心になると考えられる．しかし，空き家自体は民間の資産である．自治体の対策は，持ち主不明で倒壊の恐れがあるといった緊急措置が求められる場合などを除けば，あくまで所有者側の責任で行われる対策の補助にとどめるのが原則であろう．この観点から，空き家の具体的な利活用については，民間側による主体的な取り組みが重要になってくる．そこで次節では，先行研究に基づいて民間による空き家利活用の事例の検証を行う．

(2) NPO 主体の空き家利活用

　民間による空き家の利活用については，当然ながら営利・非営利を問わないさまざまな事業者によって行われている．また，利活用に至るまでのプロセスにおいては，自治体も関与できるしくみは全国で整い始めている．自治体が運営する「空き家バンク（あるいは空き家・空き地バンク）」である．自治体が空き家の売却や賃貸を希望する所有者に情報の登録を募り，空き家

利用希望者が閲覧できる情報提供システムである．そこには不動産業者も連携している．さらに，2018年4月からは，「全国版空き家・空き地バンク」の本格運用が開始されている．

　国土交通省の調査によると，アンケートへの回答のあった1,365の自治体のうち，763自治体（56％）が設置済み，設置準備中または設置予定が276自治体（20％）であり，設置せず・設置予定なしは305自治体（22％）というものであった[4]．4分の3以上の自治体が空き家バンクを設置または設置予定であり，民間の物件・所有地の取引に自治体も強い関心を寄せていたわけである．また，これらの地域ごとの情報を総合する動きが，上述の「全国版空き家・空き地バンク」というかたちで2017年から試験的に始まった．このしくみは，国土交通省がモデル事業として民間事業者に同サイトの構築と運営を任せ，各自治体の「空き家」情報を集約，全国の物件を空き家利活用希望者にわかりやすく伝えることを狙ったものである[5]．国も空き家の有効活用について本格的な仲介に乗り出したと言える．

　これらの動きは，物件を利用希望者にどのようにつなぐかというものである．したがって，その利用内容は多岐にわたる．本章ではNPOによる空き家利活用に焦点を絞っているため，「空き家バンク」事業にこれ以上踏み込まないが，空き家対策に行政の関与が不可欠である点は指摘しておきたい．

　さて，そのNPOによる空き家利活用に関してだが，個別の事例ではすでに先行研究や調査・取材結果が存在する．以下で代表的な事例を見てみる．NPO主体による空き家の利活用の事例を確認することにより，空き家問題におけるNPOがどのような役割を担えるか，ヒントが得られると考える．

　東京都台東区を拠点に活動している「自立支援センターふるさとの会」の例がある．これは空き家・空き室を低所得の高齢者向け住居として活用し，彼らの生活支援と結びつけた活動を行っているNPO法人のケースである．同法人は，ホームレスの支援団体として設立，当初は炊き出しや生活保護の申請などの支援活動を行っていた．しかし，支援活動を通じ，ホームレスの支援には居場所づくり，さらには住居の確保の重要性があると認識した．ま

たホームレスの高齢化による問題（介護など）も重なり，1999年から空き家を活用した共同生活用に宿泊所をスタートさせ，介護事業にも参入することとなった．そして，2007年にはホームレスであっても民間アパートに居住できるように，「株式会社ふるさと」を設立，建物清掃・ケア付き保証人事業を始めるに至ったのである．低所得層，しかも高齢者の場合，家主はリスクを恐れて物件を貸したがらない傾向にあるが，法人側で家賃保証や巡回などを行うことによって家主に安心感を与えることを狙ったのである[6]．

「ふるさとの会」は，不動産事業者（株式会社ふるさと）として家主に対して空き家や空き室の情報提供を求めつつ，彼らが恐れる家賃滞納などの問題を回避できるように保証する．また，グループの中核であるNPO法人（自立支援センターふるさとの会）が各種の生活支援や見守りといったサービスを高齢者に提供する．さらには，元ホームレスの人たちと地域コミュニティの関係構築にも配慮している．「ふるさとの会」は，空き家・空き室の問題をたんなる営利の不動産事業として扱うのではなく，「社会的不動産事業」として地域コミュニティの再生や社会的弱者の支援を含めた事業として取り組んでいるのである[7]．

上記の例のような住宅問題を抱える社会的に恵まれない立場の人たちは，高齢者に限らない．たとえば，ひとり親家庭，とりわけ母子世帯も抱えている．葛西は，日本の母子世帯施策は就労支援など以前よりも充実されてはいるが，「居住」という視点が欠落したままであり，母子世帯には職だけでなく，子育て支援，さらにはより良い住環境（職場に近い，過密ではないなど）も重要だと指摘する[8]．「居住貧困」という観点から，母子世帯が適切な住宅に住むことができるような支援が必要だと訴えるのである．そして，葛西は一つの可能性として，母子世帯向けシェアハウスを取り上げている．この事業には営利企業も参入しているが，その背景には「若者のシェアハウスが飽和状態となる中で，新たな顧客開拓に乗り出したいという企業意図がある」とする[9]．一方で「増加する空き物件の有効活用を考える際に，社会貢献性，新規性を追求した結果，母子世帯向けシェアハウス運営に行き着い

たという事業者もある」とも述べられている[10]。これは重要な指摘であろう。空き家物件の有効活用と社会貢献が組み合わさり、そこに営利事業者もかかわっているのである。営利事業とNPO事業の境目が曖昧なケースもありえるということである。この点は次節で述べる。

　このタイプの活動について、積極的に活動している事業主の例をあげておく。横浜市で建築事務所を営む秋山怜史氏のケースである[11]。同氏は、「一級建築士事務所秋山立花」を経営しているが、一方で2012年に空き物件を日本初のシングルマザー専用のシェアハウス「ペアレンティングホーム高津」（神奈川県川崎市、現在は事業終了）として開設、その後も同様の企画・運営を行っている（一般社団法人「ペアレンティングホーム」が運営）。シングルマザーの子育てと仕事の両立の困難さから、事業化を決断、スタートさせたとのことであった。シェアハウスの場合、シングルマザー同士による子育ての共有、つまり互助が図れる利点があった。葛西も、入居者が子育てだけでなく、自分自身に何かあった場合に同居者のサポートが望める点で安心感を得ていることを指摘している[12]。

　秋山氏は2012年以降も、社会福祉法人とのコラボレーションによる社員寮型ペアレンティングホームを開設（2016年）、子育てと仕事の両立（さらにはシングルマザーの貧困）という社会課題に取り組む動きを継続させている。秋山氏は「住居・職・保育」の3点セットによる課題解決の方向性を提示し、その実践に取り組んでいるのである。ただし、シングルマザー向けシェアハウス自体がニッチな市場であり、またシェアハウス自体は空き家を減らすものではないため（複数の家族が一軒の住宅に共同で居住することになるから）、限界があることは指摘していた。秋山氏によれば、空き家の利活用という観点においてはむしろ地域コミュニティにとって必要とされる施設・店舗への空き家の転用の方が重要だということであった。

　以上、本節では空き家の全国的状況とNPOによる空き家利活用の事例を紹介した。増加する空き家について、行政も空き家バンクなどの対策を取っている。とはいえ、実際の利活用については、人口減社会となっている日本

において住居や一般的な店舗への活用に限定するだけでは不十分な面があるのは否めない．そこで，社会的に恵まれない立場の人たちの問題解決に空き家・空き物件の利活用を試みているNPOの実践を紹介した．たしかにこれらは多くの人を対象とした事業活動の事例ではないが，空き家利活用の可能性を広げるものであると考える．

3. 空き家問題と「ソーシャルビジネス」

(1)「ソーシャルビジネス」とは

　前節で取り上げたNPOの活動の事例は，空き家の利活用について，NPOらしく社会全体の問題の解決や地域コミュニティに資するための活動につなげていた．このような不特定多数の人たちの利益を図ることを目的としつつも，かつ営利を目的としないものは，一般に公益性と呼ばれる．NPO，とりわけNPO法人や公益社団・財団法人では組織の法人格の取得にも絡む重要な点である．

　前節の事例は，この公益性が高いものと言えるであろう．たとえば，ペアレンティングホームの場合，シングルマザーであれば誰でも利用できるからだ．現実には仕事内容や職場が関係するため，利用可能者が限られるが，特定の家族を対象としているわけではない．他方，NPOの事業活動は採算の面で営利事業よりも不利であり，収益性あるいは経済性が低いことは周知のことであろう．

　しかし，2000年代以降，公益性，別のわかりやすい表現を使うなら社会貢献と言えるだろうが，この実現を目指しつつ収益性も高め，社会貢献と収益性を両立させた事業活動を行う事業形態が台頭した．それがソーシャルビジネスである．

　2008年にソーシャルビジネスについて経済産業省から公表された報告書では，これは以下のように定義された[13]．

①社会性：現在解決が求められる社会的課題に取り組むことを事業活動のミッションとすること．

※解決すべき社会的課題の内容により，活動範囲に地域性が生じる場合もあるが，地域性の有無はソーシャルビジネスの基準には含めない．

②事業性：①のミッションをビジネスの形に表し，継続的に事業活動を進めていくこと．

③革新性：新しい社会的商品・サービスや，それを提供するための仕組みを開発したり，活用したりすること．また，その活動が社会に広がることを通して，新しい社会的価値を創出すること．

また本報告書では①の社会性を横軸，②の事業性を縦軸とした4象限の中でソーシャルビジネスがどこに位置するのか，またそれぞれの象限にどのような事業組織が該当するのかが示された（図8-2）．

それによれば，ソーシャルビジネスは営利から非営利の組織の連続体の中に存在し，従来のNPOや営利企業とは，事業性と収益性の両立，社会問題の解決に対する革新性の有無によって異なるとされた．前節で指摘した営利事業とNPO事業の境目における曖昧なケースとは，このソーシャルビジネスである．ただし，ソーシャルビジネス（あるいはその事業者である社会的企業）の本質は営利か非営利か，あるいはその中間なのか，といった点については，研究者間でも合意は得られていない．筆者は，ソーシャルビジネスや社会的企業の本質は非営利性あるいは営利を目的にしない性質にあるとの立場を取る[14]．しかし，どのような立場であっても，ソーシャルビジネスあるいはその事業者としての社会的企業とは，①公的機関ではなく民間団体，②社会問題の解決に関心があり，③補助金や寄附金よりも事業収益重視，という点で一致している．

(2) ソーシャルビジネスと空き家問題の関係性

ここで改めて前節で取り上げた2つのNPOのケースを検討してみる．ふ

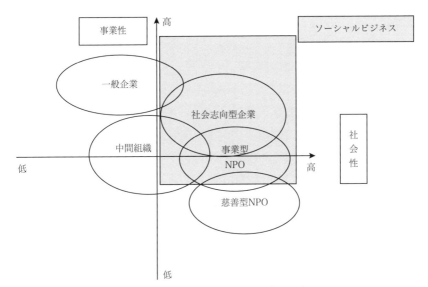

出典:経済産業省「ソーシャルビジネス研究会報告書」,2008年,3頁より.

図 8-2　経済産業省によるソーシャルビジネスの範囲と担い手

るさとの会の場合,自ら社会的な不動産事業者と規定した株式会社ふるさとをグループ内に持つ[15].この事業者自体は営利目的の株式会社ではあるが,組織全体として見れば,事業性と社会性の両立を図り,低所得層の高齢者の生活支援に住居確保を結びつけた革新性が見られるため,経産省の規定したソーシャルビジネスに十分該当するであろう.

また,母子世帯向けシェアハウスの場合,営利事業者も参入しているが,社会貢献性を意識している事業者も存在すると葛西が指摘していることはすでに述べた.一般社団法人ペアレンティングホームの場合,それ自体がNPOであると同時に,行政の補助なしに事業を展開している[16].これは社会性と事業性の両立に該当する部分であろう.また日本初のシングルマザー専用のシェアハウス事業を開始させたことからもわかるように,革新性も十分に兼ね備えている.以上のことから,彼らの事業はソーシャルビジネス,事業形態としては社会的企業に該当するであろう.

では，空き家問題とソーシャルビジネスはどのように関係するのであろうか．この点ついて，以下で筆者の仮説を提示する．

まず，空き家の利活用において，事業者にとって収益性が高いか低いか，公益性が高いか低いかの2つの点を重視した．収益性が高く，公益性をとくに気にしないのは，一般的な営利事業者である．この場合，営利事業者は利用価値の高い（つまり人気物件として扱われる可能性が高い）空き物件にもっぱらかかわるであろう．一般的な不動産市場で解決される場合である．一方，収益性や公益性も低い物件の場合，一般の市場では流通しにくいだけでなく，地域コミュニティでも対応が難しいことが想定される．たとえば，所有者不明や何らかの理由で管理に重大な問題をきたしている物件などの場合，民間事業者よりも行政の対応が望まれるであろう．

では，事業者がその空き物件を利活用することで，公益性を生むことができるかという視点で考えてみる．公益性という観点は事業者の活動内容と空き家の利活用の内容も関連付けるものでもある．営利事業者が空き物件を扱う場合，売却や賃貸の仲介業務などにのみかかわることが一般的であり，空き家がどのように活用されようが，それは購入者や入居者の問題となる．他方，事業者側が契約，あるいは自らが購入・入居した空き物件の利活用について，公益性の観点からかかわる場合，利活用の仕方そのものが社会課題の解決にかかわってくる．

前節のNPOの事例で考えてみる．ふるさとの会の場合は，グループ内の株式会社を通じて仲介した物件に低所得層の高齢者に入居してもらい，組織の中核であるNPO法人で生活支援を行っている．秋山氏（ペアレンティングホーム）の場合，物件の利活用を望む家主にシングルマザー向けシェアハウスという利用方法を提示し，物件の改修やその後の運営にも携わっている．どちらもソーシャルビジネスに該当し，彼らの空き家利活用は，収益性と公益性の双方で高い．

ここまでの内容を整理したものが，縦軸を収益性，横軸を公益性とした図8-3である．

第 1 象限が収益性も公益性も高い（見込まれる）場合であり，これはソーシャルビジネスが該当する．第 2 象限が収益性のみ高い場合であり，通常の営利ビジネス（一般的な不動産業者など）が想定できる．第 3 象限が収益性も公益性も低い（見込めない）ものであ

出典：筆者作成．

図 8-3　空き家の利活用のイメージ①

り，行政でやむなく対応することが求められる．では，物件の利活用や事業活動において収益性は見込めないものの，公益性は高いと考えられる場合，つまり第 4 象限は何が当てはまるのであろうか．

そこで，次節では第 4 象限の事例を検証するために，群馬県高崎市の助成事業とその事業を活用している NPO の実践を見てみる．

4. 行政の空き家対策と NPO：群馬県高崎市の例から

(1) 高崎市空き家緊急総合対策事業による NPO の支援

土地や家屋自体は民間，つまり「私」の領域である．しかし，空き家が社会問題化すれば，行政による対応も避けられない．前節の図 8-3 の第 3 象限に該当するケースである．とはいえ，多くの空き家はそこまで悪化せずに未利用のままになる可能性が高い．このような場合，何かしら活用できるのであれば，未利用のまま放置よりは活用した方が断然よいと考えられる．

では，誰が利活用の主体として適任なのか．営利事業者はもっとも不向きであろう．一定の収益性も維持したいソーシャルビジネス事業者（社会的企業）も，いささか厳しいかもしれない．とすれば，収益性の向上をそもそも念頭に置いていない NPO，たとえば町内会や自治会といった地縁組織が候

補にあがる．あるいは，ソーシャルビジネス型の法人経営にはさほど関心を抱いていないようなNPOが考えられる．ただし，これらのケースでは，空き家の利活用の際に不可欠な費用の拠出に苦労することが想定される．そこで，本節では行政による空き家利活用促進のための助成事業，とりわけソーシャルビジネス以外の従来型のNPOに向けた支援事業に焦点を当てる．図8-3の第4象限にかかわる部分であると言ってよいであろう．

その具体的な事例を探るべく，群馬県高崎市の取り組みを事例として見てみる．まず高崎市の取り組みを紹介する理由だが，富岡賢治市長自身が「全国でも例のない」市独自の制度を作ったと自負するように，2014年度より全国に先駆けて総合的な空き家対策事業（高崎市空き家緊急総合対策事業）をスタートさせたことにある．空き家の所有者に管理を依頼しても，高齢であったり，遠方在住であったりと管理が難しいケースが多いため，「無理なく空き家がなくなる手法の方が良い」と市長が判断したからであった[17]．同事業の概要を以下の表8-1にまとめた．

高崎市は管理・解体では所有者へ，活用については空き家の利活用希望者への支援を行っている．これらの制度のうち，本章では制度4「地域サロン改修助成金」と制度5「地域サロン家賃助成金」に着目する．これは地域コミュニティにおいて空き家を改修して活動するNPOを支援する制度だからである．つまり，前節での第4象限（収益性低い，公益性高い）に該当するケースの支援制度である．

このように高崎市は空き家の利活用について，一般的な居住や事業の利用だけでなく，地域コミュニティに資する活動を行うNPOへの支援にも力点を置いている．また，収益性を重視しているわけではない「地域サロン」を対象にしており，前節の図8-3に示した第4象限（収益性低い，公益性高い）に該当する活動を支援しているのである．

(2) 高崎市におけるNPOの空き家利活用の事例

高崎市の空き家緊急総合対策事業のうち，地域サロン改修助成金・地域サ

第 8 章　NPO と自治体の空き家対策事業

表 8-1　高崎市空き家緊急総合対策事業の概要

目的	制度の種類	制度の概要	上限額
管理	制度 1 空き家管理助成金	建物の管理を委託した場合や敷地内の除草など，空き家を管理するためにかかった費用の 2 分の 1 を助成	20 万円
解体	制度 2 空き家解体助成金	周囲に危険を及ぼす恐れのある老朽化した空き家の解体にかかった費用の 5 分の 4 を助成	100 万円
	制度 3 空き家解体跡地管理助成金	制度 2 を利用して，空き家を解体した敷地の清掃や除草などにかかった費用の 2 分の 1 を助成	20 万円
活用	制度 4 地域サロン改修助成金	空き家を高齢者や子育て世代などが気軽に利用できるサロンとして改修する場合，改修費用の 3 分の 2 を助成	500 万円
	制度 5 地域サロン家賃助成金	空き家をサロンとして借りる場合，家賃の 5 分の 4 を助成	月額 5 万円
	制度 6 空き家活用促進改修助成金	空き家を居住目的で購入して改修する場合や，居住目的で賃貸して改修する場合など，改修費用の 2 分の 1 を助成	250 万円
	制度 7 定住促進空き家活用家賃助成金	倉渕・榛名・吉井地域に立地する空き家を居住目的で借りる場合，家賃の 2 分の 1 を助成	月額 2 万円
	制度 8 空き家事務所・店舗改修助成金	空き家を改修し，事務所や店舗を新たに営業する場合，改修費用の 2 分の 1 を助成	500 万円

出典：高崎市「広報高崎」第 1468 号（平成 30 年 6 月 15 日号），2018 年，3 頁より（一部修正）．

ロン家賃助成金を利用している NPO をいくつか紹介する．いずれも筆者がインタビューを行った団体である．空き家の地域サロンへの転用の経緯，助成金の利用実態から，自治体による空き家対策と NPO 支援のあり方を検証することになる．紹介する団体は，活動の活発さ，情報の公開性を基準に選定した．

最初は「倉賀野町上第 3 町内会」である[18]．地域サロン事業の適用第 1 号であり，いわばモデルケースとなったところである．住民は町内会になかった集会所の設置のために，町内の空き家の活用を思いつき，空き家の所有者

表 8-2　地域サロン改修助成金・地域サロン家賃助成金の概要

地域サロンについて (制度5も同じ)	●地域サロン改修助成金における「地域サロン」とは，次のいずれにも該当するもの ・営利を目的とした活動でないもの ・開設計画の内容が具体的で，かつ地域サロンの開設が対象地域の住民同士の交流機会等の確保に寄与すると見込まれるもの ・公益を害するおそれがなく，公序良俗に反しないもの　など
助成を受けられる空き家 (制度5も同じ)	●高崎市内にある建築物で，居住その他の使用がなされていないことが常態であるもので下記に該当するもの（原則，店舗が主体のビルやマンション等の空き室は対象にはならない） ・戸建て住宅の空き家 ・戸建て貸家の空き家 ・併用住宅の空き家（店舗等が廃業されていること）等 ●おおむね1年以上無人または使用されていないこと
助成を受けられる人 (申請者)	●地域サロンの運営団体及び個人 ●空き家の所有者（地域サロンの運営団体へ貸し出すことが前提）（※制度4のみ）
助成を受けられる主な要件	●高崎市内の空き家を改修し，地域サロンの運営団体が地域サロンを開設，運営すること ●地域サロンの運営団体は次のいずれにも該当するものであること ・団体の構成員全員が，高崎市暴力団排除条例に該当していないこと ・宗教活動，政治活動または選挙活動を行うことを目的としないこと ●市税の滞納がないこと ●地域サロン事業を一定期間継続できる見込みのあること（年度ごとの事業報告が必要になります）（制度4のみ）　など

出典：高崎市ホームページ「高崎市空き家緊急総合対策について」より筆者作成（http://www.city.takasaki.gunma.jp/docs/2014060600030/ 2019年1月21日確認）．

の理解もあって市の助成制度を申請したとのことであった．700万円以上の改修費は，自己資金と市からの助成金で賄うことができた．

　町内会の集会所である「倉賀野上3区コミュニティセンター」の宮井館長によると，センターの設置により，町内会の業務を区長の個人宅ではなくセンターでできるようになり，個人負担の集中を避けることができた．また，上毛かるたの練習など地域住民の憩いの場としても機能している．町内会のさらなる活性化，活動を継続させるには，センターを拠点に「コミュニティの掘り起こし」を行い続ける必要があると宮井氏は指摘していた．町内会の

活性化には未だ課題もあるということであるが，センターがなければそもそも活性化は困難だったのであり，センターの設置に果たした市の助成制度の重要性は明らかである．

次に「上中居町第1町内会」である[19]．町内会の牧田区長によると，集会所はもともとあったが，事情により使用ができなくなり，場所を転々として町内会活動を続けていたものの，不便さは否めなかったとのことであった．そのような時に現在の集会所の所有者から，市の助成制度を利用して所有する空き家（以前はダンススタジオ）を改修して集会所に転用してはどうか，という話が持ち込まれた．改修費は総額で約950万円，市からの助成金と町内会の積立金から賄った．助成金がなければ改修は難しかったと言う．

改修後は集会所としてだけでなく，かるた大会，クリスマス会など子どもや家族などにも利用されている．コミュニティ・カフェ，利用頻度が低い高齢男性向けに開設したコミュニティ・サロン「おとこクラブ」，写経やヨガといった各種教室など，地域サロンらしい活動を平日に定期的に開催していた．なお，筆者が調査に訪問した際にもフラワーアレンジメントの教室が開かれており，実際に参加した（写真❶）．

牧田区長は，町内の要望と市の対策がマッチしたことが最大の成功要因と語っていた．地域住民の要望，町内会のリーダーシップ，行政の対策が有機的に結びつくことで空き家の利活用がスムーズに行われている事例であろう．なお，上述の倉賀野上3区コミュニティセンターと同じく，町内におけるコミュニティ活動の拠点として集会所を機能させたいとのことであった．

3つ目は，「自遊空間みちくさ」（任意団体）の事例で

❶上中居町第1町内会集会所でのサロン活動の一例（筆者撮影．手前の男性が牧田区長）

❷「自遊空間みちくさ」でのサロン活動の一例 (1)（筆者撮影）

❸「自遊空間みちくさ」でのサロン活動の一例 (2)（片桐氏提供）

ある[20]．高崎市新町で以前から活動していた多文化共生支援のNPO（任意団体「Rainbows」）が，地域におけるプラットフォーム型の団体として発展的に再編，設立され，地域の他のNPOが情報交換できるサロンの運営を，空き家を転用して行っている．以前は青果店だった店舗を利用し，改修費は総額で約460万円，自己資金に加えて市からの助成金を受けて改修できたとのことであった．

片桐氏は，現在では以前から活動している団体の催し物だけでなく，新生児の育児相談や高齢者の遺影の生前撮影会など新しい活動も展開されていると述べていた．多様な年代層にまたがる新しい活動が，同団体のサロンを拠点に行われているわけである．筆者が調査に訪れた際にも，健康増進を目的とした体操教室が開かれていた（写真❷❸）．また，空き家のままだった時と異なり，薄暗くなってからも明かりが灯っているため，防犯にも役立っているとのことであった．片桐氏は，地域で「支え合うしくみ」をつくることが目標と述べ，その拠点として「みちくさ」を位置付けていた．

4つ目は，NPO法人「iitoko」の事例である[21]．この団体は，障がい児を持つ母親のサポートを目的として高崎市吉井町に設立された団体である．代表の浅香氏によると，母親たちのサポートを始めた際に，公民館など人目に触れる場所ではなく，彼女たちが自然に「泣ける」場所，つまり普通の

「家」のような場所が必要だと気づいたとのことである．そこで空き家の利活用を思いつき，市の助成事業に申請した．改修費が約240万円，自己資金と市からの助成金で賄った．

浅香氏は，事務所のある「家」を障がい児やその母親たちだけでなく，地域住民にも開放しており，交流の場としても機能も持つようになったと述べていた．開放的な地域サロンとしての役割も担うようになったのである．

もちろん，これら4つのNPO以外にも多くの町内会・自治会，NPO法人などが高崎市の助成制度を活用している[22]．たとえば，4つ目の事例「iitoko」に近いものとして，子育てに悩む母親たちの交流サロンとして空き家を改修，利用しているNPO法人「地域母親支援サージファム」といった事例をあげることができる[23]．また，学生が主体となって空き家を地域サロンに転用した「0号館」もこの助成事業を利用している（詳細は第9章を参照のこと）．

とはいえ，上記の4団体による空き家の利活用からは，すでにある共通点が見出せる．それは，空き家を利活用することによって，地域に新たな拠点をつくり，またそこから地域の新しいつながりを築こうとしている点である．2つの町内会の事例では，住民活動の拠点づくりという目標があった．2つのNPOの事例では，組織のミッションの達成だけでなく，地域のサロンとしてさまざまな人たちの交流の場に発展させようという意図が明確であった．本節において，これらの団体を紹介した理由はここにある．

5. 考察

前節の事例を踏まえて，空き家の利活用におけるNPOの役割，また自治体に求められる支援のあり方を検証する．

まず，第3節で提示した空き家利活用のイメージ図（図8-3）について，第4節の内容を踏まえて加筆した図を以下に示す（図8-4）．

第1象限（ソーシャルビジネス）から第3象限（行政対応）までは図8-3

出典：筆者作成．

図 8-4 空き家の利活用のイメージ②

と同じである．第4象限に第4節で紹介したような従来型NPO（町内会・自治会，収益性の低い事業活動を行うNPO）を当てはめた．ささいな修正に見えるが，この整理により空き家利活用のより精緻な類型化が可能になり，さらに行政の空き家対策の方向性も明確になると考える．

　繰り返しになるが，ここでのソーシャルビジネスは，空き家の利活用と社会の課題を結び付け，さらに収益性にも目を向けて事業に取り組むことを想定している．行政からも期待したい事業活動であろう．とはいえ，第2節で触れたが，低所得層高齢者向けの社会的不動産事業やシングルマザー向けシェアハウスといった事業は，市場としてはニッチなものにとどまる．この種のソーシャルビジネスは，収益性があると言っても大きな利益を期待できない．

　空き家が地域コミュニティにおける防犯や景観の問題などと絡むことも考慮すれば，収益性をひとまず脇に置き，何らかのかたちで利活用を優先させることは重要であろう．公益性の観点から民間による利活用を促進させる，つまり，前節で紹介した第4象限のケース，従来型のNPOによる利活用が重要となる．地域づくりの拠点として，あるいは何らかの課題を抱えた人たちのサポートの場として，空き家をサロンなどに転用して利活用するということである．そのほか，高崎市の助成事業には該当しないが，歴史的な町並みにおける空き家，所有者が手放す恐れのある歴史的建造物といったものの利活用について，景観の観点から行政がNPOと連携して取り組む場合も第4象限に当てはまると考える．もちろん，これらのケースの大半で収益性はさほど望めないのだから，行政によるNPO向けの空き家利活用に対する助

成事業は必須である．

　一方，行政にとってもあらゆる事業に支援を行うことはできないし，特定の団体にのみ助成を長期的に行うことは公平性の観点から問題がある．しかし，空き家の改修費補助や一定期間の支援は，事業のスタート時点や当座の活動には確実に有効である．支援期間後の事業展開は NPO 側に委ねることになるが，空き家の放置が進むよりは有効な対策であると考える．

　上記の点を総合すれば，空き家問題への NPO のかかわり方は，地域づくりの拠点など地域コミュニティ本来の活動の範疇に含まれるものが中心であると想定できる．つまり，空き家問題に対する行政の民間支援のあり方は，次のようにまとめることができる．

　まず，空き家の利活用を市場での取引に任せる第 2 象限のケースにおいては，空き家バンクといった情報提供のしくみの構築にとどまる．一般的な空き家が私的所有物である以上，それ以上の民間への支援は不要であるし，公平性の観点からも問題があろう．第 1 象限のケースでは，収益性という観点も含まれるため，空き家の利活用そのものへの支援は限定的となる．一方で，事業活動の公益性を考慮すれば，むしろ団体の活動自体へのサポートは必要となってくる．第 2 節で取り上げた低所得層の高齢者への生活支援，シングルマザーへの子育てや就労なども含めた多様なサポートには，行政との連携が事業体にとって不可欠である．従来型 NPO による空き家利活用を想定する第 4 象限のケースでは，行政の支援は重要となる．民間の活動とはいえ，地域の公益性を高める活動であり，また収益性が望めないという問題を抱えているからである．高崎市の事例からもわかるように，空き家の改修費の支援，一定期間の活動への支援（家賃補助など）は，空き家利活用の促進にもつながる可能性がある．

　このように，行政による空き家利活用の支援は，空き家の資産価値，利活用する事業者のタイプなどを勘案して行われることが期待される．その際に，図 8-4 の第 4 象限のケース（従来型 NPO）は，公平性などについての説明責任を十分に果たすことを前提に手厚い支援が可能であると考える．NPO

側からすれば，第4象限に当てはまるような取り組みこそが，空き家問題においてNPOの地域コミュニティに密着するという特徴をもっとも発揮できるケースと言える．

最後に，行政が対応の中心となるケース（図8-4の第3象限）にも触れておきたい．このケースは営利事業者もNPOも対応が難しいため，行政が空き家の解体も含めた対応を求められる．利活用というよりも地域コミュニティの維持のために介入するケースと言える．空き家問題における最終的な対応である．しかし，所有者・管理者不明の空き家となる前に行政が関与するしくみがあれば，またそこに民間事業者（営利，非営利問わず）が連携できるのであれば，第3象限のケースの空き家増加を防げる可能性は高まる．

この事例として示唆に富むのは，横須賀市による終活支援に関連する事業である．終活は，一般的に生前に自身の葬儀の仕方や納骨の場所，遺産相続などに関して意思表明し，準備を行っておくことである[24]．同市では2018年5月より終活情報登録伝達制度事業（「わたしの終活登録」）を開始した．この制度は，端的に言えば上述の終活にかかわる個人の意思や重要情報（緊急連絡先や遺言状の保管場所など）を市に登録し，「万一の時，病院・消防・警察・福祉事務所や，本人が指定した方に開示して，本人の意思の実現を支援する事業」を行うというものである[25]．

この制度は利活用できない空き家の増加抑止に役立つ可能性があると言える[26]．また，この事業はたんに登録にとどまるだけなく，市が仲介に入ることによって，身寄りのいない単身の当事者と生活支援系のNPOなどとの間をつなぐこともできる．地域コミュニティの強化にもつながりうるのである[27]．この登録制度は，既存の空き家対策が事後的対応であるなら，事前対応のしくみであろう．空き家対策としては直接的なものではないが，一考に値する事業と考える．

以上，空き家問題におけるNPOと行政の関係，それぞれの役割を考察した．まとめるならば，行政がこの問題に取り組む場合，空き家の利活用とい

う観点からは事前対応の施策と従来型 NPO の活躍が期待される事業への支援の充実が求められる．一方，NPO が空き家問題とかかわる場合，ソーシャルビジネス型の事業は限界があるため，むしろコミュニティや何らかの問題を抱えた当事者のための拠点づくりといった，NPO が従来から得意としてきた取り組みこそ貢献できると考える．高崎市における行政と NPO の取り組みは，その方向性を明らかにしたものであったと言える．

注
1) たとえば，山本幸子・中園眞人「地方自治体の空き家改修助成制度を導入した定住支援システムの運用形態」『日本建築学会計画系論文集』第 78 巻第 687 号，2013 年，1111-1118 頁，がある．また，空家特別措置法施行後に状況については，岩崎忠「空家特別措置法施行後の自治体の空き家対策」『地域政策研究』（高崎経済大学地域政策学会）第 19 巻第 2 号，2016 年，11-33 頁が詳しい．
2) 本章では，先行研究の成果を踏まえたうえで，主として地域コミュニティで活動している非営利団体へのインタビュー調査から得られた情報をもとに検証を行う．調査対象の団体の所在地は，群馬県高崎市である．団体の活動内容，自治体の空き家対策の助成事業の活用方法などについて，それぞれ情報を得た．なお，倫理的配慮として，調査団体に研究の意義，目的，結果の公表などについて事前に説明し，同意を得た．
3) 総務省統計局「平成 25 年度住宅・土地統計調査」2013 年，より．
4) 国土交通省「『全国版空き家・空き地バンク』の仕様並びに参画方法等について」（資料）2017 年，より．
5) 公募で選定されたのは，株式会社 LIFULL および株式会社アットホームの 2 社である．このシステムの簡単な説明については，齋藤哲郎「空き家バンクの目的・現状・課題」（リサーチ・メモ）一般財団法人土地総合研究所，2018 年，がある．また，株式会社アットホームの HP も参照（https://www.akiya-athome.jp/contents/index/?page=about 2019 年 1 月 18 日確認）．
6) 福祉医療機構「空き家を活用した低所得高齢者住宅の試み」『WAM』2014 年 6 月号，2014 年，6 頁．
7) ふるさとの会・支援付き住宅推進会議共催シンポジウム 2017 資料「単身，困窮，障害のある人が暮らせる「支援付き地域」〜認知症になっても，地域で孤立せず，最後まで〜」より（2017 年 12 月 16 日，主催：特定非営利法人自立支援センターふるさとの会，共催：支援付き住宅推進会議）．
8) 葛西リサ『母子世帯の居住貧困』日本経済評論社，2017 年，v -vii 頁．
9) 同上，160 頁．

10) 同上，161 頁．
11) 2018 年 1 月 25 日に「秋山立花」の事務所にて秋山氏にインタビューを行った．また，同事務所のホームページ（https://akiyamatachibana.com/，2019 年 1 月 19 日確認），および一般社団法人「ペアレンティングホーム」のホームページ（http://parentinghome.net/，2019 年 1 月 19 日確認）も参照した．
12) 葛西，前掲書，178-180 頁．
13) 経済産業省「ソーシャルビジネス研究会報告書」，2008 年．
14) 八木橋慶一「イギリスにおける社会的企業の形成史に関する研究—「ボランタリー・アクション」を中心として—」（関西学院大学博士論文，2018 年，未刊行）．また，政府主導で社会的企業振興策を推進してきたイギリスでは，当初から社会的企業となりうる組織として，非営利組織のチャリティやボランタリー団体，営利を目的としない組織である協同組合・共済を念頭に置いていた．Strategy Unit, *Private Action, Public Benefit: A Review of Charities and the Wider Not-For-Profit Sector*, Cabinet Office, 2002.
15) たとえば，イギリスの場合，非営利団体であるチャリティが，収益事業を行う際に事業部門を保証有限責任会社として独立させてきた．この会社自体はイギリスの会社法で扱われる営利企業に相当するが，当然グループ全体は NPO である．実際，2000 年代のイギリス政府は，この事業組織を社会的企業の一タイプとして扱っていた．たとえば，内閣府「英国の青少年育成施策の推進体制等に関する調査報告書」，2009 年，153-154 頁．また，公益法人協会編『英国チャリティ——その変容と日本への示唆』弘文堂，2015 年，および八木橋，前掲論文も参照のこと．
16) 秋山氏へのインタビューから．
17) 高崎市「広報高崎」第 1468 号（2018 年 6 月 15 日号），4 頁．
18) 2018 年 2 月 13 日に倉賀野上 3 区コミュニティセンターにて同館長の宮井悠紀夫氏にインタビューを行った．
19) 2018 年 2 月 1 日に上中居町第 1 町内会集会所にて同区長の牧田忠久氏にインタビューを行った．
20) 2018 年 2 月 9 日に同団体事務所にて事務局の片桐順子氏にインタビューを行った．
21) 2018 年 2 月 15 日に同団体事務所にて浅香千恵代表にインタビューを行った．
22) たとえば，地域サロン改修助成金は，平成 29 年度までで合計 24 件，地域サロン家賃助成金は 33 件の申請があった．高崎市「広報高崎」第 1468 号（2018 年 6 月 15 日号），3 頁．
23) 同団体の活動については，高崎経済大学地域科学研究所主催の「あすなろ市民ゼミ」で筆者が担当した「ソーシャルビジネスを考える」（2018 年 12 月 18 日開催，於 cafe あすなろ）にて，参加者の髙津三枝子代表から説明を受けた．
24) たとえば，朝日新聞 2012 年 10 月 21 日朝刊（横浜 1 地方）「（ルポかながわ）終活，最期も私らしく」のキーワードの項を参照されたい．

25) 横須賀市「わたしの終活登録」の頁より（https://www.city.yokosuka.kanagawa.jp/3040/syuukatusien/syuukatutouroku.html 2019 年 1 月 28 日確認）.
26) 2018 年 3 月 5 日横須賀市福祉部次長の北見万幸氏にインタビューを行った際に，これらの点について示唆を受けた．
27) 同上．

第9章
人が集まる場所としての空き家の利活用
―担い手のモチベーションと地域間の人材をめぐる競争―

若 林 隆 久

はじめに

　総務省統計局の住宅・土地統計調査によれば，空き家数および空き家率は年々上昇を続けている．高齢化・人口減少の下で今後も増加が見込まれる空き家の問題に，どのように対処していくかが社会的な課題となっている[1]．
　ひとつの方法は，空き家の解体である．誰にも使用・管理をされておらず，場合によっては周囲の安全，治安，衛生，景観などを損なっている場合には，その空き家に資産としての価値はほとんど認められず，解体が最善の方法となりうる．
　もうひとつの方法として，空き家の利活用がある．空き家の資産としての価値を認めて，何らかの用途での利活用を目指すという方法である．現状では使用されていない不動産であるため，空き家を利活用するにあたっては困難も伴う．しかし，その資産としての価値を積極的に認めてまちづくりに活かしていこうとする動きも存在する[2]．
　本章では，後者の中でも，人が集まる場所としての空き家の利活用に着目する．ここで，人が集まる場所とは，具体的にはコミュニティスペース，コワーキングスペース，シェアオフィス，コリビングスペース，ゲストハウスなどに代表されるような，不特定の人間が利用でき，かつ，利用者間である程度の交流が生じうることが想定されている場所である．人が集まる場所としての利活用に着目するのは，地域の活性化に結びつくと同時に，さらなる

空き家の利活用や地域活性化の担い手を生み出す起点となりうるからである．このような利点に着目してか，空き家を人が集まる場所として利活用しようとする取り組みは多く存在するものの，その成立・維持に難渋している事例も少なくない．

そこで，本章では，人が集まる場所としての空き家の利活用事例を対象として，いかにして成立・維持しているかの経緯や仕組みについて調査した．様々な困難が伴い，経済的な見返りも見込めないという空き家の利活用においては，自分がやりたいことに内発的に強く動機づけられた担い手の存在が重要な役割を果たすことが明らかになった．担い手にとって空き家はあくまでも自分がやりたいことを実現するための手段でしかない．すなわち，空き家対策を進めたい地域や自治体とは立場が異なっている．地域や自治体にとっては，この点を踏まえつつ，外部からの獲得や内部での発掘・育成を通じて，担い手となりうる人材をいかにして確保するかが課題となる．

本章の構成は以下の通りである．第1節では，空き家問題を概括し，どのような視座で問題にアプローチするかについて述べる．第2節ではなぜ人が集まる場所としての空き家の利活用に着目するのかを論じる．第3節では，問題意識と調査の対象・概要について説明する．第4節では，調査に基づいて各事例を紹介する．第5節では，事例調査から明らかになった空き家の利活用の担い手の姿について整理する．最後に，第6節では，地域や自治体による空き家対策への含意を提示する．

1. 空き家問題

(1) 概要

総務省統計局の住宅・土地統計調査によれば，平成25年時点で総住宅数約6,063万戸の13.5%にあたる約820万戸が空き家となっている．空き家数および空き家率は年々上昇を続けており，今後も上昇していくことが見込まれる．

空き家が増加している原因としては，様々な要因が指摘されている．そもそも，総住宅数約6,063万戸は総世帯数5,245万世帯を上回っている．この傾向は50年以上にわたって続いているが，建築・住宅・不動産の業界において，消費者，供給者，政策がそれぞれの利得・思惑で新築を重視した結果，いまだに住宅数は増加している．固定資産税や相続税といった税制や建築基準法などの法律に関わる理由から，既にある住宅の解体が進まないことも住宅数（および空き家数）の増加の一因である．一方で，世帯数は，現在は増加しているが，人口減少の下で減少に転じることが見込まれている．このような需要と供給の不均衡に加えて，所有者の高齢化に伴う転居や死亡が空き家の発生要因となっている．

所有者がその建物を使用しなくなったとしても，所有者以外が利活用したり，誰も使用せずとも適切な管理が行われたりすれば，大きな問題は生じづらい．しかし，相対的に未成熟な中古不動産市場に加えて，土地・建物の整理・改修の手間，土地・建物に対する思い入れ，所有者の高齢化に伴う判断力の低下，相続に伴う権利関係の複雑化，借家人の権利の強さ，耐震強度や用途に関する法律上の制約，などが原因となって，所有者以外の利活用が進みづらくなっている．管理に関しても，遠方からの管理が困難であったり，使用していない空き家の管理を行う動機が見出しづらかったりすることで，適切な管理が行われづらくなっている．空き家管理を代行するビジネスも存在しているが[3]，十分に普及しているとは言いがたい．

(2) 対策・予防としての価値の発見・向上

上述のように，空き家問題は様々な要因が絡み合って発生している複合的な問題であるが，その最大の要因としては空き家となる土地・建物の資産としての価値が見出しづらいという点が指摘できる．あてはまらない事例も多く存在することは踏まえつつも，仮に価値が高ければ，多少の費用，手間，時間をかけても，所有者あるいはそれ以外による利活用が進むはずと言える．すなわち，価値を見出したり高めたりできれば，空き家対策が進んだり，空

き家の発生を予防したりできる．

　そもそも価値が見出せないから空き家になってしまいやすいのであり，価値を高めることが空き家の対策・予防になるという主張には無理があるように思えるが，①利活用の用途や主体による価値の相違，②利活用に伴う費用の低減，③外部性[4]の存在，を踏まえると，空き家の利活用を促すためのヒントが得られる．

　第一に，利活用の用途や主体によって資産の価値は異なりうるため，用途や主体の開発によって資産の価値を高めうる．価値が見出せないというのは，あくまでも従来の用途や一般的な利活用者においてである．従来通りではない用途開発ができれば価値は異なってくるし，あるいは，同じ用途であっても利活用者によってその価値は異なる．どの程度の手間や時間をかけてもよいかまでをも含む，空き家の利活用に対する広義の支払意思額（WTP：Willingness To Pay）は用途や主体によって異なるため，用途や主体を開発することで空き家の価値を高めうる．

　第二に，利活用から得られる価値を高めるのではなく，利活用に伴う費用を低減することでも，空き家の利活用を促せる．特に所有者以外が空き家を利活用する際には，次項で述べるような様々な費用，手間，時間がかかる．これらを低減できれば，結果として空き家の利活用における価値も上昇する．

　第三に，不動産の価値には外部性が存在しているため[5]，周辺の地域が活性化すれば空き家の価値も上昇する．人の往来がない場所では商店は成り立たないし，あまりにも寂れた場所は住む場所としても好まれづらい．一方で，活性化して賑わいがある場所に立地していれば，住宅，商店，人が集まる場所として利活用されやすくなる．すなわち，周辺地域の活性化によって空き家の価値を高められる．

　本章では，これらの点を踏まえて，価値の発見・向上を通じて空き家の利活用を促すという視座で空き家問題にアプローチする．

(3) 空き家を利活用する際のメリットとデメリット

　ここで，利活用する主体の立場から見た，空き家を利活用する際のメリットとデメリットを整理しておく．

　先にデメリットに言及すると，既に述べたように空き家を利活用する際には様々な費用，手間，時間がかかる．具体的には，一般の不動産市場では扱われていないため物件を見出すこと自体が困難である，市場に出ていない物件であるので（時には思い入れを持った）所有者を説得・交渉しなければならない，所有者が不明である場合はまず所有者を見つけなければならない，素人では土地や建物の状態について判断ができない，利活用できるようにするために改修が必要である，というように，様々な場面で一般の不動産市場で取り扱われる物件では生じないような費用，手間，時間を負担しなければならない．

　一方，空き家を利活用する最大のメリットは金銭的な費用の安さである．空き家は現状では価値が見出されず使用されていないため，賃貸するにせよ購入するにせよ，その費用は安く抑えられやすい．本章の事例調査においても，空き家を利活用する理由としては費用の安さが挙げられることが多く，そうでなければ手間のかからない一般の不動産を用いるという旨の発言もみられた．

　第二のメリットとしては，土地・建物そのものが気に入ったということが挙げられる．よく取り上げられるのは，趣のある空き家の雰囲気を好んで利活用するという事例である．本章の事例調査でも，特に空き家の仲介者にとっては空き家に対する思い入れが動機づけとなっていた．しかし，空き家の利活用者にとって空き家を利活用する理由は上述の通り金銭的な費用の安さであることが多く，空き家はあくまでやりたいことを実現するための手段でしかなかった．また，空き家全体を想定した場合には，趣のある空き家の割合は少ないと考えられる．

　第三のメリットとしては，立地をはじめとしたそれ以外の条件がよいことも考えられる．不動産にはまったく同じものは存在しないので，空き家にお

いても立地をはじめとした土地・建物に関する条件は様々である．利活用する主体のニーズと合致することがメリットとなりうる．例えば，本章で取り上げる0号館やたむろ荘の事例では，大学の近くという立地が利活用者の目的に合致している．また，なかには一般的な意味で好立地の空き家が立地以外の要因によって利活用されずに放置されていることもある．ただし，ここまでの議論を踏まえると，一般的な意味で好条件の土地・建物であるほど，空き家として使用されずに残っている可能性は低い．

2. 人が集まる場所としての空き家の利活用

(1) なぜ「人が集まる場所」に着目するか[6]

　本章では空き家の利活用の用途として人が集まる場所に着目する．ここで，人が集まる場所とは，具体的にはコミュニティスペース，コワーキングスペース，シェアオフィス，コリビングスペース，ゲストハウスなどに代表されるような，不特定の人間が利用でき，かつ，利用者間である程度の交流が生じることが想定されている場所である．このような人が集まる場所に着目するのは，以下の2つの理由からである．

　第一に，不特定の人間が利用し交流できるような場所が生まれることで，その地域の活性化を図れるからである．既に本書の各章でも指摘されているように，空き家問題はひとつひとつの空き家へどのように対処するのかという観点だけでは解決できない．外部性の存在があるため，今後空き家を発生させない，あるいは，既に発生してしまった空き家の利活用を促すためには，その地域に人が集まり活性化している必要がある．個々の空き家への対策という視点だけではなく，まちづくりや都市計画といったより大きな観点から対策を考える必要がある．

　第二に，さらなる空き家の利活用や地域の活性化の担い手を引き寄せたり生み出したりする起点となりうるからである．本章でも見ていくように，空き家の利活用を進めていくためには，その担い手となる人材が重要となる．

そのような人材を確保するためには，まずはその地域に人が集まらなくてはいけない．

しかし，単に人が集まっているだけでは十分ではなく，集まる人の質や関わり方が重要となる．というのも，求められているのは，空き家の利活用に伴う様々な困難を乗り越えられる人材であり，より地域の活性化に資するような利活用を行いうる人材だからである．単にその地域に住んでいる人やその地域にあるお店に消費者として訪れる人ではなく，地域の活動へより深く関わり積極的に何かしらの活動を担いうる人材である．

このような人材を引き寄せたり生み出したりするために，人が集まる場所が重要となってくる．人が集まる場所やそこで行われる活動に集まってくる人々は，それらに興味関心を持って自発的に集まってきた何らかの意欲がある人たちであり，彼ら同士の関わり合いも生まれる．結果として，集まった人々が上記のような人材であったりそうなったりする可能性が高い．このような観点から，単純に住宅やお店が増えるだけではなく，人が集まる場所ができることが重要であると考えられる．

(2) 人が集まる場所としての空き家を利活用する難しさ

しかし，空き家を人が集まる場所として立ち上げ維持していくことは容易ではない．既に述べたように，資産としての価値が見出しづらいために空き家は使用されなくなっている．言い換えれば，資産としての価値が高ければ，空き家とはなりづらいのである．具体的には，人の往来があったり，交通の便が良かったりする場合には，資産としての価値が高く，何らかの用途に使われている可能性が高い．これらの条件は，人が集まる場所という用途にとっても重要な要素である．そのため，多くの場合に不利な条件にある空き家を，人が集まる場所として立ち上げ維持していくことには困難が伴う．実際，空き家を人が集まる場所として利活用しようとする取り組みは多く存在するものの，その成立・維持に難渋している事例も少なくない．いかにして人が集まる場所が成立・維持しているかの経緯や仕組みを明らかにする必要があ

る．

3. 問題意識と調査

どのような問題意識で，どのような空き家や事例を対象として，どのような調査を行ったかについて述べる．

(1) 問題意識と対象

本章の問題意識は，様々な困難が伴う空き家の利活用において，いかにして人が集まる場所が成立・維持しうるかということにある．そこで，既に成立・維持している人が集まる場所の事例調査を行い，利活用に至るまでの経緯や仕組みを明らかにする．価値の発見・向上を通じて空き家の利活用を促すという立場を取るため，そのようなことが可能であるという意味で，対象とした空き家・事例には下記のような特徴がある．

第一に，利活用するにあたって大きな問題のある空き家は対象としていない．例えば，腐朽・破損が著しく実質的に利活用が不可能な空き家は対象としない．また，必ずしも空き家問題でよく取り上げられるような放置されている期間が長い空き家だけを対象としているわけではない．長く空き家として放置されており，空き家やその持ち主を探し出して交渉する，空き家を利活用できるように改修する，といったことが必要であった事例は，取り上げた事例の半分強であった．

第二に，主に地方都市に位置する事例を対象としている．価値の発見・向上を通じて人が集まる場所としての空き家の利活用を促すという目的に鑑みて，もともと利用者が多数存在しうる東京や大阪のような大都市の事例や，そもそも周辺に利用者がほとんど存在しないような過疎地の事例は対象としていない．

(2) 調査事例

具体的には表9-1にある10の事例を調査した．事例のほとんどは県庁所在地かそれに準ずる都市の主要駅の近辺に位置している．運営主体は，個人であったり，少人数からなる法人や組合であったりすることが多い．一軒家の空き家を所有または賃貸している場合もあれば，ビルの空き区画を賃貸している場合もある．運営開始から間もない事例も多く，収益性という観点から事業として大きく成功している事例はほとんどない[7)8)]．

表9-1 調査事例一覧

事例名	所在地	立地	運営主体	運営開始
本町しもたや	群馬県高崎市	高崎駅から車で10分	株式会社まちごとや	2018年2月
0号館	群馬県高崎市	高崎駅から車で20分	一般社団法人0号館	2015年4月
たむろ荘	群馬県佐波郡玉村町	高崎駅から車で30分	個人	2017年5月
コワーキングプレイスArukoko	岩手県盛岡市	盛岡駅から車で10分	株式会社祥薫Company	2016年12月
コワーキングスペースもりおか	岩手県盛岡市	盛岡駅から徒歩5分	個人	2014年5月＊
torinoco／権堂パブリックスペースOPEN	長野県長野市	長野駅から徒歩20分	清泉女学院大学／OPEN有限責任事業組合	2012年6月
CREEKS COWORKING	長野県長野市	長野駅から徒歩15分	株式会社CREEKS	2014年10月
nokutica	神奈川県川崎市	溝の口駅から徒歩5分	株式会社エヌアセット／のくちのたね株式会社	2017年12月
コリビングスペースOUCHI	高知県高知市	高知駅から徒歩5分	OUCHI合同会社	2017年9月
0→1高知Booster	高知県高知市	高知駅から電車で15分	株式会社01高知ブースター	2013年11月

注：事例の順番は，第4節における事例紹介の順番と同様であり，調査の実施時期，所在地，本章の構成を考慮して決められている．
＊ 現在の場所での運営開始は2016年12月から．

(3) 調査概要

2018年5月から12月にかけて，各事例の代表者，設立者，運営者やそれに準ずる人を対象として半構造化インタビューを実施した．ほとんどの場合でその事例を訪問してインタビューを実施し，そうでない場合もインタビュー以外の機会に訪問している．ひとつの事例につき，1〜4回のインタビューを実施している．非公式なインタビューも含まれるが，1つの事例につき1回は公式なインタビューを実施している．1回のインタビューの時間は最低でも1時間であり，長い場合には3時間以上に及んだ．また，インタビューの事前および事後に新聞・雑誌の記事やWeb上の情報などで補完を行っている．

インタビューでは，事例の沿革，立ち上げの動機と経緯，運営や取り組み，立地，ターゲットとしている利用者と実際の利用者，利用者間の交流を生み出すための工夫，といった内容を中心に質問した．事前に質問項目として設定していたわけではないが，すべての事例において，まちづくりや地域に関する内容を聞くことができた．

4. 事例

(1) 本町しもとや（群馬県高崎市）[9]

本町しもとや[10] は，群馬県高崎市本町に位置する会員制のシェアリビングである．株式会社まちごと屋（以下，まちごと屋）[11] が所有・運営しており，2018年2月から運営を開始している．もとは調剤薬局であった2階建ての建物を改修している．1階にはテナントとして伊東屋珈琲が入っており，飲食や打ち合わせ用のスペースとして使える和室がある．2階が会員制のソーシャルリビングとなっており，「大人のシェアリビング」として自分の時間を愉しめる場所となっている．

まちごと屋は，2013年6月に設立された高崎市の中心市街地の空き家や空きスペースの貸借ができるサービスを提供する会社である．このような事

業を行うきっかけとなったのは，代表取締役の大澤博史氏が運営に携わっているジョウモウ大学[12]の活動拠点として空き家の利活用を行ったことである[13]．市街地に多数の空き家があることは知っていたため，似たような空き家の利活用を事業にできるのではないかと考え，ジョウモウ大学の運営に携わる数名で2012年に活動を開始した．県からの補助金も得て中心市街地の空き家調査を行い，空き家の紹介をするまちごと屋のサイトを立ち上げた．

　まちごと屋では，単に空き家の紹介をするだけではなく，「さまざまな理由でこれまで市場に出回っていなかったたてものやスペースの，課題を解決するお手伝いをしながら，『借りたい』と『貸したい』を結びつけるのが特徴」[14]である．まちごと屋は不動産業の登録をしておらず，あくまで空き家の紹介やマッチングを行うだけである[15]．不動産業のように多数の物件を取り扱って手数料で収益を得ることだけを目指さず，不動産市場に出ずに休眠していた物件を取り扱い，古い町並みを残すということを目指している．そのため，手間や時間もかかり，事業として収益は上がりづらい．

　他の物件とは異なり，本町しもたやはまちごと屋が所有・運営している．空き家の所有者が空き家の整理をして処分を考えていたところに知り合い，町屋造りの雰囲気を気に入った大澤氏が利活用をしてくれる人を探す手伝いを申し出た．しかし，建物を含めて利活用をしてくれる人が見つからなかったため，まちごと屋が買い取ることにした．利活用の方法について話し合った結果，これまで大澤氏たちが取り組んできた人のつながりを生み出す場所ではなく，リラックスして過ごせるような会員制のリビングにすることになった．1階には高崎への出店を考えていた桐生市の伊東屋珈琲にテナントに入ってもらった．

　まちごと屋では，本町しもたやが位置する本町通りを重点的に取り扱い，地域全体の価値を高めていこうと考えている．そのため，その地域にはない新しいことや面白いことをしてくれる人に空き家を利活用してもらうように意識的に働きかけている．そういった人たちは，空き家の利活用に伴う様々な困難を解決する能力を持っている．物件の開拓は相対的には難しくないた

め，そこで活動してくれる人を見つけることが目下の課題となっている．面白い活動をしてくれる人が増えることで，その地域で活動をしたいという人が集まってくることを期待している．

(2) 0号館（群馬県高崎市）[16]

　0号館[17]は，群馬県高崎市下小塙町に位置するコミュニティスペースである．三橋純香氏らが，高崎経済大学在学中に，クラウドファンディング[18]や高崎市地域サロン改修助成金を活用して立ち上げた2階建ての建物である．2014年4月にサークル「0号館プロジェクト」を発足し，2015年4月から運営を開始している．2016年3月には一般社団法人0号館（代表理事・三橋純香氏）を設立し，学生主体の運営を継続しつつも[19]，立ち上げ時のメンバーも現在に至るまで0号館の活動に携わっている．

　0号館を立ち上げるに至ったきっかけは，群馬県外から高崎経済大学に進学した三橋氏が，大学生の生活が自宅と大学とアルバイト先の往復になってしまい，大学外の大人たちと触れ合う機会に乏しいことに問題意識を持ったことである．大学と高崎駅や中心市街地も離れており，様々な人や物と出会う機会が限られていた．そこで，大学から徒歩100歩という身近な場所で，ふらっと立ち寄れるようなコミュニティスペースを作りたいと考え，賛同してくれる学生とともに，「よりみち校舎」をコンセプトとした0号館を立ち上げる活動を開始した．

　不動産会社をあたっても適当な物件は見つけられず，大学周辺の空き家を利活用することにした．大学の向かいに位置する空き家の所有者に趣旨を説明したところ，協力してもらえることになった．一緒に活動してくれる大学生を募りつつ，FacebookやTwitterなどのSNSも利用して情報発信を行い，様々な人に手伝ってもらいながら改修作業を行った．クラウドファンディングや高崎市地域サロン改修助成金も活用し，2015年4月から運営を開始することになった．

　運営開始時から，コミュニティカフェ，レンタルスペース，イベントの企

画・開催，などの事業を行っている．夏祭りやマルシェなど地域における活動を継続する中で，大学生だけではなく地域住民による利用も増えてきている．立ち上げ時のメンバーが卒業していく中で，2016年3月に一般社団法人0号館を設立し，継続的に運営を続けていく体制を整えた．学生主体の運営を継続しつつも，一般社団法人の理事会のメンバーも管理・運営に携わっている．

三橋氏は，都市部ではなく地方で活動を行うメリットとして，注目を浴びやすくコミュニティが作りやすいという点を挙げている．一方で，どのようにコミュニティスペースのオープン性とコミュニティ性のバランスをとるかや，立ち上げの時期が過ぎた後に活動をどのように継続・充実していくかが今後の課題となっている．

(3) たむろ荘（群馬県佐波郡玉村町）[20]

たむろ荘[21]は，群馬県佐波郡玉村町下新田に位置するシェアハウス兼オープンスペースである．本田美咲氏と秋山恵璃氏が，群馬県立女子大学在学中に，クラウドファンディング[22]を活用して立ち上げ居住・運営している2階建ての建物である．2016年3月に土地・建物を取得し，1年以上にわたる改修作業を経て，2017年5月から居住・運営を開始している．2018年6月より1階部分でカフェを営業している．

本田氏と秋山氏がたむろ荘の立ち上げに至ったきっかけは，住む場所と集まる場所に関する問題意識であった．群馬県外から群馬県立女子大学に進学した2人は一人暮らしを始めたが，一人暮らしが大変であることと家具や家電などを各自が所有せずにシェアすればよいのではないかという問題意識から共同生活を企画し始めた．一方で，大学生の生活が自宅と大学とアルバイト先の往復になってしまっており，お金をかけずに自由にたむろができるような場所がなくなっていることにも問題意識を持っていた．そこで，共同生活とたむろすることを目的としたシェアハウス兼オープンスペースを立ち上げることにした．

安く借りられる物件を探し始めてみたものの，不動産会社や空き家バンクでは適当な物件を見つけられず，自分たちの手で情報を募りながら空き家探しをすることになった．現在のたむろ荘の物件は，知人から寄せられた情報をもとに，法務局で所有者を調べて直接交渉を行い，クラウドファンディングで集めた資金も利用して土地・建物を30万円で購入したものである．建物の改修作業も，業者への依頼が必要な部分以外は，すべて自分たちで行った．その際，FacebookやTwitterなどのSNSも利用して情報発信を行い，様々な人に改修作業を手伝ってもらったり，材料を提供してもらったりした．1年以上の期間をかけて改修作業を行い，2017年5月に完成現場見学会というプレオープニングイベントを実施した．完成後の1年間ほどは，2人以外の群馬県立女子大学の学生も居住するシェアハウスとして主に運営した．2018年6月からは，イベントを開催したり，1階部分でのカフェ営業を開始したりしている．

　たむろ荘では，理念として「金持ちに頼らない生活を模索し，消費ではない地域面白化と片田舎文化圏の形成を目指」すことが掲げられている[23]．人口が多くない地域で活動することによって，訪れる人の密度が濃くなり，交流を通じて文化が生まれるのではないかと考えている．一方で，地域に他にもいくつかの拠点があれば，拠点間で往来や交流が生まれるため，適当な物件があれば利活用して新たな拠点を生み出したいとも考えている．空き家問題への注目は高まっている一方で対策は進んでいないという現実があり，自治体の動きを待たずに自分たちのやる気や想いを優先して様々な活動に取り組んでいる．

　たむろ荘では地域活性化には関心がある一方で，まちづくりという言葉は使わないようにしている．まちづくりのためのまちづくりとなってしまっており，誰のための場所であるかということが考えられていないことが多いからである．抽象的な言葉であるまちづくりや地域活性化を目的とするのではなく，そこに住みながらコミュニティを新しく作り直すことが地域活性化につながると考えている．そのため，たむろ荘では，どのような意図で人が来

てもいいようにオープンに運営しており，人との交流による摩擦を受け入れるように意識している．

(4) コワーキングプレイス Arukoko（岩手県盛岡市）[24]

コワーキングプレイス Arukoko（以下，Arukoko）[25]は，岩手県盛岡市中ノ橋通に位置するコワーキングスペースである．株式会社祥薫 company[26]が 2016 年 12 月からビルの 2 階の 1 フロアを使って運営している．株式会社祥薫 company は「心をリノベーションしてまちづくりをする会社」であり，代表取締役である小堀薫子氏は，産業カウンセラーおよびキャリアコンサルタントを本業としながら，リノベーションを通じたまちづくりに携わっている．様々な自治体と協働して「あたしのリノベーション®」や「女子限定！リノベプロジェクト®」といった，女性が輝けるまちをつくる活動を実施し，その活動は国土交通省民間まちづくり活動促進・普及啓発事業（第 2 次募集）にも採択されている．

小堀氏が Arukoko の運営に至ったきっかけは，百貨店の再生に携わったことにある．資金が十分にないため，建物ではなく従業員の気持ちを変えた．その結果，老舗百貨店の再生に成功した．この取り組みが地域のメディアに取り上げられているのを見て，Arukoko の入居しているビルの所有者が，長年空き家であったフロアの利活用を小堀氏に依頼した．

しかし，小堀氏はこの依頼にすぐには応じず，所有者が自分事としてどうまちに関わっていくのか，何のために何をすべきかを所有者自身に問いかけることから始めた．その中から，自分を表現する場がない，人の交わりがなくイノベーションが生まれないといった地域の課題を解決し，一人ひとりの「キャリアを磨く」場として，コワーキングスペースを作ることになった．

Akukoko は人のつながりを生み出し，利用者が新しい自分の可能性と出会えるような場所を目指しており，新しいビジネスが生まれることを通じて地域の活性化に貢献することを狙いとしている．小堀氏の本業がキャリアコンサルタントであることを活かして，利用者のキャリアに関する支援を行え

る点に Akukoko の特色がある．また，まちづくりに対して意欲や関心がある人たちが，様々な形で手伝ってくれている．小堀氏は，まちづくりをするためには，建物などの施設だけではなく，人の心も変えていかなければならないという．

　実際に，いまだ当該地域では自分事としてまちを捉えている人は少なく，Arukoko の利用者がそれほどには伸びない．小堀氏は，土地を持っていて豊かに暮らせている人が多いことや，成功恐怖を感じて一歩を踏み出せない人が多いことが，その原因であるかもしれないと考えている．

(5) コワーキングスペースもりおか（岩手県盛岡市）

　コワーキングスペースもりおか[27]は，岩手県盛岡市大沢川原に位置するコワーキングスペースである．2014 年 5 月から川村和之氏が個人で運営しており，三度の移転を経て，2016 年 12 月から現在の場所でビルの 1 階の 1 フロアを使って「盛岡発，働きたくても働けない人たちの駆け込み寺となるコワーキングスペース」を目指して運営がなされている．

　川村氏がコワーキングスペースを運営しようと思ったきっかけは，2011 年 10 月に東京のコワーキングスペースを訪問したことである．利用者がいきいきとした顔で仕事をしていたことや利用者間のコミュニケーションの様子を見て，コワーキングスペースの考え方に強く共感した．もともと自分が住んでいる地域に貢献したいという想いを持っていたこともあり，自分でコワーキングスペースを運営することにした．困難も多く一度諦めそうになったものの，協力を申し出てくれた人の会社のオフィスを間借りする形で 2014 年 5 月から運営を開始することができた．その後，改修前の岩手教育会館やコワーキングスペースもりおかの利用者が入居していたシェアオフィスへと場所を移して運営を続けていたが，十分な収益が上がらず 2015 年 8 月から休業に入ることとなった．それ以外の収入源を確保した上で，2016 年 12 月から現在の場所で運営を再開している．

　コワーキングスペースもりおかでは，コワーキングスペースの原点とされ

る多様な人が場所を共有しながら別々の仕事を行うイベントであるJelly[28]を定期的に開催するとともに，コワーキングスペース同士の交流や，コミュニティマネージャー制度やコミュニティミキサー制度といった取り組みを提案・実施している．また，安心して訪れてもらえ，仕事が捗り成果が出るような場所となるように心がけている．

物件によって立地が異なるため，適した用途も異なっている．物件によってどのような人に，どのように来てもらい，どのように利用してもらうかを考えなくてはいけない．川村氏は，コワーキングスペースには駅近くの立地が適していると考えている．盛岡やその近辺にはコワーキングスペースを利用する人はあまりいないのではないかという仮説から出発して，東京その他からの出張者が利用しやすいように駅の近辺で運営するようにしている．まずは地域外の利用者を増やして地域内の人と結びつくようにし，徐々に地域内の利用者も増やしていきたいと考えている．実際に，以前は利用者の8割が地域外からの出張者であったが，現在では利用者の半分近くが盛岡近郊から訪れている．川村氏は，多様な利用者間の交流から，新しい仕事が生まれてくるのではないかと期待している．

(6) torinoco／権堂パブリックスペースOPEN（長野県長野市）[29]

torinoco[30]は，長野県長野市権堂町に位置するシェアオフィス兼イベントスペースである．権堂パブリックスペースOPEN[31]内の屋敷の2階で2012年6月から運営を開始している．清泉女学院大学の街中キャンパス「権堂分校」でもあり，同大学の人間学部の講師である山貝征典先生が運営にあたっている．

torinocoおよび権堂パブリックスペースOPENを運営するようになったきっかけは，2011年春頃に清泉女学院大学人間学部で立ち上がった，街中にサテライトキャンパスを構えたいという企画であった．赴任したばかりの山貝先生がその担当者となり物件を探していたが，適当な物件が見つからなかった．物件探しの最中に不動産会社である株式会社MYROOM[32]の倉石

智典氏から，同じように物件を探している人たちを集めて，後に権堂パブリックスペース OPEN となる物件を共同で運営してみないかという提案がなされた．この物件は，もとは呉服問屋であり，ひとつの屋敷および納屋と二つの蔵がある．敷地が広く建物も複数あるため個人での利活用は難しい物件であったが，11 事業者[33]で有限責任事業組合（LLP）を設立して共同で改修し運営することになった．有限責任事業組合が所有者から建物群および敷地の全体を賃貸し，全体を管理する有限責任事業組合からテナントとなるそれぞれの事業者がさらに賃貸をして賃料を支払うという仕組みである[34]．2011 年 12 月に有限責任事業組合 OPEN が設立され，2012 年 6 月から権堂パブリックスペース OPEN が全面開業している．

torinoco は，当初はドロップイン利用も可能なコワーキングスペースとして運営していたが，現在は会員制のシェアオフィスとなっており，デザイナーやライターといった個人事業主による利用と企業のサテライトオフィスとしての利用が主である．また，イベントスペースとしても利用できる．さらに，清泉女学院大学の街中キャンパスとして，講義を実施したり市街地でのフィールドワークの拠点としたりする他，様々な会議やイベントを実施する場所として活用している．学生と社会人の両方が利用しているため，その間でも交流が生まれている．

山貝先生は「まちづくらない」という言葉を用いている[35]．結果としてまちづくりに貢献することはあっても，まちづくり自体を目的としないということである．それぞれの事業者が，やりたいことや面白いと思うことに取り組むことが目的である．行政主導の抽象的で漠然とした会議には意義が見出せず，具体的な目的や活動が重要であると考えている．そうしたこともあってか，有限責任事業組合 OPEN では公的な補助金や助成金を利用しないという方針で運営がなされている．コンセプトのぶれない，自由度が高く迅速かつ持続可能な運営を目指している．

(7) CREEKS COWORKING（長野県長野市）[36]

CREEKS COWORKING[37] は，長野県長野市西後町町並に位置するコワーキングスペースである．株式会社CREEKSが2014年10月からビルの2階の1フロアを使って運営している．また，2015年からは同じビルの1階の半分を使ってtsunagnoというコミュニティカフェを運営している．株式会社CREEKSでは，「地域から社会を変えよう．行動する人の集まる港，CREEKS」というコピーを掲げている．

株式会社CREEKSの取締役である広瀬毅氏は，広瀬毅建築設計室[38]を主宰する一級建築士であり，1986年から長野市で活動している．現在CREEKS COWORKINGおよび株式会社CREEKSが入居しているビルであるリプロ表参道は，空きビルとなっていたところを現在の所有者が2003年に購入したものである．その時に，広瀬氏は空きビルとなっていたリプロ表参道をどのように利活用するかということに関わった．それをきっかけに，その後も善光寺門前の空き家の利活用やリノベーションに関わっていくことになる[39]．

善光寺門前の空き家の利活用が盛んになったのは2010年代に入ってからであり，それまでは少数の事例しか存在していなかった．2009年に広瀬氏らが立ち上げた有限責任事業組合ボンクラ[40]が運営するKANEMATSUというシェアオフィスはその先駆けとなる事例のひとつである．立ち上げのきっかけは，不動産会社を介してビニール工場であった物件の借り手はいないかという相談を受けたことであった．大きな物件であったので，5事業者7人で有限責任事業組合ボンクラを設立し，共同で利活用することとなった．自分たちで改修することで安い賃料で賃貸できている．単にシェアオフィスとするだけではなく，入居している事業者間でのコラボレーションへの期待もあったが，それぞれの仕事が忙しくなっていく中で徐々に固定的なメンバーでコラボレーションを行うことが難しくなっていった．

そこで，リプロ表参道に空きが出たことをきっかけに，2014年から株式会社CREEKSを設立してCREEKS COWORKINGを開始した．当時増え始

めていたコワーキングスペースが北信地域にあまりなかったことにも後押しされて，KANEMATSUではできなかった流動性のあるコラボレーションの実現を狙いとした．理念として，多様性のある新しい働き方を提示できるのではないかということも考えている．また，建築士はハードを作る仕事であるが，今後はその中身となるソフトも一緒に考えられる必要があるということで，ソフトを作るビジネスプラットフォームを構築したいということも取り組みの動機であった．ただし，広瀬氏によれば，賃料が安い地方では単純にオフィスをシェアすることには価値が低く，コワーキングスペースでは収益を上げづらい．人のつながりやコミュニティで付加価値を創出する必要がある．

　長野五輪が終了してから中心市街地は寂れていたが，盛んな空き家の利活用もあり，現在では活気を取り戻している．オープンアトリエ「風の公園」[41]が企画・制作している善光寺門前の空き家の利活用の様子をまとめた冊子がある．2012年に『古き良き未来地図』，2015年に『古き良き未来地図・改』，2018年に『続・古き良き未来地図』が発行されており，それぞれ約30軒，60軒，80軒が掲載されている．ある程度利活用の事例が増えた時期から善光寺門前がそのような地域であるという認識を持たれるようになり，幅広い人が興味を持ち集まってくるようになったという．長野市は門前町であるため，地域の外部から来る人に対してオープンであるということもポイントとなっている．

　広瀬氏は，空き家の利活用においては，やりたいことがある人を集めることが重要であると言う．既にある空き家を有効活用するという視点ではうまくいかない．本当に欲しいと思っていたり面白いと思っていたりするからこそ，継続でき人が集まる．そして，考えているだけではなく行動することが重要である[42]．まちづくりにおいても，話し合いでアイディアを出すことに終始してしまいがちである．そうではなくて，まずは行動することで，そこに共感する人が集まってきて，地域が確実に変わっていく．まちづくりは「何をやるか」を考えるよりも「誰がやるか」と「どうやって続けるか」が

大事である[43]．

　株式会社 CREEKS では，不動産会社の株式会社リファーレ総合計画[44]と組んで，空き家のリノベーションを行う CRIF[45]という事業を手がけ始めた．多くの人にとっては，空き家を探して買うことも，設計者や施工者を探してリノベーションをすることも，困難なことである．そこで，建物調査，企画設計，施工，運営管理といったすべてをワンストップサービスで提供している．リノベーションの場合には既に建物があるので，顧客が暮らしをイメージしやすいというメリットがある．

(8) nokutica（神奈川県川崎市）

　nokutica[46]は，神奈川県川崎市高津区下作延に位置するシェアオフィスである．溝の口を中心にサービスを提供する地域密着型の不動産会社である株式会社エヌアセット[47]が地元の不動産オーナーと協働し，2017年12月から運営している．以前は診療所兼住居であったが10年ほど空き家となっていた2階建ての建物を改修しており，コワーキングスペース，5部屋のレンタルオフィス，2部屋のレンタルスペースの他，1階にテナントとしてコーヒースタンドが入っている．

　nokutica の運営に至ったきっかけは，2016年の夏頃に他の物件で取引のあった所有者から空き家となっていた建物について相談を受けたことである．資産価値の向上，所有者の意志，相続対策，地域価値向上といった様々な点を考慮し，古い建物であり図面もなく用途変更が難しいということもあって，シェアオフィスとして利活用することにした．2017年11月にのくちのたね株式会社を設立し，株式会社エヌアセットだけではなく，地域価値向上に取り組む影響力を持った2名の大家と共同で運営にあたっている．

　地域の人や企業を中心に順調に利用が進んでおり，nokutica をきっかけとしたプロジェクトや株式会社エヌアセットの紹介案件も生まれている．レンタルスペースは月に80組ほどの利用があり，近隣住民がイベントの開催に利用したり，企業が業務で利用したりしている．レンタルオフィスには，

溝の口と縁がある様々な業種の企業に打診をして入居してもらっている．問い合わせは多数あるが，空きが出る予定はない．コワーキングスペースは会員制であり，約60名が利用している．既に定員に達しており，空き待ちの人もいる状態である．約8割が近隣に住んでいる人であり，暮らす街で働きたいという人が利用している．トークイベントや交流会も行っているが，同じ街に住んでいる人が集まることで共通の話題が生まれている．

株式会社エヌアセットでは，nokuticaの経営を成り立たせた上で，地域の価値の向上を目指している．この地域で働く人や表現する人に貢献することがミッションであり，直近ではnokuticaの契約者の満足度向上に重きを置いている．今後もレンタルオフィスやコワーキングスペースの利用者が，地域の様々な場所で活躍するための支援や環境作りをしていきたいと考え，地域の企業や自治体などと協働しながら，地域の価値を高めている．

(9) コリビングスペース OUCHI（高知県高知市）

コリビングスペース OUCHI[48]は，高知県高知市はりまや町に位置するコリビングスペースである．OUCHI合同会社（代表・竹崎美羽氏）が2017年9月からビルの4階の1フロアを使って運営している．「自分らしさを見つける学び舎」をコンセプトとしている．

高知大学地域協働学部の学生であった竹崎氏が，講義の中でマイプロという自分に基づいた何かをプロジェクトとして実行していくワークを行ったことがコリビングスペース OUCHI を立ち上げたきっかけである．「夢を語る人を増やしたい」というプロジェクトでイベントを開催し，自分自身も様々な人と出会って学ぶ中で，多様な働き方を知り自分らしい生き方をみんなでつくる場を作りたいと思い，コリビングスペース OUCHI を立ち上げるに至った．KOCHI STARTUP PARK[49]や高知大学起業部などにも関わりながら設立準備を進め，2017年9月から運営を開始している．コリビングスペース OUCHIでは，コワーキングスペースとして利用できる他，ワークショップやセミナーといったイベントを開催するとともに，そこで学んだことを活

用して利用者が自らイベントを作れるようにレンタルスペースとしても利用できるようにしている．共に学び合う仲間を作り，対話の中で自分のWhyに目を向けて気づきを得られるような場作りを目指している．

(10) 0→1高知Booster（高知県高知市）

0→1高知Booster[50]は，高知県高知市本町に位置するシェアオフィスであり，株式会社01高知ブースター（代表取締役・都築五明氏）が2013年11月からビルの3階の1フロアを使って運営している．0→1Booster[51]と連携して企業の新規事業開発や個人の起業を支援するための場所である．

都築氏が0→1高知Boosterの運営を開始したきっかけは，あるイベントで0→1Boosterを立ち上げた鈴木規文氏と再会したことである．ちょうど鈴木氏が合田ジョージ氏と0→1Boosterを立ち上げて間もない時期であり，何か面白いことをやりたいと思っていた都築氏が高知で同じことができないかと相談したところ，運営の仕方などを教わって0→1高知Boosterを立ち上げることなった．都築氏は東京での事業の立ち上げの経験を活かして，高知から東京に進出したり，さらには世界へと進出したりするような起業家を支援することを目的とした．都築氏が0→1高知Boosterを立ち上げようとしていたところに，知人から現在のテナントの使用の打診があり場所が決まった．

0→1高知Boosterでは，個人事業主による利用と企業のサテライトオフィスとしての利用が主である．それぞれの利用の仕方は異なるため別々のコミュニティとなっているが，特に何もしなくても利用者間の交流が生まれており，そこから新しいアイディアが生まれてくることが期待されている．都築氏によれば，利用者間の交流の自然発生には，オープンな高知の文化が影響しているのかもしれないという．都築氏が当初に予想していたより起業家の利用者は少なく，特に，規模を急拡大させるような起業家は最初から東京に進出してしまうことがわかった．一方で，高知は生活環境がよく家賃も高くないので，IT系を中心にリモートワークをするには適した場所ともなっ

ている．

5. 結果：空き家の利活用の担い手

事例調査から明らかになった，空き家の利活用者と仲介者の姿についてまとめる．

(1) 空き家の利活用者
　様々な困難が伴う空き家の利活用に，どのような動機で取り組んでいるのかという視点から空き家の利活用者を眺めていく．空き家の利活用者の動機には，共通した傾向がみられた．
　まず，ほとんどの事例が収益性という点で大きく成功しているわけではなく，経済的な動機づけでは空き家の利活用は行われていなかった．事前の立ち上げの動機や経緯においても，経済的な見返りを求めてということはあまりみられなかった．全員が，他に収益源となる仕事があったり学生であったりと，事例からの収益が必須ではない状態にあった．他の仕事との関連や相乗効果を期待することはあっても，直接的な収入源としての期待は現状では大きくなかった．なかには，サービスを提供する際の料金について高い価格設定に否定的な考えを持つ利活用者もいた．
　次に，空き家そのものへの好意も，ほとんどの事例で空き家を利活用する動機とはなっていなかった．金銭的な費用を安く抑えられることが，空き家を利活用する理由となっていることが多かった．また，各自がやりたいことを実現するための場所を探している時に，発見したり紹介されたりしたことが空き家の利活用のきっかけとなっていることが多かった．
　さらに，まちづくりや地域活性化への関心は高かったが，それが空き家の利活用の主要な動機づけとなっていることは少なかった．ほぼすべての事例でまちづくりや地域活性化への意欲や見解はあり，複数の事例で地域としての価値を高めることの重要性への指摘が聞かれた．一方で，空き家を利活用

した活動を行う上で,まちづくりや地域活性化だけを目的とすることには否定的な見解を持つ人もおり,地域住民を交えた話し合いを含めて行政主導の従来型のまちづくりの限界に関する指摘もあった.

それでは,経済的な動機づけが存在せず,空き家そのものが好きなわけではなく,まちづくりや地域活性化も目的ではないとすると,空き家の利活用者は何によって動機づけられているのだろうか.それは,各自がやりたいことや面白いと思うことを実現したいという想いである.自身の想いに強く動機づけられていることによって,空き家の利活用に伴う様々な困難を乗り越え,人が集まる場所の成立・維持を達成している.「実現したいことが先にあり,その手段として空き家を利活用する」ということが空き家の利活用者の姿であり,成立・維持のための要点でもあるようである.

(2) 空き家の仲介者

いくつかの事例からは,空き家の仲介者の重要性が示唆される.本章の事例からもわかるように,空き家の利活用に伴う様々な困難は,個人であっても決して乗り越えられないわけではない.しかし,多くの人にとっては,空き家の利活用を試みる際の障壁となってしまう.そのため,個々の空き家への対策ではなく,地域における空き家対策を考えた場合には,空き家を利活用する際のデメリットを軽減してくれる仲介者の存在がより重要となる.仲介者は,一般の不動産市場では扱われていない空き家の発見・開拓,所有者の説得・交渉,利活用者との相談・交渉,所有者と利活用者のマッチングや信頼関係の構築,空き家の整理・改修,といった様々な費用,手間,時間を,利活用者に代わって担っていくことになる.一般の不動産に比べてさらに煩雑な業務が必要となるため,その地域における密度の経済[52]がよりいっそう働くこととなる.

ただし,空き家の仲介者にも,十分な収益性が伴うとは言い難い.従来の不動産業界での賃貸業務では,賃料をベースとして手数料が入る.空き家の金銭的な安さという利活用者にとってのメリットは,仲介者にとっては収入

を減らす要因となる．加えて，空き家の仲介には，利活用と同じく様々な費用，手間，時間がかかる．これらの理由から，従来型の賃貸業務のやり方では収益をあげづらい[53]．

　空き家の利活用者と同様に経済的な動機づけが見込みづらい空き家の仲介者は何によって動機づけられているのだろうか．少ない事例からではあるが，空き家そのものへの好意や，まちづくりや地域活性化への関心が大きいようである．言い換えれば，それらが彼らにとってやりたいことや面白いと思うことである，ということである．だからこそ，経済的な見返りが見込みづらい空き家の仲介に取り組めている．

(3) 小括

　空き家の利活用の担い手である利活用者も仲介者も，ともに自分がやりたいことに強く動機づけられていることが明らかになった．様々な困難が伴い，かつ，経済的な見返りが見込みづらいため，空き家の利活用の担い手となるのは必然的にやりたいことに強く動機づけられている人材に限られてしまうのである．地域や自治体が空き家対策を進めていくためには，そのような人材を空き家の利活用へと結びつけ支援していく必要がある．

6. 空き家対策への含意

　最後に，空き家の利活用の担い手にどのように活躍してもらうかという視点で，手段としての空き家，担い手のモチベーション，地域間の人材をめぐる競争，という3つのキーワードを取り上げながら，地域や自治体の立場からの空き家対策への含意を述べて，本章を閉じたい．

(1) 手段としての空き家

　まずは，空き家の利活用者，空き家の仲介者，地域・自治体，といった各々の関係者の手段と目的をはっきりと認識する必要がある．

事例からもわかるように,多くの空き家の利活用者にとって,空き家はやりたいことや面白いと思うことを実現するための手段でしかない.すなわち,先に自分のやりたいことや面白いと思うことがあり,費用や立地といった各種の条件を勘案して,その実現の手段として空き家を利活用するのである.初めから空き家を利活用しようと思っているわけではない.

一方,事例でみた空き家の仲介者の場合には,空き家やまちづくりに対する想いが彼ら自身のやりたいことと重なり動機づけとなっていた.ただし,この点については一般に求められることではないと認識しなければならない.空き家対策を幅広く行っていくためには,空き家の利活用に伴う費用を低減してくれる空き家の仲介者が必要不可欠であり,様々な費用,手間,時間がかかる空き家の仲介が事業として成り立つような仕組みを考えなければならない.

手段と目的の明確化は,空き家対策という目的が自明であるように思われる地域・自治体やその担当者自身にとっても重要である.というのも,空き家対策を通じて達成したい上位の目的によって,個々の空き家へとるべき対応や有効な施策が異なりうるからである.本章第2節でも指摘したように,まちづくりや都市計画といった大きな目的から空き家対策を位置づけるべきである.

これらのことは当たり前に思われるかもしれないが,最初から空き家対策自体が目的として存在する地域・自治体やその担当者からは見過ごされやすい点なので,注意しなければならない.「そこに問題となっている空き家があるから利活用する」という視点だけではなく,「目的があって手段として空き家を利活用する」という視点も必要なのである.

(2) 担い手のモチベーション

それでは,地域や自治体の立場から,空き家の担い手となりうる人材に活躍してもらうためにはどうすればよいのだろうか.ひとつにはどうすれば空き家利活用の担い手が地域内で活発に活動できるかという問題,もうひとつ

にはどうすれば地域における空き家の利活用の担い手を増やせるかという問題が挙げられる．経営学の概念を援用しながら，地域や自治体がこれらの問題に対してどのように対応すべきかについて述べたい．

前者の問題については，内発的動機づけ（intrinsic motivation）という概念から示唆が得られる．担い手となりうる人材は自分のやりたいことに強く動機づけられている．このような動機づけは，個人の内側から起こるため内発的動機づけと呼ばれ，報酬や賞賛のように個人の外部からもたらされる外発的動機づけとは区別される[54]．内発的動機づけの強力さや重要性は頻繁に指摘される一方で，外的な報酬を与えると動機づけが低減してしまうこともあり（アンダーマイニング効果），マネジメントすることの難しさも指摘されている[55]．むしろ，本人が面白いと思っていることをやっている場合には，余計なマネジメントは必要ないと解釈できる調査結果も報告されている[56]．そのため，地域や自治体としては，直接的な介入をするのではなく，活動しやすい環境や利用可能な制度・支援の整備に徹するだけでよいかもしれない．そうすれば，内発的に強く動機づけられた人材は勝手に活動してくれるのである[57]．

(3) 地域間の人材をめぐる競争

後者の問題については，人材をめぐる競争（war for talent）という概念から示唆が得られる．いかに優れた人材を獲得し育成するかという企業間の人材をめぐる競争の重要性が指摘されて久しい[58]．同じように地域間においても人材をめぐる競争が行われており，優れた人材を確保できた地域がまちづくりや地域活性化を成功させている．

人材をめぐる競争には，外部からの獲得と内部での発掘・育成の二つの側面が存在する．地域の外部からの獲得については，自分がやりたいことを実現できる場を求めて地域の枠を越えて移動する意欲のある人材をいかに惹きつけられるかが課題となる．本章で取り上げた善光寺門前にも，既にある活動を見て自分のやりたいことを実現できるのではないかと移動してくる人た

ちがいるという．彼らは必ずしも特定の場所にこだわりがあるわけではなく，自分のやりたいことが実現できそうな場所を求めている．そのため，意識しているかいないかに関わらず，地域間で人材の獲得競争が発生することになる[59]．まちおこしや地域活性化の成功事例には，地域外からの人材獲得に成功している例は少なくない．空き家活用の担い手となりうる人材の数が日本全体で限られていると考えれば，各地域は優れた人材を惹きつけるための戦略やマーケティングについて考えなければならない．

一方で，求める人材を地域の内部で発掘し育成するという方策もある．全体で限られた数の人材を奪い合うという発想ではなく，必要な人材なのであれば内部で増やすという発想である．また，すべての人が地域間を自由に移動できるわけではなく，様々な理由で現在いる地域から移動しなかったりできなかったりする人も少なくない．そこで，空き家の利活用の担い手となりうるような人材を地域内で発掘し育成するのである．その際，本章第2節で指摘したように，人が集まる場所が担い手を引き寄せたり生み出したりする起点となりうる[60]．

外部からの獲得であれ，内部での発掘・育成であれ，空き家の利活用を促すためには，担い手となりうる人に対して情報発信や説得を行い，そのような人材を空き家の利活用へと結びつけ支援していく必要がある．空き家バンクのような受動的な仲介の仕組みの限界も指摘されており[61]，積極的に仲介を行うエージェントを生み出したり，先駆けとなる事例を創り上げたり喧伝したりすることで情報発信を行うことが有効であるかもしれない．

[謝辞] 快くインタビュー調査に応じてくださった皆様に心より御礼申し上げます．また，若林ゼミの丸山未祐さんはインタビュー調査の補助を行ってくれました．ここに記して感謝申し上げます．なお，本研究は，各年度の高崎経済大学競争的研究費・特別研究助成金およびJSPS科研費16K17173の助成を受けています．

注

1) 北村喜宣，米山秀隆，岡田博史編『空き家対策の実務』有斐閣，2016年．牧野知弘『空き家問題：1000万戸の衝撃』祥伝社，2014年．中川寛子『解決！空き家問題』筑摩書房，2015年．日本弁護士連合会法律サービス展開本部自治体等連携センター，日本弁護士連合会公害対策・環境保全委員会編『深刻化する「空き家」問題：全国実態調査からみた現状と対策』明石書店，2018年．野澤千絵『老いる家　崩れる街：住宅過剰供給社会の末路』講談社，2016年．上田真一『あなたの空き家問題』日本経済新聞出版社，2015年．米山秀隆『空き家急増の真実：放置・倒壊・限界マンション化を防げ』日本経済新聞出版社，2012年．吉原祥子『人口減少時代の土地問題』中央公論新社，2017年．由井義通，久保倫子，西山弘康『都市の空き家問題　なぜ？　どうする？：地域に即した問題解決にむけて』古今書院，2016年．
2) 嶋田洋平『ほしい暮らしは自分でつくる　ぼくらのリノベーションまちづくり』日経BP社，2015年．清水義次『リノベーションまちづくり：不動産事業でまちを再生する方法』学芸出版社，2014年．『季刊 社会運動（No. 428 空き家で街を元気に）』2017年10月号．
3) 中山聡『空き家管理ビジネスがわかる本』同文館出版，2016年．
4) 外部性あるいは外部効果とは，ある経済主体の行動が，市場を通さずに他の経済主体に影響を与えることをいう．正の影響を与える場合には外部経済，負の影響を与える場合には外部不経済と呼ぶ．塩澤修平『経済学・入門〔第3版〕』有斐閣，2013年．
5) 例えば，下記の文献を参照．甲斐徹郎『土地活用のリノベーション　不動産の価値はコミュニティで決まる』学芸出版社，2016年．
6) 地域の価値を高めることについては，例えば，立地創造やコミュニティという言葉を使って論じている下記の文献を参照．川端基夫『改訂版　立地ウォーズ：企業・地域の成長戦略と「場所のチカラ」』新評論，2013年．前掲，甲斐『土地活用のリノベーション　不動産の価値はコミュニティで決まる』．
7) 事例のうちnokuticaについては，大都市圏に位置し，個人ではなく地域の不動産会社が運営主体となっており，収益性も高くなることが予想されるという点で，本章の事例の中では例外的である．
8) 人が集まる場所の利活用に至るまでの経緯や仕組みを明らかにすることを目的としているため，運営開始から間もない事例や収益性の高くない事例であっても問題はない．
9) 本事例については，下記の資料も参照している．『ソトコト』vol. 227，2018年5月号，64-69頁．『Deli-J』vol. 201，2018年3月号，5-9頁．
10) http://machigotoya.jp/info/689
11) http://machigotoya.jp/
12) https://jomo-univ.net/

13) http://machigotoya.jp/case/252
14) http://machigotoya.jp/about
15) 契約業務については知人の不動産会社に依頼している．
16) 本事例については，下記の資料も参照している．2014年10月20日上毛新聞，2015年2月16日産業経済新聞群馬版，2015年4月21日上毛新聞，2015年5月12日毎日新聞，2015年6月8日日本経済新聞，2015年12月11日上毛新聞．
17) http://0gokantcue.wixsite.com/0gokan
18) https://readyfor.jp/projects/0gokan
19) 2019年1月現在，0号館のウェブページには29名の学生の氏名が掲載されている．
20) 本事例については，下記の資料も参照している．2016年5月10日朝日新聞群馬版，2016年12月3日上毛新聞，2017年2月3日上毛新聞，2017年5月18日ぐんま経済新聞．
21) https://tamurosou.wixsite.com/tamurosou
22) https://faavo.jp/gunma/project/882/report
23) https://tamurosou.wixsite.com/tamurosou/about
24) 本事例については，下記の資料も参照している．「街のキャリアと人のキャリアと。」『家と人。』31号．2016年11月25日岩手日報，2017年10月1日岩手日報，2017年4月26日復興釜石新聞．
25) http://arukoko.biz/
26) http://jokuncompany.com/
27) https://co-morioka.jimdo.com/
28) 佐谷恭，中谷健一，藤木穣『つながりの仕事術：「コワーキング」を始めよう』洋泉社，2012年，18-19頁．
29) 本事例については，下記の資料も参照している．山貝征典『When one door shuts, another opens』，2016年．松本茂章『日本の文化施設を歩く：官民協働のまちづくり』水曜社，2015年，134-137頁．「OPEN：『閉じていられるか！』新パブリックスペースの誕生」『日和』vol. 76，2012年3月号．2012年月7日信濃毎日新聞，2012年3月24日信濃毎日新聞，2012年6月7日本経済新聞長野版．
30) http://torinoco.cc/
31) http://open-gondo.com/
32) 株式会社MYROOMは，「空き家の未来をデザインする会社」をコンセプトとした，空き家の仲介やリノベーションを行う会社である．2007年に設立され，取り扱った物件数は80件を超えており，200人を超える移住開業者の定着率は9割となっている．株式会社MYROOMのウェブページ（http://myroom.naganoblog.jp/）の他，下記の文献で詳しく紹介されている．馬場正尊＋Open A編『エリアリノベーション：変化の構造とローカライズ』学芸出版社，2016年．
33) 現在は8事業者となっている．

34) 有限責任事業組合を設立して共同運営するという仕組みは，後述するCREEKS COWORKINGの事例に登場するKANEMATSUで先行して用いられていた．株式会社MYROOMは，一時期KANEMATSUに入居していた．
35) 前掲，山貝『When one door shuts, another opens』27-28頁．
36) 本事例については，下記の資料も参照している．前掲，松本『日本の文化施設を歩く』，134-137頁．
37) https://creeks-coworking.com/
38) http://hirose-aa.com/
39) 善光寺門前の空き家の利活用については，「長野・門前暮らしのすすめ」(http://monzen-nagano.net/) を参照．
40) http://bonnecura.naganoblog.jp/
41) http://windpark.naganoblog.jp/
42) 行動の重要性については，下記の文献も参照．Bruch, H. & Ghoshal, S., *A bias for action*, Harvard Business School Press, 2004. 邦訳，ハイケ・ブルック，スマントラ・ゴシャール／野田智義訳『アクション・バイアス：自分を変え，組織を動かすためになすべきこと』東洋経済新報社，2015年．Peters, T. J. & Waterman, R. H., *In search of excellence*：Lessons from America's best-run companies, Harper & Row, 1982. 邦訳，T・J・ピーターズ，R・H・ウォーターマン／大前研一訳『エクセレント・カンパニー：超優良企業の条件』講談社，1983年．
43) https://creeks-coworking.com/hirose-interview/
44) http://rifare-web.com/
45) https://crif.jp/
46) http://nokutica.com/
47) http://www.n-asset.com/
48) http://ouchi-project.com/．諸事情により2018年6月から休業に入り，現在は運営を終了している．
49) http://startuppark.org/
50) http://01kochi.com/
51) https://01booster.com/
52) 密度の経済とは，地域やそこで生活する顧客との密着度合いによって経済効率が高まることをいい，小売業やサービス業であてはまりやすい．冨山和彦『なぜローカル経済から日本は甦るのか：GとLの経済成長戦略』PHP研究所，2014年．
53) 本章で取り上げた，株式会社CREEKSの取り組むCRIFや空き家の仲介を手がける株式会社MYROOMでは，設計・施工・管理などをまとめて手がけることで収益をあげようとしている．
54) 榎本博明『モチベーションの新法則』日本経済新聞出版社，2015年．金井壽宏

『働くみんなのモティベーション論』日本経済新聞出版社，2016 年（単行本版は 2006 年に NTT 出版より発行）．

55) 稲葉祐之，井上達彦，鈴木竜太，山下勝『キャリアで語る経営組織：個人の論理と組織の論理』有斐閣，2010 年．高橋伸夫『〈育てる経営〉の戦略：ポスト成果主義への道』講談社，2005 年．

56) 佐々木圭吾『みんなの経営学：使える実践教養講座』日本経済新聞出版社，2016 年（単行本版は 2013 年に日本経済新聞出版社より発行）．

57) 同様の指摘は例えば下記の文献にも見られる．前掲，馬場正尊＋ Open A 編『エリアリノベーション』．

58) Michaels, E., Handfield-Jones, H., & Axelrod, B., *The war for talent*, Harvard Business School Press, 2001. 邦訳，エド・マイケルズ，ヘレン・ハンドフィールド＝ジョーンズ，ベス・アクセルロッド／マッキンゼー・アンド・カンパニー監訳『ウォー・フォー・タレント』翔泳社，2002 年．

59) 東京のような大都市に若者が流出してしまうということも，地域間の人材をめぐる競争の一部であると捉えられる．

60) このほかにも，起業を目的とした集まりのように，目的となりうるような内容を扱う集まりは，空き家の利活用者を引き寄せたり生み出したりするための起点となりうる．

61) 前掲，牧野『空き家問題：1000 万戸の衝撃』，162-166 頁．

第 4 部
空き家問題の実態と課題

第10章
人口置換が進む住宅地と空き家化の抑止
―西武吉井ニュータウン南陽台を事例として―

佐 藤 英 人

はじめに

　国立社会保障・人口問題研究所の推計値によれば，日本の将来人口は2015年の1.27億人から50年後の2065年には約3割減の0.88億人へ大きく減少する見込みである．総人口の減少とともに老年人口比率も，同期間に26.6％から38.4％へ拡大すると予測され，人口減少・少子高齢化はより一層，深刻度を増すことになる[1]．

　一方，全国に供給された住宅戸数は戦後一貫して増加の一途を辿っており，近年では住宅戸数が世帯数を大きく上回る供給過剰の様相を呈している．すでに過疎化によって人口の多くが失われた縁辺地域はもちろん，人口が集中する大都市圏でさえ，郊外の住宅地では空き家や空き地，集合住宅の空室が目立ちはじめている．このような未利用不動産が地域内で増大すれば，景観の悪化や都市機能の空洞化，強いては建物の倒壊や犯罪の温床など，新たな問題を引き起こしかねず，これら未利用不動産の適切な管理が求められる．

　加えて，1997年に高層住居誘導地区が指定されたことや，建築基準法が改正されたことにより，「まちなか」や「駅近」に超高層マンションが相次いで竣工した．都心や都心周辺に利便性の高い住宅が供給されれば，日常生活を自家用車に頼らなければならない郊外の住宅地に居を求める必然性は低下する．2000年以降，全国各地で散見される「人口の都心回帰」もしくは「都心の人口回復」とは，このような住宅需給の変化からもたらされた現象

といえるだろう[2]．

　つまり，人口減少・少子高齢化社会では，一方で人口の世代交代がすすみ人口が置き換わった結果，人口が維持される住宅地と，他方で人口の世代交代がすすまず高齢化した結果，人口減少に歯止めがかからない住宅地に大別されることになる．とりわけ後者は，①都心から遠方に位置していること，②最寄駅までの交通利便性が低いこと，③狭小住宅をはじめ住環境が良好とは言えないことなど，いくつかの条件が重なって比較的早い段階に選別・淘汰されるとみられる[3]．

　空き家問題に関する研究は，すでに序章で整理したとおり，地域内における空き家の実態を把握する手法を論じた研究[4]や，空き家を抑止するための対策を検討した研究[5]に多くの蓄積がある．しかし，空き家になった時点で，少なくとも現住地で生活している世帯は不在となるので，なぜ空き家になったのか，その原因を空き家の主体者たる居住世帯から把握することはできない．空き家化の抑止策を論じるためには，空き家になる前に，その住宅に居住している世帯属性や今後の暮らし向きなどを丹念に考察し理解する必要があろう．

　したがって本章では，かかる課題を解決するために，人口が置き換わった結果，人口が維持されている住宅地を事例に質問紙調査を実施し，人口置換の要因と空き家化の抑止に向けた今後の郊外住宅地のあり方を検討する．

1. 分析対象地域と研究方法

　分析対象地域の西武吉井ニュータウン南陽台（以下，当住宅地と略す）は，多野郡旧吉井町南陽台1〜3丁目に広がる住宅地であり，2009年6月1日の合併により高崎市に編入された[6]．高崎駅からは南へ約6.5kmの地点に位置する（図10-1）．1980年代初頭より旧西武不動産が宅地造成をすすめ，住宅の大部分は庭付きの戸建住宅によって占められている．住宅地の周囲には群馬県の特別史跡であり，2017年10月にユネスコ「世界の記憶」に登録され

第10章 人口置換が進む住宅地と空き家化の抑止

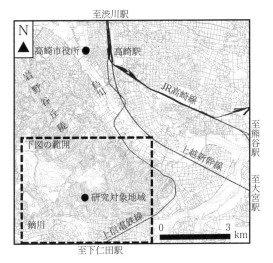

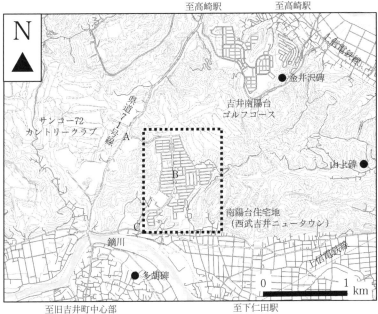

出典：国土地理院「基盤地図情報」により筆者作成．

図 10-1　地域概観図

写真　地点B付近の景観（2016年11月1日筆者撮影）．

た上野三碑（金井沢碑，多胡碑，山上碑）やゴルフ場などの文化・スポーツ施設が点在する閑静な環境を有している（写真）．

ただし，当住宅地は岩野谷丘陵の東端上に位置しているので，高崎市中心部あるいは旧吉井町中心部へ移動するには，最大64.1mの（高層ビルに例えると，おおよそ20階建に相当）の高低差を昇降しなければならない（図10-2）．加えて，住宅地の周囲800m（徒歩10分圏）にはコンビニエンスストアが1軒立地しているに過ぎず，主立った最寄品を購入するためには自家用車の利用が欠かせない[7]．

なお，公共交通機関として鉄道と路線バスが存在する．前者は最寄駅である上信電鉄線馬庭駅まで約2kmの距離があり，かつ同線のダイヤは概ね1時間に1〜2本と，必ずしも利便性は高くない．後者も群馬バスが高崎駅-南陽台住宅地間を結んでいるものの，運行本数は1日10本程度にとどまり，上信電鉄線同様，利便性が高いとは言い難い[8]．

このように地形条件と交通条件は，むしろ不利であるにもかかわらず，当住宅地では最近20年間の人口が増加している．総務省「国勢調査」によれば，南陽台1〜3丁目の人口は1995年に1,696人であったのに対して，2015年には2,326人となり37.1％増加した．本研究で予備調査を実施した2016

第 10 章　人口置換が進む住宅地と空き家化の抑止　　　　　　　　　　243

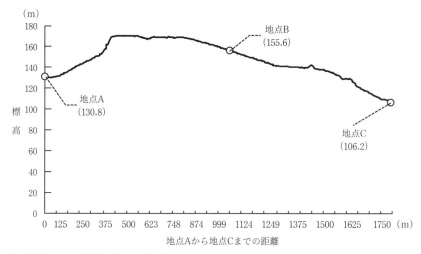

注：地点 A〜C の位置は表 10-1 中に示す．
出典：国土地理院「電子国土 Web」により筆者作成．

図 10-2　西武吉井ニュータウン南陽台の地形断面

年 6 月現在の人口は 2,417 人，世帯数 970 世帯，高齢化率は 28.1％であったので，人口の増加傾向には変わりはない．

人口増加の特徴をとらえるために，同様の資料から 1995-2015 年の出生コーホート別人口増減数を当住宅地と高崎市周縁部に位置する倉渕町（旧群馬郡倉渕村）[9] で比較した．

図 10-3 によると，倉渕町ではすべての出生コーホートで人口が減少しており，この 20 年間で町内の人口は大幅に減少し，かつ高齢化が進行したことが明白である．とりわけ，学卒後，就職を機に倉渕町を離れる若年世代が多く，10〜14 歳→ 30〜34 歳コーホートが 211 人，15〜19 歳→ 35〜39 歳コーホートが 164 人，それぞれ減少した．文字通り，人口減少・少子高齢化がすすむ倉渕町に対して，南陽台 1〜3 丁目は対照的な傾向を示している．同じく同図をみると，15〜19 歳→ 35〜39 歳コーホートから 55〜59 歳→ 75〜79 歳コーホートに至る，幅広い世代で人口が増加しており，中でも 25〜29 歳→ 45〜49 歳コーホートが 147 人の増加と，全コーホートの中では最も増

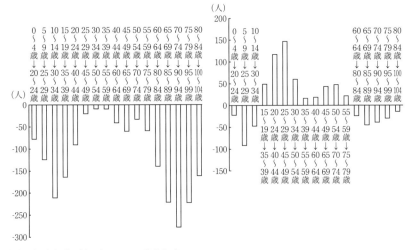

図 10-3 1995-2015 年の出生コーホート別人口増減数

加数が多い.

　つまり, 当住宅地における人口増加は, ①高等学校卒業後, 進学や就職によって, 一旦, 当住宅地を離れた世代が, その後, 結婚適齢期から持家取得期にかけて流入したこと, ②当時 50 歳代後半であった現役世代が定年退職後に流入したことが考えられる.

　本研究では 2016 年 11 月 9 日に当住宅地の全世帯を対象として質問紙調査を実施した (以下, 本調査と略す). 質問項目は家族構成, 居住地選択の理由, 購買行動, 別居子の来訪頻度, 今後の暮らし向きなどである. ポスティングによる調査票の配布, 郵送による回収を行った結果, 970 世帯中 329 世帯 (回答率: 33.9%) から有効な回答を得た. なお, 質問紙調査と同時に住宅地内の空き家を目視にて確認したところ, 空き家率は 5.3% であった. この値は総務省「平成 25 年住宅・土地統計調査」における高崎市全体の空き家率 (17.5%) よりもかなり低い数値である.

2. 分析対象世帯の属性

本節では分析対象世帯の基本属性を整理して，彼らの特徴を明らかにする．

まず世帯主の年齢構成であるが，30歳代は18人（全体の5.5％），40歳代は48人（14.6％），50歳代は56人（17.1％），60歳代は94人（28.7％），70歳以上は112人（34.1％）となっており，60歳以上が全体の6割強を占める．以下では世帯主年齢30歳代の世帯を若年世帯とし，60歳以上の世帯を高齢世帯と定義する．なお，この年齢構成は総務省「平成27年国勢調査」に基づくそれとほぼ合致し，分析対象世帯の年齢に大きな偏りは認められない．

つぎに家族構成をみていきたい．世帯主年齢とファミリーステージには密接な関係があり，若年世帯ほど核家族世帯の割合が高く，子がすでに離家した高齢世帯ほど，夫婦のみの世帯あるいは単独世帯の割合が高くなる（図10-4）．前節で指摘したとおり，当住宅地は集合住宅ではなく，3～4LDKの比較的居住スペースの広い戸建住宅から成っているので，結婚，出産に伴う

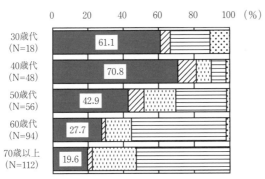

注：ただし，家族構成不明の1世帯を除く．
出典：質問紙調査により筆者作成．

図10-4　世帯主年齢別家族構成

家族人員の増加が見込まれる若年世帯が，住宅取得を試みているとみられる．

　続いて世帯主の雇用形態であるが，当然のことながら，世帯主年齢30～50歳代の大部分は，世帯主自身が企業・組織の正規雇用として勤務している一方，60歳以上になると退職者の割合が高まる．調査時点で就業している世帯主の勤務地をみると，高崎市内が92人（有職者総数175人の52.6％）で最も多く，そのうち当住宅地が所在する吉井町内が23人（同13.1％），次いで群馬県内が60人（同34.3％），東京都内が17人（同9.7％），埼玉県内が5人（同2.9％），神奈川県内が1人（同0.6％）のように分布している[10]．

　つまり，世帯主の半数以上が高崎市内で勤務し，群馬県内に範囲を広げるとその通勤率は全体の約8割強に達する．本調査で得られた高崎市内への平均通勤時間は26.2分であったが，この値は2013年における高崎市内の通勤時間（中位数）の24.1分とほぼ合致する[11]．通勤手段は複数回答（N＝199）のうち，75.4％（150人）が自身で自家用車を運転すると回答しており，1世帯あたりの自家用車の保有台数が全国屈指を誇る群馬県の地域性を表している．なお，前節で当住宅地は公共交通機関の利便性が必ずしも高くないと述べたが，その状況を反映して，通勤で鉄道を利用する割合は8.5％（17人），路線バスを利用する割合は3.0％（6人）と，公共交通機関の利用率は低調である．

　さらに分析対象世帯の居住年数をみていこう．世帯主年齢別に集計すると，若年世帯ほど居住年数が短くなるため，居住年数10年未満の割合は全年齢層の中で最も高くなる（図10-5）．換言すれば，世帯主年齢が高まるにつれて居住年数の短い世帯の割合は低下するはずである．しかし，当住宅地では確かに30歳代，40歳代，50歳代の順にその割合は低下していくが，60歳代になると上昇に転じて70歳以上の割合は21.8％まで高まる．

　つまり，当住宅地における近年の人口増加は，前節で指摘したとおり，若年世帯のみならず，高齢世帯を含めた幅広い年齢層で生じているといえる．大塚や富田は，高齢世帯が加齢に伴う身体的弱化を予見して，余力のあるう

第 10 章　人口置換が進む住宅地と空き家化の抑止　　　247

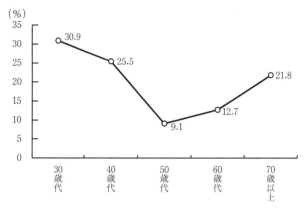

出典：質問紙調査により筆者作成．

図 10-5　居住年数 10 年未満の割合

ちに郊外の戸建住宅を処分し，交通利便性の高い「まちなか」や「駅近」の集合住宅に住み替える事例を紹介している[12]．しかし，本研究はこれらの先行研究とは異なり，高齢世帯が「まちなか」や「駅近」ではなく，郊外の戸建住宅を志向する事例を明らかにしている．高齢世帯が日常生活を送る上で障害になる地形条件や交通条件を超克して，彼らがなぜ当住宅地を志向するのか．この点に関しては次節以降で詳述する．

　最後に当住宅地に転居する直前の居住形態をみていきたい．表 10-1 によると世帯主年齢が 30 歳代から 50 歳代までの世帯では，戸建住宅をはじめて購入した住宅の一次取得の割合が高く，転居直前の住居は集合の賃貸住宅や公営住宅など，借家であった世帯が多い．結婚，出産による家族人員の増加が，手狭な賃貸アパート・マンションから庭付きの戸建住宅を取得する契機になっていると解釈できる．住宅を一次取得した彼らに対して，高齢世帯になると借家よりも持家から住み替える割合が高まる．すなわち，転居直前まで居住していた持家を処分もしくは賃貸などして，改めて当住宅地に戸建住宅を購入した住宅の二次取得が顕著である．中でも世帯主年齢 70 歳以上の世帯における転居直前の住居を集計すると，110 世帯のうち 53 世帯

表10-1 世帯主年齢別による転居直前の居住形態

		30歳代		40歳代		50歳代		60歳代		70歳以上		総計	
		世帯	%	世帯	%	世帯	%	世帯	%	世帯	%	世帯	%
戸建	持家	4	22.2	7	14.6	9	17.0	24	25.8	53	48.2	97	30.1
	賃貸	2	11.1	3	6.3	5	9.4	10	10.8	14	12.7	34	10.6
集合	持家	1	5.6	0	0.0	0	0.0	3	3.2	5	4.5	9	2.8
	賃貸	10	55.6	28	58.3	16	30.2	19	20.4	12	10.9	85	26.4
公営住宅		1	5.6	6	12.5	11	20.8	10	10.8	4	3.6	32	9.9
社宅・寮		0	0.0	3	6.3	10	18.9	25	26.9	22	20.0	60	18.6
親元		0	0.0	1	2.1	2	3.8	2	2.2	0	0.0	5	1.6
総計		18	100.0	48	100.0	53	100.0	93	100.0	110	100.0	322	100.0

注:ただし,その他・不明の7世帯を除く.
出典:質問紙調査により筆者作成.

(48.2%)までが,戸建の持家から戸建の持家へ住み替えている.

序章で言及したように,日本の住宅市場では新築住宅の売買が圧倒的に多いという特徴を有している[13].ただし,当住宅地では全国的な傾向よりも中古住宅を購入する割合が高い.中古住宅を購入した割合を世帯主年齢別に集計すると,30歳代の世帯では41.2%(17世帯中7世帯),40歳代の世帯では23.1%(39世帯中9世帯),50歳代の世帯では30.6%(49世帯中15世帯),60歳代の世帯では37.3%(83世帯中31世帯),70歳以上の世帯では37.8%(90世帯中34世帯)となっている.

中古住宅を取得する背景には,住宅借入金等特別控除(住宅ローン控除)が中古住宅の取得にも適用されたことや,1999年2月のゼロ金利政策に伴う住宅ローン金利の引き下げが考えられる.控除に関しては,毎年の住宅ローン残高の0.6%から1%までを最大15年間,200万円までを所得税から控除されるので減税効果は大きい.国税庁によれば,2007年1月から2014年3月までの控除要件を,①居住者が中古住宅を取得した場合,②床面積が50m^2以上であり,床面積の2分の1以上の部分が専ら自己の居住の用に供する場合,③耐震基準を満たしている場合(たとえば,鉄筋もしくは鉄骨鉄筋コンクリート造の集合住宅であれば,築年数が25年以内),④借入金の償還期間が10年以上の場合などとしている[14].

金利に関しては，新築住宅を取得するよりも融資期間が短く設定されるものの，条件によっては月々の返済額が家賃以下の金額で融資を受けられるので，住宅取得機会の裾野はさらに広がる．日本銀行によれば，住宅ローン金利に影響する基準割引率および基準貸付利率が段階的に引き下げられ，1980年8月の8.25％から2001年9月には史上最低の0.1％となった[15]．

以上のように，分析対象世帯の属性を整理すると，①世帯主の年齢構成は30歳代から70歳以上まで幅広く分布しており，中でも高齢世帯が全体の6割強を占める．②家族構成は若年世帯ほど核家族世帯が多く，高齢世帯ほど夫婦のみの世帯あるいは単独世帯が多い．③調査時点で就業している世帯主の勤務先は，半数以上が高崎市内に存在する．④世帯主年齢30歳代から50歳代までの世帯は住宅の一次取得が多いのに対して，高齢世帯は住宅の二次取得が多く，かつ新築住宅のみならず中古住宅を取得する割合が高い．

3. 持家取得に伴う住居移動と居住地選好

開発から30年以上が経過した全国の郊外住宅地，とりわけニュータウンの多くは住民の高齢化と建物の老朽化が同時進行する「二つの老い」に直面している[16]．世代交代がすすまず，建物が適切に更新されなければ，やがてその住宅地は新たな住まい手を失い，空き家や空き地が増大することになる．すなわち人口減少・少子高齢化社会では，住宅地がより厳格に選別・淘汰されていく．ただし，当住宅地は高齢化こそ徐々に進行しているものの人口は増加傾向にあり，人口置換が比較的順調な郊外住宅地であるといえる．そこで本節では，人口置換の要因を分析対象世帯の住居移動と居住地選好の視点から考察する．

(1) 前住地の分布

当住宅地に居住する直前の住居分布を考察していくと，前住地分布は世帯主年齢によって大きく異なっていることがわかる．図10-6によれば，前住

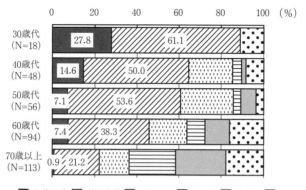

出典：質問紙調査により筆者作成．

図10-6　前住地の分布

地分布は若年世帯ほど吉井町内あるいは高崎市内という当住宅地から比較的近い範囲内に分布し，高齢世帯ほど群馬県外を中心に当住宅地から比較的遠方，かつ広域に分布している．世帯主年齢60歳以上の世帯（N＝207）における前住地を具体的に挙げてみると，東京都が38世帯（18.4％），埼玉県が33世帯（15.9％），神奈川県が13世帯（6.3％），千葉県が9世帯（4.3％），長野県が3世帯（1.4％），北海道，福島県，新潟県がそれぞれ2世帯（1.0％），宮城県，愛知県，岡山県がそれぞれ1世帯（0.5％）と続いており，群馬県外を前住地とする世帯は合計106世帯（51.2％）にのぼる．

相対して世帯主年齢50歳代までの世帯（N＝122）における前住地は，吉井町内が16世帯（13.1％），高崎市内が65世帯（53.3％）となっており，吉井町を含む高崎市内を前住地とする世帯は合計で81世帯（66.4％）に拡大する．サンプル数は少ないが世帯主年齢30歳代の世帯では，前住地が高崎市内である割合は8割強を占める．

以上のように，前住地の地理的分布と世帯主年齢には大きな差異が認められるが，この差異は家族の出身地が強く影響している．図10-7によれば，夫と妻（単独世帯の場合は世帯主本人）の出身地と世帯主年齢にはトレード

第 10 章　人口置換が進む住宅地と空き家化の抑止　　251

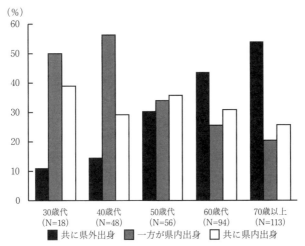

出典：質問紙調査により筆者作成．

図 10-7　夫婦もしくは世帯主の出身地

オフの関係が成立しており，当住宅地とのゆかりが深い群馬県内出身者の割合は世帯主年齢の上昇とともに縮小する．世帯主年齢 30 歳代と 40 歳代の具体的な数値を挙げてみると，これらの世帯では夫婦共に県内出身者の割合が，前者で 38.9％，後者で 29.2％，夫婦のうち一方，もしくは単独世帯の世帯主が県内出身者の割合も，前者で 50.0％，後者で 56.3％となっており，以上の数値を合計すれば，いわゆる「地元出身者」の割合が圧倒的多数を占めていることがわかる．

したがって，若年世帯にとって群馬県こそが出生地＝故郷であるのに対して，高齢世帯は群馬県以外の都道府県が出生地であって，群馬県は故郷ではない．高齢世帯の多くは群馬県以外で出生しているので，その出生地こそが故郷であるといえる．

調査時点で 70 歳以上の世帯主は，出生年が 1947 年から 1949 年までの，いわゆる団塊世代に含まれる．周知のとおり，団塊世代の多くは地方出身の次男以降の子から構成され，戦後復興期に優良な労働力として，地方圏から

大都市圏へ送り込まれた[17]．出生地にある実家は長男が継承しているので，団塊世代の多くは出生地にUターンすることなく，むしろ自分の意思で居住地を選択できた世代であった[18]．世帯主年齢70歳以上の世帯が全国各地から集住し，念願のマイホームを当住宅地に求めたことは，このような潮流の延長線上にあって，決して偶然の賜物ではないだろう[19]．

広域から集住した高齢世帯に対して若年世帯は，吉井町を含む高崎市内に実家があり，そこで生まれ育った高崎市出身者で構成される割合が高い．次項で詳述するが，彼らは親元から近く，かつ通勤に便利な地域を住宅取得地に選択する傾向が強い．吉井町の近隣に居住した経験があれば当住宅地に対する，いわば土地勘を得ていた可能性は高く，このような既知の住宅地の中から住宅取得地を選択したと解釈できる．確かに近年では，住宅取得地を前住地の近隣で選ぶ傾向が高いとされている[20]．地価が高騰したバブル経済期には，手頃な住宅を求めて都心から郊外へ向かう長距離移動をしなければならなかったが，地価上昇が沈静化したこんにち，あえて住み慣れた土地を離れて見知らぬ土地へ長距離移動せずとも，比較的安価な住宅を前住地の近隣で取得できるのである．

つまり，住宅市場の中で当住宅地は，1980年代初頭の宅地造成期から現在に至る時間経過とともにローカル化したものと考えられる[21]．

(2) 世代別の居住地選好

ただし依然，疑問として残されるのは，彼らが数多く存在する住宅地の中から，なぜ当住宅地を選択したのかという点である．そこで本項では，当住宅地を選択した要因を分析対象世帯の居住地選好から検討する．

まず，世帯主年齢別に当住宅地を選択した理由をみていきたい．図10-8によれば，世帯主年齢によって選択理由が明らかに異なっていることがわかる．世帯主年齢50歳代までは主に「世帯主の通勤に便利」「前住地から近い」「親元から近い」などの地理的な要因を重視しているのに対して，高齢世帯は「地域イメージが良い」「広さや間取りが良い」「住環境が良い」など，

第 10 章　人口置換が進む住宅地と空き家化の抑止　　253

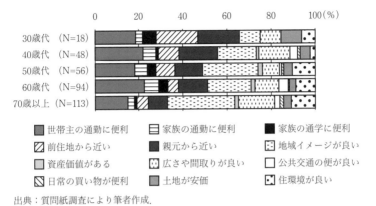

出典：質問紙調査により筆者作成．

図 10-8　西武吉井ニュータウン南陽台を選択した理由

住宅や居住環境の質的な要因を重視している．

　有職者の多い世帯主 50 歳代までの世帯は通勤時間（もしくは距離）を意識した住居選択を試みているが，たとえ地形条件と交通条件が良好とは言えなくても，世帯主自身とその家族が自家用車を運転できれば，通勤を含めた日常生活に特段の支障はないだろう．ましてや実家から比較的近距離に位置し，かつ土地勘のある住宅地であれば，彼らにとって最適な居住地と言っても過言ではあるまい．

　しかし，高齢世帯になると状況は一変する．香川は，高齢世帯が日常生活を維持するためには，子との近居が重要であるとの見解を示している[22]．親子が近居できれば，親が子の育児を支援したり，子が親の買い物や通院を手助けしたりするなど，相互扶助の関係が構築できる．共働きが一般化する中で，若年世帯が子育てと仕事を両立させることは容易ではない[23]．待機児童問題などが社会的な関心を集めている昨今，親子近居は親子双方にとって理想的な住まい方ではなかろうか．これまでにも「スープの冷めない距離」が親子間の距離として望ましいとされてきたが，この「近すぎず，遠すぎず」の関係をより多くの世帯で築ければ，地域内の人口置換がすすみ，人口は維持されることになる．

そこで次節では，高齢世帯に注目して，彼らが生活を維持する上で重要な役割が期待される子との関係と今後の暮らし向きについて検討する．

4. 高齢世帯が生活を維持するための親子近居

本節では，親子関係をより具体的に把握するため，別居子による実家への来訪頻度を中心に考察する．

まず，高齢世帯（N = 207）における子の有無をみていくと，子がいる世帯は 164 世帯（79.2％），子がいない世帯は 43 世帯（20.8％）であり，子がいる世帯のうち，子と同居している世帯は 48 世帯（23.2％），子と別居している世帯は 116 世帯（56.0％）となっている．つまり，当住宅地に居住している高齢世帯の多くは，子と別居した状態で，夫婦もしくは単独で生活していることになる（図 10-9）．

つぎに別居子の住居分布であるが，複数の別居子がいる場合は，来訪頻度の最も高い別居子のみを，来訪頻度が同程度の場合は長子を分析対象とした．その結果，来訪頻度の最も高い別居子は，第一子が 33.8％（70 世帯），第二子が 18.8％（39 世帯），第三子が 1.9％（4 世帯），その他・不明が 1.4％（3

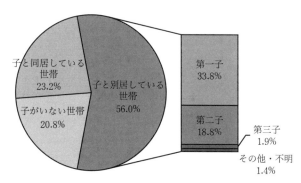

出典：質問紙調査により筆者作成．

図 10-9 高齢世帯における子の有無と居住関係

世帯）であった．ちなみに，来訪頻度の最も高い別居子の性別は，男性が40.7％（46世帯），女性が56.6％（64世帯），不明2.7％（3世帯）であり，頻繁に実家を訪問する別居子は自身の娘であって，親子が相互扶助の関係を構築しているものと推測される．

表10-2によれば，高崎市内に別居子が居住している割合は34.5％（39世帯）であったが，そのうち吉井町内に居住している割合は4.4％（4世帯）にとどまる．しかし，高崎市以外の群馬県内に居住している割合（17.7％）を加えると，全体の52.2％（59世帯）までが，少なくとも群馬県内に別居子が1人以上いることになる．

続けて別居子の来訪頻度をみていこう．「毎日，実家に通っている」割合

表10-2　高齢世帯における別居子の住居分布

	該当数（世帯）	割合（％）
高崎市	39	34.5
うち吉井町	5	4.4
群馬県	20	17.7
埼玉県	12	10.6
東京都	23	20.4
その他の府県	18	15.9
不明	18	0.9
総計	113	100.0

出典：質問紙調査により筆者作成．

表10-3　高齢世帯における別居子の来訪頻度

	該当数（世帯）	割合（％）
毎日	7	6.2
毎週	15	13.3
毎月	37	32.7
2〜3ヶ月に1回	27	23.9
半年に1回	9	8.0
1年に1回	9	8.0
年に1回未満	4	3.5
不明	5	4.4
総計	113	100.0

出典：質問紙調査により筆者作成．

は6.2%（7世帯），同様に「毎週」は13.3%（15世帯），「毎月」は32.7%（37世帯）となっており，最低でも月に1回程度は別居子が実家を訪ねている世帯は過半数を占める（表10-3）．これらのデータは，かつて千里ニュータウンで調査を試みた香川と概ね符合するものであり[24]，当住宅地内で親子が近居し，毎日のように顔を合わせながら生活している世帯は少ないものの，自家用車で30分以内に実家へたどり着ける「近すぎず，遠からず」の関係であると推察される．

ところで，別居子がいない，もしくは別居子が遠方に居住しており，来訪頻度が年に1回未満の高齢世帯は，今後の生活をどのように考えているのだろうか．本調査で最終的に現住居はどのようになるかを尋ねたところ，「自分で売却するだろう」「甥などの親族に相談した上，相続してもらう」「市や福祉団体に寄付したい」など，具体的な意思を表明する一方，「未定」「どうなるかわからない」「空き家になるだろう」と回答した世帯も散見され，子を頼りにできない世帯への適切な支援が急がれる．

以上のように，当住宅地では同居子と月1回程度実家を訪問する別居子を合わせると，約7割の高齢世帯が，親子の相互扶助の関係を構築しているといえる．

高齢世帯のすべてが利便性の高い「まちなか」や「駅近」の住宅を志向しているわけではない．郊外の緑豊かで閑静な環境の下，地域コミュニティの一員として充実した老後を送ろうとする世帯は，むしろ多いのではないか．しかし，何人たりとも加齢による身体的な弱化から逃れることができないのも事実であろう．足腰が弱り，単独での外出が困難になったとき，郊外住宅地が高齢世帯に対して暮らしやすい住環境を提供し続けられるのか，真摯に議論すべき時節を迎えている．その際に大きなヒントを与えるのが親子近居という住まい方であると考えられる[25]．

おわりに：空き家化の抑止に向けた郊外住宅地のあり方

　本節では得られた知見を整理して，空き家化の抑止に向けた郊外住宅地のあり方を展望する．

　当住宅地は地形条件や交通条件が不利にもかかわらず，最近20年間の人口は3割強ほど増加している．近年転入した世帯は，若年世帯から高齢世帯まで幅広い年齢層で構成されており，彼らが人口増加の原動力となっている．

　まず，分析対象世帯の属性を整理すると，世帯主の年齢構成は30歳代から70歳以上まで幅広く，中でも高齢世帯が全体の6割強を占める．家族構成は若年世帯ほど核家族世帯が多く，高齢世帯ほど夫婦のみの世帯あるいは単独世帯が多い．調査時点で就業している世帯主の勤務先を考察すると，半数以上が高崎市内であり，当住宅地から概ね30分以内で通勤している．当住宅地に転居する直前の住居形態をみていくと，世帯主年齢30歳代から50歳代までの世帯は，住宅の一次取得が多いのに対して，高齢世帯は住宅の二次取得が多く，いずれの世帯も新築住宅のみならず中古住宅を比較的多く取得している．

　つぎに，人口置換の要因を住居移動と居住地選好から考察すると，前住地分布は世帯主年齢によって大きく異なっており，若年世帯ほど高崎市内に，高齢世帯ほど群馬県外に分布する割合が高い．したがって，住宅市場の中で当住宅地は，1980年代初頭の宅地造成期から現在に至る時間経過とともにローカル化したものと考えられる．

　続いて，居住地選好を検討した結果，世帯主年齢50歳代までは主に「世帯主の通勤に便利」「前住地から近い」「親元から近い」などの地理的な要因を重視しているのに対して，高齢世帯は「地域イメージが良い」「広さや間取りが良い」「住環境が良い」など，住宅や居住環境の質的な要因を重視していることがわかる．

　高齢世帯が当住宅地で生活を維持するには，子との相互扶助の関係が大き

な役割を果たしている．別居子が実家へ来訪する頻度を考察したところ，当住宅地内で親子が近居し，毎日のように顔を合わせながら生活している世帯は少ないものの，別居子は自家用車で概ね30分以内の範囲に居住しており，最低でも月に数回程度は実家を来訪している．

　以上のように，当住宅地では高齢世帯の多くが子と同居，もしくは別居子との相互扶助の関係を築きながら生活を維持していることが明らかになった．ただし，今後の日本では非婚化や晩婚化がさらにすすむことが想定され，子のいない単独世帯や夫婦のみの世帯（DINKs世帯など）の割合は拡大するとみられる．このような状況では，当住宅地で確認された親子による相互扶助の関係は築きがたく，近い将来の高齢世帯が買い物や通院などの日常生活に窮する事態が想像される．

　そこで，高齢世帯がつつがなく日常生活を送るために，つぎの2点を提案したい．

　1点目は，親族の垣根を越えた他者が，高齢世帯と相互扶助の関係を構築することである．具体的には，現住居で組織されている町内会，自治会，NPO法人などが，主たる役割を担うことになるだろう．当住宅地では，夏に南陽台祭り，秋にサンマの会，冬に餅つき大会など，地域を挙げたイベントが定期的に開催されており，世代間交流の良き機会となっている．ある世帯主70歳以上の単独世帯が回答した自由記述には「南陽台はよく活動していると思う．年中，季節に合わせて行事を考えてくださっていると思います．夏祭りは盛大だし，サンマ焼きは楽しいし，もちつきは子供たちに混ざっておいしくいただいている．月1の掃除に近隣が顔を合わせられる，数々のクラブ活動もあります．要するに自分が動ければ，なんでも楽しく感じられると思います」とあり，町内会などが企画したイベントやクラブ活動へ高齢世帯が積極的に参加している様態を表している．

　2つ目は，ライフステージに即した柔軟な住み替えの促進である（図10-10）．家族人員の増加が見込まれる若年世帯の中には，「まちなか」や「駅近」における喧噪を離れ，閑静な環境の下で育児や子育てに励もうとする世

第10章　人口置換が進む住宅地と空き家化の抑止　　　　　　　　　　259

出典：筆者作成．

図 10-10　ライフステージに即した柔軟な住み替え

帯は少なくない．同時に，高齢世帯は加齢に伴う身体的弱化を予見して，自家用車に依存しない徒歩による生活を望む世帯もまた少なくない[26]．これら若年世帯と高齢世帯の志向を両立させるために，例えば，高齢世帯が「まちなか」や「駅近」へ住み替えた結果，空き家となった郊外の戸建住宅に，若年世帯が中古住宅の取得や賃貸を通じて住み替えるのである．このようなライフステージに即した柔軟な住み替えが可能になれば，人口減少社会にあっても郊外住宅地の役割が完全に雲散霧消することはない．

　柔軟な住み替えを促進するためには，日本では低調な中古住宅市場の活性化が不可欠となる．すでに一部の地域ではリバースモーゲージによる住み替えがおこなわれているが，中古住宅のさらなる普及には，ホームインスペクション（第三者による住宅診断）を義務づけるなど，多種多様な住宅が存在する中古住宅の資産価値を正当に評価する枠組みが求められる．

　前述したとおり，人口減少・少子高齢化による住宅需要の長期的な縮小が不可避の中，住宅地の選別と淘汰は，より厳格にすすむものと考えられる．立地条件に劣る住宅地では比較的早い段階に住まい手を失い，住宅地内の空き家化は一段と深刻になるだろう．

　本研究で考察したように，高齢世帯（主に団塊世代）と若年世帯には郊外住宅地に対する大きな意識差が存在した．つまり，前者の故郷は現住居ではないが，後者のそれは現住居である世帯が多いということである．加えて，住宅市場のローカル化が若年世帯の地元志向を鮮明に物語っている．親兄

弟・友人知人が多く暮らす故郷，すなわち地元で末永く生活したいと願う若年世帯は，むしろ多いのではなかろうか．地元志向の若年世帯が地元に定住するためには，地元から通勤できる範囲に雇用機会を創出する他ない．オフィスなどの業務機能を都心のみに集中させるのではなく，住居機能が卓越する郊外にも適切に配置して，郊外で職住近接を実現させたり[27]，テレワークなどの時間や場所にとらわれない柔軟な働き方を導入したりすることが求められよう[28]．

したがって，空き家化の抑止策を検討するには，空き家となった時点で遅きに失しており，未利用不動産のみをとらえていては，視点が矮小化する恐れがある．むしろ空き家化を未然に防ぐためには，地域事例を踏まえた上で，郊外住宅地の主体者たる居住世帯が，どのような日常生活を送っているのか，今後の生活をどのように考えているのか，居住世帯の視点を含めた地理学的研究がより重要になると思われる．

［付記］ご多忙の折，快く質問紙調査にご協力下さいました西武吉井ニュータウン南陽台の皆様に御礼申し上げます．特に区長の皆様方には過分なるご高配を賜りました．また，調査票の配布と入力作業を高崎経済大学佐藤英人ゼミナールの2期生（ゼミ長：樋口浩太さん）と3期生（同：大山雄史さん）にお手伝い頂きました．記して感謝申し上げます．なお，本研究の概要は日本地域政策学会2017年千葉大会および群馬地理学会第25回研究発表会で発表した．

注

1) 国立社会保障・人口問題研究所「人口統計資料集（2017改訂版）」http://www.ipss.go.jp/syoushika/tohkei/Popular/Popular2017RE.asp？chap（最終閲覧日：2018年11月4日）．
2) 矢部直人「1990年代後半の東京都心における人口回帰現象—港区における住民アンケート調査の分析を中心にして—」（『人文地理』第55巻第3号，2003年）79-94頁．
3) 江崎雄治『首都圏人口の将来像—都心と郊外の人口地理学—』（専修大学出版局，2006年）171頁．中澤高志・佐藤英人・川口太郎「世代交代に伴う東京圏郊外住宅地の変容—第一世代の高齢化と第二世代の動向—」（『人文地理』第60巻第2号，2008年）38-56頁．

4) たとえば，由井義通・久保倫子・西山弘泰編『都市の空き家問題　なぜ？どうする？―地域に即した問題解決にむけて―』(古今書院，2016 年) 212 頁．
5) たとえば，米山の一連の著作．米山秀隆『少子高齢化時代の住宅市場』(日本経済新聞出版社，2011 年) 271 頁．同『空き家急増の真実―放置・倒壊・限界マンション化を防げ―』(日本経済新聞出版社，2012 年) 228 頁．同『限界マンション―次に来る空き家問題―』(日本経済新聞出版社，2015 年) 240 頁，など．
6) 当住宅地の住居表示は編入合併後に，高崎市吉井町南陽台 1〜3 丁目となった．
7) 最寄りのコンビニエンスストアは地点 C 付近に立地するセブンイレブン吉井南陽台店である．小売店のみならず医療機関についても歯科医を除くと住宅地内にはなく，徒歩での受診は困難である．
8) ただし，2018 年 9 月 20 日現在のダイヤを指す．
9) 旧群馬郡倉渕村は，2006 年 1 月に高崎市へ編入合併され高崎市倉渕町となった．倉渕町は同市西端の長野県との県境を成し，伝統的に林業が盛んな地域である．
10) 総務省「平成 27 年国勢調査」によると，高崎市の自市内従業率（ただし，自宅で従業も含む）は 68.7％であり，本調査で得られた値はこれよりも 15 ポイントほど低い．
11) ただし，数値は総務省「平成 25 年住宅・土地統計調査」に掲載されている「家計を主に支える者が雇用者」の通勤時間である．
12) 大塚俊幸「大都市圏郊外駅前地区におけるマンション居住世帯の日常生活行動―JR 中央線勝川駅周辺を事例として―」(『人文学部研究論集』(中部大学人文学部) 第 31 巻，2014 年) 117-139 頁．富田和暁『大都市都心地区の変容とマンション立地』(古今書院，2015 年) 169 頁．
13) 近年の中古住宅市場の動向については佐藤ほかが詳しい．佐藤英人・清水千弘・唐渡広志「最寄駅徒歩圏居住に向けた中古集合住宅の役割―2000 年代の東京大都市圏を事例として―」(『人文地理』第 70 巻第 4 号，2018 年) 477-497 頁．
14) 国税庁ホームページ（タックスアンサー）による．国税庁 https://www.nta.go.jp/taxes/shiraberu/taxanswer/shotoku/1214.htm「No.1214 中古住宅を取得した場合（住宅借入金等特別控除）」(2018 年 4 月 1 日閲覧)．
15) 日本銀行ホームページによると，利率 0.1％は 2006 年 6 月まで継続した．日本銀行 https://www.boj.or.jp/statistics/boj/other/discount/index.htm「基準割引率および基準貸付利率（従来「公定歩合」として掲載されていたもの）の推移」(2018 年 4 月 1 日閲覧)．
16) 佐藤英人「人口減少・少子高齢化社会と対峙する郊外住宅地の将来」(『地域政策研究』第 21 巻第 4 号，2019 年) 67-81 頁．
17) 山口覚『集団就職とは何であったか―＜金の卵＞の時空間―』(ミネルヴァ書房，2016 年) 391 頁．
18) 谷謙二「大都市圏郊外の形成と住民のライフコース」(荒井良雄・川口太郎・井上孝編『日本の人口移動―ライフコースと地域性』古今書院，2002 年) 71-89 頁．

19) 本調査で世帯主年齢 70 歳以上の世帯に対して将来の住まい方を尋ねたところ，世帯主もしくは配偶者の出身地に戻ると回答した割合は，わずか 1.8％（113 世帯中 2 世帯）にとどまる．
20) 小泉諒・西山弘泰・久保倫子・久木元美琴・川口太郎「東京都心湾岸部における住宅取得の新たな展開―江東区豊洲地区の超高層マンションを事例として―」（『地理学評論』第 84 巻第 6 号，2011 年）592-609 頁．
21) 当住宅地がローカル化した要因のひとつに，高崎市の「移住促進資金利子補給金制度」が考えられる．この制度は，倉渕地域，榛名地域，吉井地域に住宅を取得した場合，住宅ローンなどの利息を 5 年間分補給するものである．高崎新聞 2018 年 08 月 22 日配信版によれば，2018 年 3 月末までに同制度を利用した件数は合計で 149 件あり，そのうち高崎市内居住者は 128 件（全体の 85.9％）であった．さらに，吉井地区に住宅を取得した件数は 107 件（同 71.8％）にのぼったという．
22) 香川貴志「少子高齢社会における親子近接別居への展望―千里ニュータウン南千里駅周辺を事例として―」（『人文地理』第 63 巻第 3 号，2011 年）209-228 頁．
23) 久木元美琴『保育・子育て支援の地理学―福祉サービス需給の「地域差」に着目して―』（明石書店，2016 年）224 頁．
24) 前掲，香川．
25) 長沼ほかによれば，親子近居が実現できなければ郊外住宅地の持続は困難であるとの見解を示している．長沼佐枝・荒井良雄・江崎雄治「地方中核都市の郊外における人口高齢化と住宅地の持続可能性―福岡市の事例―」（『経済地理学年報』第 54 巻第 4 号，2008 年）310-326 頁．
26) 加えて，大塚や佐藤ほかによれば，子が離家し家族人員が減少した高齢世帯は郊外の戸建住宅よりも，むしろ部屋数が少なく管理しやすい「まちなか」や「駅近」の集合住宅を志向すると指摘している．前掲，大塚「大都市圏郊外駅前地区におけるマンション居住世帯の日常生活行動―JR 中央線勝川駅周辺を事例として―」．前掲，佐藤・清水・唐渡「最寄駅徒歩圏居住に向けた中古集合住宅の役割―2000 年代の東京大都市圏を事例として―」．
27) 郊外における職住近接の都市構造に関しては佐藤が詳しい．佐藤英人『東京大都市圏郊外の変化とオフィス立地―オフィス移転からみた業務核都市のすがた―』（古今書院，2016 年）160 頁．
18) テレワークなどの柔軟な働き方に関しては下崎・小島や佐藤が詳しい．下崎千代子・小島敏宏『少子化時代の多様で柔軟な働き方の創出―ワークライフバランス実現のテレワーク―』（学文社，2007 年）218 頁．佐藤英人「仕事と家事の両立を目指した在宅就業の現状と課題―女性の居住地移動に着目して―」（『日本地域政策研究』第 15 巻，2015 年）4-11 頁．

第11章
長寿命化の視点からみた地方都市の空き家
―前橋市の実態を踏まえた空き家政策の提言―

堤　洋樹

はじめに

　近年注目を浴びている空き家問題は，建築物の長寿命化という視点から見ても無視することができない課題の1つだろう．2014年11月に制定された空家等対策の推進に関する特別措置法を契機に，かねてから社会問題視されていた空き家の対策に全国の地方自治体が本格的に取り組み始めた．前橋市も，2015年4月から建築住宅課内に空き家利活用センターを開設し，前橋市内にある空き家の利活用に対するアドバイスなどを開始，並行して「前橋市空家等対策計画」[1]を公布・施行した．また同年6月には既存の条例の全部改正を行い「前橋市空家等対策の推進及び空家等の活用の促進に関する条例」を公布・施行するなど，全国的に見ても積極的な空き家対策を実施している．

　前橋市は北関東に位置する群馬県の県庁所在地として人口約34万人を抱える中核市である．2013（平成25）年住宅・土地統計調査の結果によると，前橋市の空き家率は15.6％と全国平均の13.5％に比べて高く，早急な対応が求められていた．そこで前橋市は2014年度から，全国の地方自治体における空き家対策の調査を前橋工科大学堤研究室（以後「堤研究室」）との共同研究として開始している．さらに2015年度には前橋市と前橋工科大学との共同研究「前橋市における空家対策事業支援」が締結され，前橋工科大学地域連携推進センター内に「空家部会（代表：堤洋樹）」が設置された．

2017年度までの3年間に前橋市全域の現地調査を実施し、2018年度には堤研究室が調査データの分析と空き家政策への提言を担当することとなった。本章における報告内容は、堤研究室における成果を再編したものである[2]。

なお堤研究室では前橋市との共同研究とは別に、2016年10月からJST／RISTEX持続可能な多世代共創社会のデザイン研究開発領域採用研究「地域を持続可能にする公共資産経営の支援体制の構築（研究代表：堤洋樹）」の活動（以後「BaSSプロジェクト」）の一環として、空き家を改修し再活用する手法についても研究を行っている。本稿では、2017年度に実際に前橋市の広瀬川河畔にあった空き家を改修し再活用を目指すプロジェクトを立ち上げ、残念ながら断念した事例についても、既往報告を再編してお伝えしたい[3]。

1. 前橋市における空き家調査

(1) 空き家の実態調査が抱える課題

「地方公共団体における空家調査の手引き（国土交通省）」にも示されているように、空き家の実態把握には現地調査が調査精度の向上に有効であるが、その実施には多くの手間や費用が必要となる。前橋市でも、現地調査の省力化について検討する必要があった。住宅の外観からだけでは空き家の判断や状態を容易に判断できない場合が多く、現実的には様々な視点からの確認作業が必要となるが、それでも空き家の特定や状態を正確に把握することは困難である。そのため調査費用が限られている地方自治体では、国勢調査や住宅・土地統計調査などの統計資料や休止・廃止した上水道水栓や住民基本台帳などの行政資料から空き家数を推定する簡易的な調査方法が用いられている場合が多い[4]。

なお統計資料や行政資料を用いて空き家の発生原因や分布の予測が行われている既往研究も多いが[5]、実態と比較して誤差が大きくなる地域が存在することが実態調査を行った研究で指摘されている[6]。一方で都市全体の空き

家率については，高齢化率との相関が高いことが既存研究で示されている[7].

また調査方法だけでなく，調査結果の活用方法についても課題を抱えている．実態調査を行えば個別の空き家の状態が特定できるが，その調査結果は個人情報保護の観点から住民ら庁外に公開できないため，広く活用を呼びかけることができない．さらに自治体が空き家の存在を把握していても，現実的に直接関与できるのは主に特定空き家と判断できるごく一部の物件に限定されてしまう．そのため多くの自治体では，公平性の視点からも一律の政策で対応している．しかし同じ空き家でも立地や環境が異なることを考慮すれば，一律の政策で効率的な対応が可能なのか疑問である場合が多い．

そこで本章では，前橋市における現地調査を通して空き家の分布実態を把握し，その結果を地方都市における効果的な空き家政策に繋げるため，空き家率の傾向を踏まえた地域区分を行い，その地域区分ごとに適切だと考えられる政策提言を行う．

(2) 現地調査の概要

「前橋・千代田町　空き家27％　市内で突出」

これは2017年5月12日の上毛新聞に掲載された第5回前橋市空家等対策協議会に関する記事のタイトルである．この空き家調査を行ったのが主に空家部会であるが，報告書の取りまとめを通して明らかになった実態把握の難しさと必要性についてお伝えしたい．なお掲載時点では，前橋市全域の調査は完了していないため経過報告であった．

さて，この27％という値は一般的には「空き家率」と呼ばれ，基本的には対象地域の「空き家数／住宅数」で表される．なお千代田町の27％は市街地内の他地区と比べても突出しており，予想以上に地域差が大きいことが明らかになった．またその値は千代田町から離れるほど低くなる傾向が強く，同心円を描くような分布が見られる．その様子を視覚化できたことが今回の空き家調査の最大の成果であろう．

なお自治体レベルの空き家率は，住宅・土地統計調査の結果が引用される

場合が多い．例えば 2013 年調査では，前橋市の空き家数は約 2.5 万戸，空き家率は 15.9％（二次利用含む）という結果が示されている．ちなみに 2008（平成 20）年調査に比べ，約 5 千戸も空き家が増加し，空き家率は 2.6 ポイント増加している．ただし対象範囲が異なる点を考慮しても，今回の空き家調査の空き家率とは大きく異なる．

その理由の 1 つは調査方法の違いである．簡潔に言えば，住宅・土地統計調査はサンプル調査であり，今回の空き家調査は目視による実態調査である．そのため空き家率はどちらも推計値に過ぎないが，少なくとも調査対象地における精度は今回の空き家調査の方が高いだろう．また空き家率を自治体全体ではなく地域差まで確認するためには，実態調査を行うしかない．

また空き家と空き家でない住宅を区別する方法が難しいことも理由に挙げられる．一見すると空き家のような住宅でも住人がいる場合は多い．一方で，空き家が多いと治安が悪くなると考えた隣人が，空き家であることを隠すために花壇を整備していた事例もあった．目視での判断は慎重に行う必要がある．

さらに日本には住宅のストック数を的確に把握している統計資料がないため，空き家率算定の分母になる住宅数も実は空き家数同様に正確に把握されていない．住宅数を実態調査で把握するには，全ての建築物の使い方を確認する必要があるため，空き家以上に実態把握が困難である．仮に空き家の実態を正確に把握できても，空き家率の精度が向上するとは限らない困った状況にある．

空き家の実態把握の前に，今存在する住宅の実態を正確に把握し空き家の発生要因を分析できる仕組みが必要ではないかと再認識させられた実態調査であった．

(3) 現地調査の範囲と時期

空家部会と前橋市との共同研究では，空き家等対策の推進に関する特別措置法第 11 条に規定する空き家等データベースを作成するため，全市の実態

把握を行うことになった．なお当初は水栓情報など行政情報を活用し，簡易的な実態把握を行う予定であったが，調査手法の検討を行うために実施した予備調査の際に前橋市の情報政策課から提供された水栓情報と現地調査結果の一部との整合性を確認したところ，住宅数と水栓数が大きく異なることが判明した．そのため簡易的な実態把握ではなく，共同住宅を含む住宅全棟を確認する現地調査が必要であるとの結論に至った[8]．

そこで前橋市では，住宅全棟の現地調査を2015〜2017年度までの3年をかけて実施することになった．以下にその概要と範囲を示す（図11-1）．

❶ 2015年度における現地調査

前橋駅から半径1kmの円内及び円に接する12地区を対象地域に，2015年8月から9月にかけて調査を実施した．その後調査体制が確立したことか

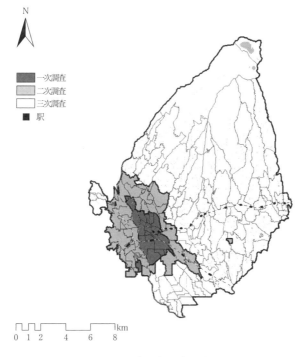

図 11-1　空き家調査の範囲

ら，2016年2月にも11地区の追加調査を含め2015年度は全23地区の現地調査[9]を実施した（以後「一次調査」）．なお一次調査の調査範囲には1.9万棟弱の住宅が存在し[10]，2016年3月時点で前橋市人口（33.9万人）の約17％が居住していた．

❷ 2016年度における現地調査

2016年度の調査地域は2015年度の調査地区に接する市街化区域を中心に，2016年10月から12月にかけて47地区を3つの調査地域に分けて現地調査を実施した（以後「二次調査」）．なお二次調査の調査範囲には3.4万棟強の住宅が存在し，2016年3月時点で前橋市人口の約40％が居住していた．

❸ 2017年度における現地調査

2016年までに調査していない残り4.4万棟弱の住宅が存在する110地区（前橋市人口の約43％）について，前橋市が民間業者に調査を委託し，平成29年5月から平成30年3月にかけて現地調査が実施された（以後「三次調査」）．

(4) チェックシートを用いた現地調査

調査結果を地図上に落とし込み，空き家の位置と状態が把握できる空き家マップを作成するため，目視で対象地域に存在する全ての住宅について状態を確認し，空き家の可能性が高い住宅については空き家等の状態を程度が良い方からA〜Dと判定不可能Fの5区分（表11-1）で記入するチェックシートを作成した．

なお程度が良い空き家については，売買の掲示などがあればA判定，なければB評価の2つに分けて設定した．またC／D判定については，国土交通省が示す『「特定空き家等に対する措置」に関する適切な実施を図るために必要な指針（ガイドライン）』の『〔別紙1〕「そのまま放置すれば倒壊等著しく保安上危険となるおそれのある状態」であるか否かの判断に際して参考となる基準』で示された項目に合わせて設定した．

なお一次調査及び二次調査では，同じ空き家であってもその状態は大きく

第11章　長寿命化の視点からみた地方都市の空き家

表 11-1　空き家判定基準

ランク	空き家の状態
A	損傷は見当たらず流通に乗っている（入居募集の看板がある）
B	問題になる損傷は見当たらない
C	軽度の損傷がある
D	重度の損傷がある（特定空家候補）
F	判定不可能（直接確認できない住宅など）

異なるため，複数の調査者による目視判断でも判断の相違を最小限にすること，また調査者の負担を少なくすることを念頭に，チェックシートを作成した（表 11-2）．三次調査では，民間業者が三次調査の準備調査として，2016年度及び 2017 年度の 2 年分の前橋市全域の住宅地図作成の過程で取得した全住宅の調査結果を基に，空き家と想定される調査対象物件の選定を行っている．そのうえで調査対象物件については再度現地調査を行い，2016 年度までの調査同様に A～D と F の 5 区分で空き家の判定を行った調査結果を用いた[11]．

(5) 調査ツールの開発

チェックシートを用いることで，全ての調査項目を確認するのではなく必要最低限の確認作業で A～D の判定が可能となり，現地調査の手間を大幅に削減することが可能になった．しかし調査者からはチェックシートに書き込む手間をさらに削減してほしいとの要望があったため，現地調査の際にスマートフォン等の通信端末を活用し，チェックシートの情報を直接ウェブから入力し，サーバにあるデータベースに集約する仕組み（以後「調査ツール」）を構築した（図 11-2）．

調査ツールは一次調査の後半から導入したが，その後二次調査や三次調査についても調査者の意見を反映した．その結果，現地調査の作業時間は半分程度に，さらにチェックシートなどからデータベースに再入力する手間の大半が無くなったことから，大幅な省力化を実現することができた．

なお施設情報の収集・評価に活用する調査ツールは，施設や状況によって

表 11-3 チェックシートの内容

No.	ランク	設問	選択回答
1	–	名前	
2	–	住所入力	
3	–	人が住んでいる気配	ない／ある／確認不可
4	A	入居者募集等の広告がある	ある／ない
5		写真を撮影	「ある」の場合
6	B	外観上の判定	電気メーターが停止している 表札が無い，または塞がれている ポストが使えない，使った形跡がない カーテン等が設置されていない 雨戸やカーテンが全て閉じられている 門扉が固く閉じられている 玄関までたどり着けない
7	C／D	管理状態	a. 一部損壊がある b. 建物の損傷が大きく今にも事故が起こりそうである（建物が傾き 1／20 度超） a. ごみが放置されていることで臭気，ネズミ，ハエ，蚊が発生し周辺住民の生活に支障をきたしている b. 壁がはがれ断熱材がむき出しになっている a. 周辺の道路に敷地内の土砂等が大量に流出している b. 多数の窓ガラスが割れたまま放置され，不特定の者が侵入できる状態のまま放置されている a. 立木等が建築物の全面を覆う程度まで繁茂している b. 庭木が今にも倒壊しそうで放置すればけがが人が出る可能性がある
8	–	写真を撮影	
9	–	確認	

設問項目が変化する可能性もあるため，汎用性が高く質問項目の編集等が容易であることが望ましい．そこで調査ツールで設問を作成する際に，自由入力・選択式・画像の添付・GPS 機能を活用した位置情報の指定等の組み合わせから，簡単に設問項目を作成することが可能な仕様とした．また選択式の設問では，選ばれた回答によって次に表示する設問を指定することで選択項目に分岐を設けることが可能である．データ出力についても，回答の閲覧

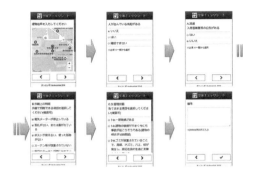

図 11-2 調査ツールの作業画面（一部）

や集計は期間を指定し，CSV 出力・画面出力・地図出力の3通りから選択することが可能である．また使用感や快適性を損なっていた要因としてサーバの脆弱性，設問毎に発生する通信等が挙げられたため，専用サーバの立ち上げ，劣化1箇所の報告に対して一括の通信にするなどの対応により，回答時間の短縮，エラーの削減，自由記述を最小限に抑制，質問項目の簡易化に繋った．

2. 前橋市の空き家の実態

(1) 現地調査による空き家の判定結果
❶一次調査の結果

調査対象となった23地区18,546棟の住宅のうち，1,322棟（A 判定113戸，B 判定967戸，C 判定205戸，D 判定37戸）が空き家と判定された．空き家が最も多い地区は城東町の146棟，最も少ない地区は敷島町の6棟と，空き家数は地区によるばらつきが大きい．空き家の状態分布については概ねB 判定の住宅が過半数を占め，売買・賃貸物件として不動産市場で流通する可能性が低い C 判定及び D 判定の住宅は空き家全体の18％程度である．

また空き家率は，旧市街地から少し外れた比較的新しい住宅地である六供

町や敷島町の1.0%から旧市街地の中心にある千代田町の27%と地区によるばらつきが大きいが，調査対象地における空き家率の平均は7.1%であることが明らかになった．

❷二次調査の結果

調査対象となった47地区34,254棟の住宅のうち，945棟（A判定170棟，B判定681棟，C判定78棟，D判定16棟）が空き家と判定された．空き家が最も多い地区は元総社町の111棟，最も少ない地区は青葉町の0棟と，空き家数は一次調査同様に地区によるばらつきが大きいが，全体的に空き家の数は少ない．

空き家の状態分布についても一次調査同様に，A判定の割合が高い地区も見られるが，概ねB判定の住宅が過半数を占め，売買・賃貸物棟として不動産市場で流通する可能性が低いC判定及びD判定の住宅は空き家全体の9.9%とわずかである．また空き家率は，幸塚町の8.1%から青葉町の0.0%と地区によるばらつきが大きいが，調査対象地における空き家率の平均は2.8%であることが明らかになった．

❸三次調査の結果

調査対象となった110地区43,814棟の住宅のうち，3,785棟（A判定215棟，B判定1,567棟，C判定1,694棟，D判定309棟）が空き家と判定された．空き家が最も多い地区は富士見町小暮の158棟であり，最も少ない地区は川端町，徳丸町，粕川町中，下阿内町の2棟と，空き家数は一次調査や二次調査同様に地区によるばらつきが大きく，全体的に空き家の数は一次調査と二次調査の中間程度である．

しかし空き家の状態分布については一次調査や二次調査と大きく異なり，売買・賃貸物棟として不動産市場で流通する可能性が低いC判定及びD判定の住宅は空き家全体の53%と高い割合を占める．また空き家率は，富士見町赤城山の32%から粕川町中の1.6%と地区によるばらつきが大きいが，調査対象地における空き家率の平均は8.6%であることが明らかになった．

(2) 前橋市全域における空き家の実態

　以上の結果から，一次調査では全体的に空き家率も程度の悪い空き家の割合も中程度であること，二次調査では空き家率も程度の悪い空き家の割合も低いこと，三次調査では空き家率も程度の悪い空き家の割合も高い傾向があることが明らかになった（図11-3）．

　また空き家率については，前橋市全域平均で6.3%という結果になった．しかし地区によるばらつきが大きく，前橋市全域の空き家率と乖離する地区が多く存在する．また空き家率の高低は，旧市街地を中心に市街地に向かって低くなり，さらに郊外に向かうとまた高くなる様子が見られることから，同心円状に分布する傾向があると考えられる．

　なお2013（平成25）年住宅・土地統計調査の結果では，前橋市の総住宅

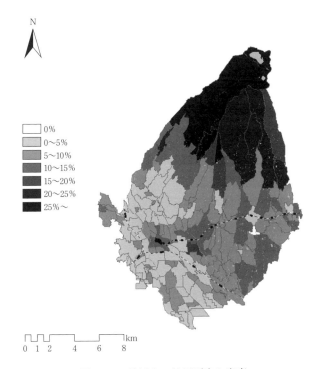

図 11-3　前橋市の地区別空き家率

数は157,190戸，そのうち二次利用を除く空き家が24,530戸なので空き家率は15.6％と，本調査の結果との相違が見られる．前述のとおり住宅・土地統計調査では，本調査と異なり調査単位区内から抽出した住宅及び住宅以外で人が居住する建築物並びにこれらに居住している世帯を対象としたサンプリング調査を基に戸数を推計しているが，本調査では空き家数や住宅数に戸数ではなく棟数を用いるなど，算出方法が異なることが結果に相違が見られる1つの理由だと考えられる．しかし現地調査の結果を見る限り，住宅・土地統計調査の空き家率は実態よりも大幅に高いと考えられる．特に集合住宅が多い都心部では，分母である住宅数を戸数にするか棟数にするかで空き家率は大きく異なる結果となるだろう．

3. 空き家率から見た地域特性

(1) 空き家率と高齢化率の関係性

地区別に大きく異なる空き家率の要因が把握できれば，今後の対応策を具体的に検討することが可能となる．そこで最初に本調査結果による地区単位の空き家率と2015（平成27）年国勢調査人口速報集計の高齢化率を用いた回帰分析を行い，既往研究で関係性が指摘されている空き家率に対する高齢化率の影響を確認する．

前橋市全域における調整済み決定係数（以後「AR^2」）は0.25と低い結果になった．しかし一次調査における AR^2 は0.48と比較的高い．なお二次調査における AR^2 は0.03，三次調査における AR^2 は0.14と，前橋市の中心部では空き家率と高齢化率の関係性が高いことが明らかになった（表11-3）．

高齢化率は空き家率と同様に，旧市街地から市街地に向かって低くなり，さらに郊外に向かうとまた高くなる様子が見られる．そのため空き家率と高齢化率についてはある程度の関係性があると考えられるが，空き家率を高齢化率だけで推定するのは都市の中心部から離れるほど難しい状況が明らかになった．この傾向は，郊外になるほど人口や住宅数自体が少なくなり，分布

表 11-3　高齢化率から見た空き家率

パラメータ	一次調査	二次調査	三次調査	全域
対象数	23	47	110	180
決定係数 (R^2)	0.50	0.05	0.15	0.25
調整済 R^2	0.48	0.03	0.14	0.25
P-値	1.54e-04	0.15	2.51e-05	0.05
係数 高齢化率	0.65	0.01	0.36	0.42
切片	-0.12	0.07	-0.01	-0.04

のばらつきが目立つためだと考えられる．

(2) 高齢化率と人口密度から見た空き家率

空き家率は，高齢化率だけでなく立地環境の影響が大きいと考えられる．そこで都市の中心部ほど数値が高く，住宅需要にも大きな影響を与える人口密度についても空き家率との関係を確認した．しかし本調査による空き家率を，2015年国勢調査人口速報集計の人口密度を用いて回帰分析した結果，AR^2 はほぼ0であった．

そこで空き家率を高齢化率と人口密度を用いて算出する重回帰分析についても行ったところ，一次調査の AR^2 はやや低くなったものの，二次調査・三次調査・全域の AR^2 は高くなり，p値も全調査・全域で5%以下であることが確認できた（表11-4）．そのため人口密度は地域全体の空き家率を一律で説明する際には重要な指標になると考えられる．

(3) 空き家率の分布の傾向

既に多くの自治体で，空き家に対する改修費や除却費の補助や支援などの政策が実施されているが，その対象地域は自治体全域である場合が多い．しかし本研究の結果から空き家率は地区によるばらつきが大きいことが明らかになった．そのため空き家の活用は空き家自体の改良だけでなく，同様の傾向を持つ地区を集めた地域で対策や検討を行うことが望ましいと考えられる．そこで前橋市の空き家率が旧市街地の中心部を中心とした同心円状に分布し

表 11-4 高齢化率と人口密度から見た空き家率

パラメータ		一次調査	二次調査	三次調査	全域
対象数		23	47	110	180
決定係数 (R^2)		0.50	0.15	0.18	0.29
調整済 R^2		0.45	0.11	0.17	0.28
P-値		9.34e-04	0.03	2.25e-05	5.49e-14
係数	高齢化率	0.65	0.09	0.36	0.39
	人口密度*	-1.51e-04	2.97e-03	-62.08	-4.76e-03
	係数	-0.12	-4.89e-03	-0.00748	-0.03

*[1,000 人/km^2]

ている傾向を踏まえ，空き家率との関係が深い高齢化率と人口密度を用いて地域を区分することが可能か検証し，地域別の空き家政策の必要性を確認する．

まず旧市街地の中心部である千代田町を中心とした同心円を描くために，GIS（Geographic Information System）を用いて各地区の重心と千代田町の重心の距離を算出し，距離別に高齢化率と人口密度の分布を確認した．その結果，高齢化率については空き家率同様に中心部が高く，中心部から離れるにしたがって一旦低くなるが，その後再度高くなる傾向が見られる．一方で人口密度は中心部が高く，中心部から離れるにしたがって低くなる傾向が見られる．

この2指標の動向を踏まえ，中心市街地周辺で最も空き家率が高い千代田町を中心とした地域区分を検討するため，階層的クラスター分析（Ward法と平方ユークリッド距離使用）によるデンドログラムから，3クラスターに分類した（図11-4）．さらに各クラスターの重なり部分を整理し空き家対策別の地域区分を行うため，第1四分位数から第3四分位数までを基準に半径2km，4km，7kmを境[12]とした4地域に区分した（図11-5）．なお中心から順に「中心市街」「市街」「郊外」「郊外外部」と名付けた（図11-6）．

これらの結果から，空き家率の推移は「中心市街」から外に向かって同心円状に変化する傾向が明らかになり，高齢化率と人口密度を用いると特徴が

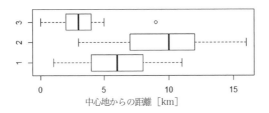

図 11-4 クラスター分析による 3 分類の状況

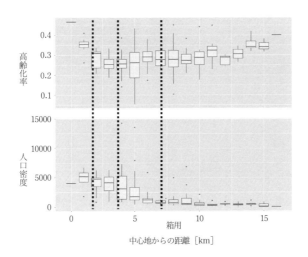

図 11-5 距離別に見た高齢化率と人口密度

異なる 4 つの地域に区分できることが判明した．なお空き家の中でも程度の悪い C 判定と D 判定が空き家全体に占める割合は，「中心市街」の 18% から「郊外」の 51% まで大きな相違が見られる（表 11-5）．仮に空き家率が同じ地区でも，地域区分によってその程度や背景は大きく異なる．そのため実効的な空き家政策の検討には，空き家の状態を改善する手法だけでは不十分であり，地域区分を考慮する必要性が確認できた．

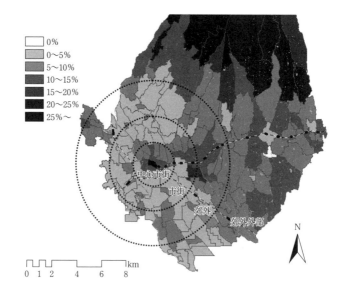

図 11-6 4 地域区分の配置

表 11-5 4 地区の概要

パラメータ	中心市街	市街	郊外	郊外外部
中心地からの距離 [km]	0-2	2-4	4-7	7-
高齢化率	高	低	中	非常に高
（平均）	(0.28)	(0.26)	(0.27)	(0.30)
人口密度 [千人／km^2]	高	中	低	ほぼ 0
（平均）	(4.38)	(3.70)	(0.86)	(0.10)
空き家率 [%]	高	低	中	非常に高
（平均）	(8.41)	(4.07)	(5.92)	(10.38)
C & D／空き家数	224／1,194	192／1,069	717／1,399	1,206／2,430

4. 空き家の改修と活用への取り組み

(1)「空き家プロジェクト」の概要

堤研究室では，建築物の長寿命化の実現に向けて，ソフトとハードの両面

から様々な研究を行っている．この長寿命化という概念は，単なる長い期間建築物を維持するという意味ではなく，いかに長く使い続けることができるかが要点となる．そこで空き家についても，住宅の長寿命化のために本来あるべき方向性を検証する視点から研究に取り組んでいる．なお本稿ではBaSSプロジェクトの一環として，2017年夏に実際の空き家の改修と活用を試み，最終的には断念した「空き家プロジェクト」を通して再認識した課題についてお伝えしたい．

　まず当然ではあるが，空き家の再活用の可否は所有者の意向に影響される．しかし仮に所有者が空き家を再活用しようと思い立っても，立ちはだかる課題は多い．その最大の障壁は，空き家を使いたいと考える利用者と所有者の感覚の隔たりにある．

　実は空き家の利活用に興味を持つ人は多い．しかしその多くは，建築物自体ではなく，「安く借りられる」「安く買える」物件に興味があるにすぎない．ところが放置されていた空き家を再利用するためには，所有者は多額の改修コストやリスク対策の負担，そして様々な記憶や思いを断ち切る必要がある．特に所有者の思い入れが強い物件ほど，再利用のための交渉が成立しない場合が多い．

　一方で所有者がどうしても貸したい・売りたいと考えている空き家があっても，一般的に空き家の資産価値・市場価値は低く不動産市場では商売にならないことから，空き家の状態はほぼ開示されていない．そのため利用希望者と所有者との接点がなく，運よく良さそうな空き家が見つかっても建築物自体の状態も程度も分からない場合が多い．この状態では，再利用に必要な修繕・改修工事のコストもリスクも予想がつかないため，手が出せる人は限られてしまう．

　実は堤研究室でも空き家を探すところから開始したが，なかなかBaSSプロジェクトの趣旨に該当する物件が見つからなかった．ようやく数か月後に所有者の好意により，空き家を無償で借り受けることが可能な物件が見つかった．そこで移住と出店を組み合わせ補助金に頼らない改修・経済的自立モ

デルを立案し準備に取り掛かった．しかし結果的には改修コストを回収する目処が立たず，改修工事の直前で中断に迫られた．その最大の理由は，対象住宅の程度が非常に悪く躯体が全く使い物にならず，様々な費用削減の工夫を行っても予想の数倍になった改修コストに躊躇したためである．改めて維持管理の重要性そして空き家活用の難しさを痛感したプロジェクトであった．しかしできれば別の物件でも挑戦したいと次の機会を狙っている．

(2)「空き家プロジェクト」から見えた空き家の要因

前橋市における空き家の実態は，旧市街地の中心部分ほど，また郊外になればなるほど空き家率が高い結果となったが，全国の地方都市でも同様の傾向にあると考えられる．この傾向は，高齢化率の傾向とよく似ていることも明らかになった．おそらく子供が家を出て高齢化率が高くなった地域では，高齢者の死亡や入院・老人ホームの入居などの理由で住宅の管理ができなくなり放置され，結果的に空き家になってしまうと考えられる．

そのため空き家活用の促進には，所有者や利用者の更新を許容する仕組みが不可欠だろう．しかし日本の社会では所有者や利用者自身がこの更新を許さない場合が多い．特に持ち家は「自分の家」「自分の土地」という意識が強く，誰も住んでいなくても他人に使わせたくない，賃借は面倒なので利活用させない，という所有者が多い．なお住宅を取壊すのにも費用が掛かること，さらに小規模住宅用地にかかる固定資産税の軽減措置（1/6）の影響で放置されてしまう状況を生み出す現状の法制度も見直す必要がある．残念ながら日本では家族の状況に合わせて住宅を移る「住み替え」という概念が浸透していない．この意識を急に変えることは難しいが，建築物の長寿命化に不可欠な適切な修理・改修を実施するためにも，無理に保有し続ける必要がないと思わせる社会的な維持保全の仕組みを少しずつ構築することが求められる．

近年では不動産業界でも，空き家を含め既存建築物に特化したビジネスや地方自治体の空き家バンクなどの取り組みが始まっている．しかし移住・住

みかえ支援機構（JTI）の「マイホーム借上げ制度」[13]のように，情報提供に加えリスクを低減する仕組みが広く一般に浸透しないと，地方自治体に多く眠っている空き家の根本的な活用推進は難しいであろう．

(3) 長寿命化による空き家の削減

そもそもなぜ建築物の長寿命化が必要なのだろうか．一般的には地球環境への負荷削減やエネルギーの枯渇の低減といった面が強調されるが，本来は長寿命化の必要性を議論する前に，建設する必要のない無駄な建築物の建設を減らせば済む．環境配慮のキーワードである3R（Reduce・Reuse・Recycle）のReduce（削減）で示されている概念は，そのまま建設業界でも適用できるだろう．また長寿命化は目的ではなく手段であるため，全ての建築物，特に資産価値がない建築物を無理に長寿命化する必要はない．しかし資産価値を持つ建築物については出来る限り長寿命化させ次世代に財産として受け渡すことが私たち現世代の役目だと考えている．空き家のまま将来世代に引き継いでも負担になるだけである．

なお建築物の長寿命化の実現には様々な関係者が関与するが，建築物の長寿命化を実現する際に最も重要な役割を持つ関係者は所有者である．技術革新により物理的には不可能な面が少なくなった現在では，建築物を使い続けるか取り壊すかは基本的に所有者の意思で決まる．そのため，まずは所有者が管理コストの意味と重要性を認識する必要がある．そして所有者の立場や視点の重要性を明確に示している概念の1つに，施設マネジメントを挙げることができるだろう．特に施設マネジメントの3本の柱である「財務・品質・供給」の視点は，管理者や利用者の立場ではなく所有者の立場であることは明確である．建築物の「財務」には管理費用（コスト）が含まれているが，管理レベルを決め管理コストを決定するのは管理者でも利用者でもなく所有者の役割である．

ここで簡単に「財務・品質・供給」の内容を確認する．「財務」は，管理コストだけでなく運用コスト（人件費を含む場合あり）やリスク，さらに投

資などが該当する．「品質」は，機能性や安全性，そして長寿命化に直接影響を与える耐久・耐用性などが該当する．「供給」は，施設規模や利用状況，さらに需要対応性などが該当する．なおこれら「財務・品質・供給」はトレードオフの関係にあるため，三者のバランスを上手にコントロールする能力が施設マネジメントの実施に求められる（図11-7）．

このバランスについては，多くの人が住宅を購入する際に悩む問題「広くて最新設備が整った家に住みたいが，お金が足りない」に置き換えると分かりやすい．しかも建築物は一度建設すると基本的には数十年間活用することが前提となるため，建設もしくは保有する際には短期的ではなく長期的な視点からの検討が必要になる．建築物が一般的な資産と大きく異なる特徴の1つであろう．

住宅の長寿命化を実現させるためには，対象となる住宅（供給）維持を前提に，人とお金を集め「品質」と「財務」の2要素を如何に向上させられる工夫ができるかが問われる．この難題を乗り越えて空き家を再活用するためには，数多くの経験と裏付けを持つ専門家が不可欠である場合が多い．空き家に対する補助金も必要かもしれないが，空き家1件の耐震改修をするだけでも莫大な費用が必要となる．それなら複数の空き家をまとめて活用した「まちづくり」ができる人材に補助金をつけた方が効果的かもしれない．例えば日南市の「地域再生請負人」による油津商店街の再生事業が参考になるだろう．

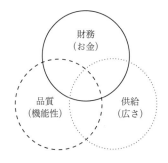

図11-7　財務・品質・供給の関係

5. 地方都市に求められる空き家政策

(1) 長寿命化に必要なのは「まちづくり」

　空き家はなぜ空き家になったのだろうか．様々な理由が考えられるが，一言でいえば「何か問題が存在するから」であろう．その問題は，地方自治体の住宅政策など制度面の問題であるかもしれないし，改修コストの削減か収入が増えなければ解決しないコスト面の問題かもしれない．また所有者や利用者の住宅に対する認識の問題なのかもしれない．一般的には複合的な要因が絡み合って空き家となる場合が多いことから，単純に課題を切り出すことができない難しい問題ではあるが，だからこそ解決出来る範囲から少しずつ良い方向に変えていくしかない．この出来るところから実践するという考え方は，BaSS プロジェクトの研究テーマでもある公共施設マネジメント (Public Facility Management) の基本である．空き家に対しても老朽化した公共施設と同様のアプローチが可能であろう．空き家という建築物の長寿命化の問題を解決するためには，建築物の集合体である「まち」全体の長寿命化の実現が求められているのではないか．空き家が問題になる地域は，その地域が全体的に老朽化している状況である可能性が高い．

　前橋市での空き家の実態調査や改修プロジェクトで再認識させられた点が，この「まち」づくりの視点の重要性である．仮にボロボロの空き家が綺麗になっても，そこで何らかの活動が発生しなければ地方自治体が税金を投入する意味は少ない．つまり空き家を通して「まち」の活性化やにぎわいといった新しい活動が生まれて，初めて空き家の利活用が社会に対して重要な意味を持つ．多くの自治体で空き家に対する補助金等の支援が行われ，大抵がコミュニティスペースと呼ばれる空間となり綺麗に生まれ変わった空き家が多く見られるようになったが，現実的には他の公共施設同様あまり使われていない場合が多い．前述したとおり空き家が多い地域は活気がない場合が多く，そこにコミュニティスペースを作るだけでは新しい活動は生まれない．逆に

新しい活動が起こればその地域にある空き家が自然に活用される可能性は高い．そのため空き家対策が空き家そのものへの支援だけであれば，その成果はあまり期待できないだろう．

(2) 空き家率の傾向から予想される都市形成モデル

前橋市では，高齢化率と人口密度の2指標を用いることで都市の中心部から郊外までの空き家率の動向がほぼ把握できた．多くの地方都市では前橋市同様に高齢化や人口減少が進行していることから，同様の結果となると考えられる．しかし高齢化が進んでも居住者がいなくならない限り空き家は増えないこと，高齢化率が高い地区では老人ホームなどへの移住や単身の方が亡くなる可能性が高いことから，特に人口密度が低い地区において居住者の更新が行われずに住宅が空き家へと変わり，結果的に空き家率が増加する一連のプロセスが考えられる．

そこで前橋市の実態調査の結果から，都市を同心円状に「中心市街」「市街」「郊外」「郊外外部」という4地域に区分した成果をふまえ，地方都市の形成過程と空き家率の関係性を推測したモデル（図11-8，以後「都市形成モデル」）を提案する．

当初「中心市街」だった地域に「郊外外部」からの人口流入により都市が拡大してきたが，ある程度都市が大きくなると「中心市街」に住めない若者らが「市街」に移り住む．同時に「郊外」からも若者らが「市街」に流出するため，「中心市街」と「郊外」は住民や住宅も高齢化が進む．しかし「市

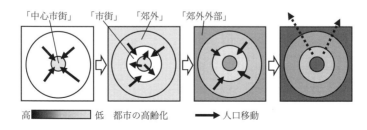

図11-8 都市形成モデルの概要

街」もしくは「郊外」の外からの人口流入は起こらないため，空き家が増加する．一方で人口流入により住民が増えた「市街」も数十年経過すると「中心市街」同様に若者の流出が起こり始めるが，地方都市の社会減が増加する傾向を踏まえると，彼らは「中心市街」「郊外」「郊外外部」ではなく遠く離れた大都市に流出していると考えられる．

　この都市形成モデルに照らし合わせて空き家対策を検討すると，同じ空き家でも地域によって必要な政策は異なることが明らかである．単に空き家の改良や除却を促進するだけでなく，地域別に人口流入出の影響や都市整備の方向性を検証した都市計画の視点からの政策立案が求められるだろう．

(3) 地域別空き家政策の必要性

　「中心市街」は老朽化が進む商店街や木造家屋が目立つ地域であり，前橋市に限らず多くの自治体でも同様の現象が問題となっている．人口密度が高い地域に空き家を放置するのは倒壊や放火などの危険性が高い．また立地環境の面から見れば活用の可能性は「郊外」や「郊外外部」より高いと考えられるが，現実的には一度空き家になると再利用される可能性は低く，単に除却を促す対策では更新されず歯抜け状態になる可能性が高い．そのため「中心市街」の空き家に対しては，空き家の更新もしくは再活用を促す政策が望まれる．

　「市街」は人口流入もあり空き家が比較的少ない地域ではあるが，「中心市街」よりも程度が悪い空き家の割合が高く活用が難しい．また今後さらに高齢化が進むと「中心市街」同様に空き家が増加する可能性は高い．そのため空き家を発生させない政策が重要であり，特に「空き家予備軍」と呼ばれている単身高齢者の住宅に対して改修や共同利用の支援などを促す政策が望まれる．

　「郊外」は空き家率よりも程度が悪い空き家の割合が高いことが問題になる可能性が高い．しかし人口流入が期待できないことから，根本的な対策は難しい．まずは良質な空き家に限定して何らかの形で活用する政策からで良

いだろう．なお自治体がコンパクトシティや立地適正化計画などを検討していれば，基本的には活用されていない建築物は除却を促し，資源を中心部に集約し持続可能な都市を目指す政策も考えられる．

なお「郊外外部」は空き家率も程度が悪い空き家の割合も高い可能性が考えられるが，地域の広さに対して空き家数が少ないため近隣に与える悪影響は小さい．そのため政策としては，周囲に危険を及ぼす可能性が高い物件への対応のみに限定しても良いだろう．

本調査の結果を受け，既に2018年度から前橋市では「市内全域」から「中心市街」周辺を「重点地区」「最重点地区」に設定し追加で補助を設定するなど，空き家の支援政策に反映させている．本研究の有用性を検証するうえでも今後の成果を期待したい．

また都市形成モデルが同心円になる理由は，前橋市南部が関東平野に位置するため平地が多く都市拡大の制限が少ないこと，また人口集中する地域がほぼ1か所しかない[14]ことなど立地環境が大きく影響していると考えられる．さらに「中心市街」「市街」「郊外」の範囲なども都市によって異なる可能性が高いことから，都市形成モデルの汎用性については高齢化率と人口密度の要素以外の検討も含め今後の研究課題としたい．

6. 空き家に取り組むための仕組み

(1) 空き家対策の事例と課題

今後の空き家対策に自治体がどのように関わるべきであるか考察するため，2014年10月から12月にかけて6自治体1組織におけるヒアリング調査（表11-6）を中心に，自治体，民間・地域組織，利用者，所有者の関係を図式化することで空き家対策の事例を類型化し，類型化別にその効果や今後の効率的な空き家対策に不可欠な活用方法を検証した．

また多くの自治体や民間企業で実施されている空き家対策に関する事例を収集し，その中から特徴的な12事例を仕組み別に類型化した結果，大きく

表 11-6 ヒアリング調査の概要

対象	時期・場所	内容	備考
神戸市	10/16 神戸市役所	行政代執行等概要	ヒアリングシート利用※2
京都市	10/16 京都市役所	公募式プロポーザル，流通促進事業，補助金，専門家派遣等の概要	
高崎市	10/24 高崎市役所	空き家管理，解体，活用支援等の概要	
鶴岡市	10/27 鶴岡市役所	つるおかランドバンクの概要	ヒアリングシート利用※2
福井市	11/12 福井市役所	まちなか住まい支援事業，アドバイザー制度，バンク制度等の概要	
金沢市	11/13 金沢市役所	まちなか定住促進事業，奨励金制度，ネットワーク，再生バンク等の概要	
JTI※1	12/8 大利根公民館(前橋市)	大利根団地におけるマイホーム借上げ制度に関する活動状況	11/23 不動産学会大会で講演聴講

注：1) JTI：一般社団法人　移住・住みかえ支援機構．
　　2) ヒアリングシートでは，組織体制や予算等を統一形式で質問．

次の7つに分類できると考えられる．
　(1) 組織支援型
　(2) 自治体主導型
　(3) 整備活用型
　(4) 市場管理型
　(5) 拠点活用型
　(6) 仕組構築型
　(7) 除却推進型

この7分類の空き家対策を基に，自治体，民間・地域組織，利用者，所有者の関係について分析を行った．

(2) 空き家対策の特徴と効果

❶組織支援型の概要

　空き家活用に関する民間・地域組織を行政が支援するこの対策は，別途利用者に支援する体制が整っている場合が多いが，基本的には自治体は直接業務に関わらず組織の支援に留まる．そのため強力な組織体制を如何に確立するかが鍵となるが，地域団体の推進力・支援体制が確立していないと難しいため，歴史・文化が存在する地域では有効だと考えられる（図11-9）．

　なお組織支援型は，利用者に対する支援の有無により2つに分類すること

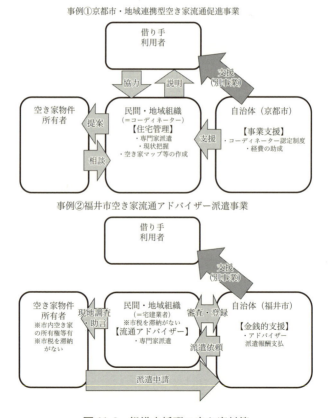

図11-9　組織支援型の空き家対策

が可能である．

❷自治体主導型の概要

　自治体が主導し，民間・地域組織はサポートに回るこの対策は，自治体自体に充分な体制（人材）や予算（費用）が求められるが，民間・地域組織にとっては負担が少なく活動しやすい．しかし現実的には空き家対策に投入される組織や予算に比べその効果は相対的に低く，人口や産業が少なく財政面から見て体力のない自治体では継続的な対応は難しい（図11-10）．

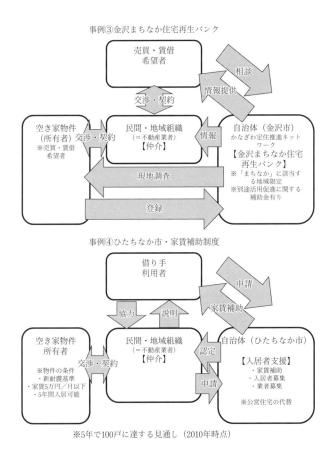

図 11-10　自治体主導型の空き家対策

なお自治体主導型は，自治体と所有者の間での直接遣り取りの有無により2つに分類することが可能である．

❸整備活用型の概要

自治体が空き家やその敷地を都市整備に活用するこの対策は，自治体が行うべき都市整備に空き家を活用する事が出来るため，その都市整備が必須な事業であるほど有効な対策である．しかし自治体・所有者共に柔軟な認識が求められるため，実現には様々な障壁を取り除く必要がある（図11-11）．

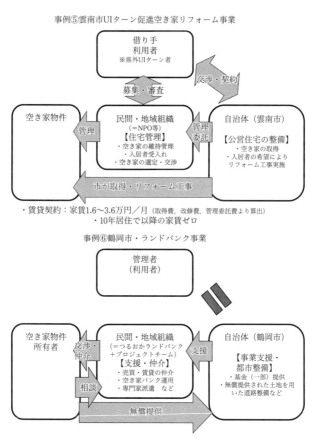

図11-11　整備活用型の空き家対策

第 11 章　長寿命化の視点からみた地方都市の空き家　　291

なお整備活用型は，対象物件を自治体が保有する有無により2つに分類することが可能である．

❹**市場管理型の概要**

民間企業が参入しうる空き家の市場が確立されている場合のこの対策は，都市部などを除き市場原理が働かない多くの地域では難しい．一方で自治体の支援が無くても導入可能な対策であり，仮に導入が難しい地域であっても自治体が支援する仕組みを検討することから始めることが望ましい（図11-12）．

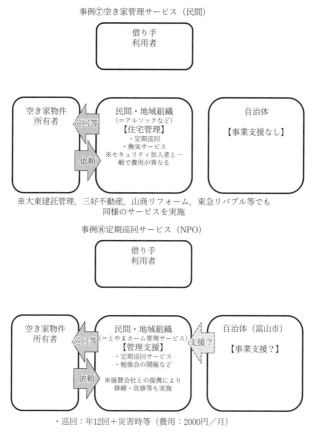

図 11-12　市場管理型の空き家対策

なお市場管理型は，自治体による支援の有無により2つに分類することが可能である．

❺拠点活用型の概要

民間・地域組織が空き家の活用手法を提案・実施するこの対策は，強力な推進力を持つ民間・地域組織が不可欠であり，自治体としては適任である組織が存在すれば幸運である．しかし現実的には継続的な運用が可能な程度までの事業は難しく，自治体が積極的な支援を行えるかが鍵になる（図11-13）．

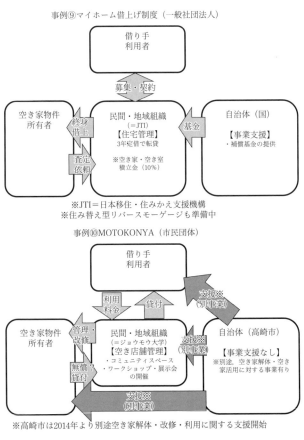

図11-13　拠点活用型の空き家対策

なお拠点活用型も，自治体による支援の有無により2つに分類することが可能である．

❻**仕組構築型の概要**

リースバックやリバースモーゲージなど，未だ日本では一般的でない主に欧米の活用手法を日本に取り入れるこの対策は，自治体が率先して導入するのは現実的に難しく，民間主導に頼らざるを得ない傾向がある．しかし従来の仕組み自体から根本的に変える必要があるため一民間・地域組織だけでは難しく，自治体は法整備などの面から積極的な支援が望ましい（図11-14）．

❼**除却推進型の概要**

空き家を積極的に解体し，新たな土地活用を誘導するこの対策は，危険の回避という視点から見れば自治体が推進すべき事業である．しかし特に解体作業の代執行の手続き等は煩雑で多くの労力が必要になるため，導入を躊躇する自治体は多い．また解体した建物自体は社会資産にはならないこと，自治体が個人資産の整理に手を出すことの意味等を考慮する必要がある．その上で自治体による単なる助成・補助金で終わらない対策が必要である（図11-15）．

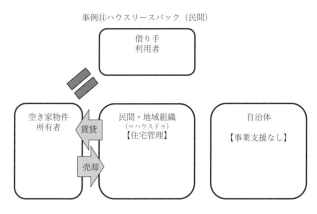

図 11-14　仕組構築型の空き家対策

事例⑫神戸市・老朽危険建築物の自治体代執行

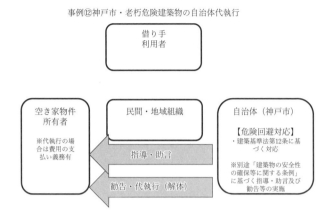

図 11-15　除却推進型の空き家対策

(3) 空き家対策の課題

以上の調査・分析に加えて，図式化できない空き家対策の課題を，所有者，自治体，民間・地域組織の3つの視点から整理した項目とその特徴を以下に示す．

❶所有者の課題

・持主の（管理・有効活用に対する）関心の低さ
・改修費用が高額（特に耐震改修）

空き家が活用されない要因として，空き家自体の質が悪い，つまり適切に管理されていないため使える状況でないことが挙げられる．資産の有効活用のためにも，所有者による適切な管理が不可欠である．

❷自治体の課題

・空き家の抽出自体が困難
・空き家という個人財産に対する行政支援
・代執行の煩雑な手続
・持主への連絡・特定が困難
・空き家予備軍に対する対応なし

・空き家バンクの低利用※長岡市では活発

　自治体の空き家対策の立ち位置は，手間を掛けるか掛けないかの大きく2つに分類できる．事例を見る限り自治体もしくは民間・地域組織が手間を掛けない対策の効果は低いが，一方で空き家対策だけに自治体は従事するわけにはいかない．そのためには不動産市場を活用し，民間・地域組織が自主的に参入する仕組みを構築すべきである．

❸民間・地域組織の課題
・活用方法が限定もしくは無い
・管理費にお金をかけてくれない

　空き家対策が利潤を生む市場になれば，民間・地域組織は自主的に参入する．しかし利潤を自治体が負担することを前提に検討するのではなく，既存の仕組みを変えインセンティブを民間・地域組織に与えることが，自治体に最も望まれている手法であろう．

(4) 空き家活用に求められている対応

　前章同様に，以上の調査・分析から空き家活用に不可欠であり，従来の空き家対策が成果を出せない要素を，所有者，自治体，民間・地域組織の3つの視点から整理した項目を以下に示す．

❶所有者に求められている対応
・管理・品質の確保

　空き家は所有者の資産であるため，その適切な管理は所有者の責任で実施する必要がある．

❷自治体に求められている対応
・法的な整備
・対策を促進させる金銭的な支援
・コンパクトシティなどの政策
・取捨選択の基準

　自治体は空き家対策の支援しか出来ないことから，支援の範囲や方針を明

確にし，民間・地域団体が活動しやすい環境づくりを優先して進める必要がある．

❸民間・地域組織に求められている対応
・出口（利活用）戦略
・特徴（ブランディングなど）による付加価値
・立地条件（環境）の整備
・（自治体・民間も含めた）地域住民の協力

　民間・地域組織は，地域住民と共に地域特性を配慮して空き家の活用方法を検討し，出来ることから少しずつ活動を広げていくことが望ましい．

(5) 役割分担の必要性

　建築物の管理に対する意識は，従来のスクラップ＆ビルドとは大きく変わり，長寿命化や環境負荷削減を実現することが前提になった．この状況は，空き家に対するイメージも大きく変え，古い建物に対して愛着や関心が高い借り手も増えている．そのため以前よりも空き家の有効活用手法は幅が広がると共に，可能性が高くなったと考えられる．

　しかし現実的には，適切な管理が行われていない空き家が多いこと，また民間・地域組織の参入が少なく，空き家問題は解決する目処が見えない．行政もどこまで積極的に介入すべきか様子をうかがっている状況である．

　本研究を通して，民間・地域団体が自主的に参入する市場づくりを自治体が支援する仕組みが最も有用であると思われる．しかし民間・地域団体が自主的に参入する市場づくりが難しい場合は，空き家のハード面は所有者が，空き家のソフト面は民間・地域団体が主導で整備を行い，自治体はその活動に支援する仕組みづくりが，3者の役割分担が明確かつ負担が少ないと考えられる．

　なお自治体の支援は，継続的な活動にするためにも金銭的な支援は最低限にすべきであり，代わりに参入のインセンティブや規制緩和などによる誘導対策が有効であると考えられる．また自治体が直接支援する必要があるので

あれば，都市整備の一環として公共施設もしくはインフラとして空き家を利用することを考えるべきではないだろうか．

まとめ

空き家の実態把握のために現地調査を行うことは，手間や費用の面から難しい場合が多い．しかし住宅・土地統計調査や休止・廃止した上水道水栓の情報から空き家数を推定することは難しい．また空き家率の高低は高齢化率の影響が見られるものの，特定できるほどの高い相関は見られない．そのため空き家の概要把握には活用可能でも，詳細な実態把握に用いることは現時点では難しく，現地調査が不可欠だろう．ただし今後 GIS などを活用した所有者や建築物等との情報連携が実現すれば，空き家調査に活用される可能性が高まると考えられる．

なお前橋市における現地調査の結果，空き家の実態に関する以下の項目が明らかになった．
・空き家率は地区によるばらつきが大きい
・地区により空き家の程度の傾向も異なる
・空き家率は中心市街地を中心とした同心円状に分布する傾向がある

これらの結果から，高齢化率や人口密度の動向を基に「中心市街」「市街」「郊外」「郊外外部」の4地域に区分することで，地方都市の形成過程と空き家率の関係性を推測したモデルを提案し，一律な空き家対策ではなく地域別に対策を検討する必要性を提案した．

並行して実施した空き家の改修と活用を目指した「空き家プロジェクト」では，空き家の活用には改修費などの費用面が無視できないことから，資産価値を確保する最低限の維持管理が不可欠であり，「財務・品質・供給」の視点からのマネジメントが重要であることが再確認できた．そのため数多くの経験と裏付けを持つ専門家が不可欠である場合が多いことを踏まえると，空き家ではなく人材に金をかけることも検討すべきだろう．

さらに全国の空き家対策について調査分析を行った結果から，利用者の積極的な取り組みは当然必要であるが，自治体，所有者，民間・地域団体3者の役割分担が重要であることが明らかになった．そのため例えば，地域における良好な環境や地域の価値を維持・向上させる住民・事業主・地権者等による主体的な取り組みを支援するために，地区を指定して不動産所有者等に資金の負担を求め，その資金をエリアマネジメント活動を実施する団体等に配分する BID（Business Improvement District）と呼ばれる仕組みが有用だと考えられる．

　そして重要なのは，空き家対策は空き家になってからでは遅く，空き家になる前に行う視点である．例えば高齢者が一人暮らしをされている住宅は，いずれ空き家になる可能性が高い「空き家予備軍」として具体的な対策を検討する必要があるだろう．これら住宅の継続的な利用を促す対策は，個人の財産や相続の問題だけでなく，文化や伝統を後世に伝えていく1つの手段であり，まちの歴史を継ぐ作業でもある．ある建築物が一度取り壊わされてしまえば，その建築物が建設された意図や思い，さらにまち全体の持続性が途切れる可能性が高くなってしまう．建築物は単なる所有物ではなく社会資産であり，文化財同様に地域の持続可能性を実現する重要な役割を持つ．だからこそ自治体は個人の所有物である空き家の長寿命化に対して税金を投入しているのだろう．

　最後に，高齢化や人口減少が進む多くの地方都市では，規模や都市の形成時期に違いはあっても前橋市で構築した都市形成モデルや空き家プロジェクトで明らかになった同様の課題を抱えている．本稿の報告が，詳細な現地調査が実施できない自治体や効果的な空き家対策を検討している自治体の参考になれば幸いである．

注

1) 前橋市都市計画部建築住宅課空家利活用センター「前橋市空家等対策計画」（2015年7月）http://www.city.maebashi.gunma.jp/kurashi/278/279/p015792_d/fil/akiyataisakukeikaku.pdf

2) 堤洋樹・讃岐亮「地方都市における空き家の実態からみた地域区分の必要性」（『日本建築学会計画系論文集』第 84 巻第 759 号，2019 年 5 月）．堤洋樹・高橋康夫・内山朋貴・水出有紀「地方行政における空き家対策の事例と課題」（『日本建築学会関東支部発表会』建築社会システム，2015 年 3 月）493-496 頁．
3) 堤洋樹「建築物における長寿命化時代のコストマネジメント—建設コストとライフサイクルコスト—」（『不動産研究』第 60 巻第 1 号，2018 年 1 月）5-16 頁，堤洋樹「空き家の実態と対策 把握の難しさと必要性」（上毛新聞『オピニオン21』2017 年 11 月 9 日）14 頁，など．
4) 秋山祐樹・上田章紘・大野佳哉・髙岡英生・木野裕一郎・久冨宏大「鹿児島県鹿児島市における公共データを活用した空き家の分布把握 自治体の公共データを活用した空き家の分布把握手法に関する研究（その 1）」（『日本建築学会計画系論文集』83 巻 744 号，2018 年 2 月）275-283 頁，石河正寛・松橋啓介・金森有子・有賀敏典「住戸数と世帯数に基づく空き家の詳細地域分布の把握手法」（『都市計画論文集』52 巻 第 3 号，2017 年 10 月）689-695 頁．
5) 宗健「住宅・土地統計調査空き家率の検証」（『日本建築学会計画系論文集』Vol.82, No.737, 2017 年 7 月）1775-1781 頁，群馬県居住支援協議会「平成 24 年度 群馬県空き家実態調査結果報告書」https://g-anshin.net/pdf/2012vacant_survey_report.pdf など．
6) 齊藤誠編著『都市の老い』（勁草書房，2018 年）．
7) 浅見泰司『都市の空閑地・空き家を考える』（プログレス，2014 年）．長井譲・堤洋樹・井海航也・秋葉芳「空家の実態調査からみた空家発生要因について」（『日本建築学会』第 33 回建築生産シンポジウム論文集，2017 年 7 月）257-260 頁．
8) 2017 年に群馬県吉岡町と堤研究室で実施した共同研究においても，現地調査による空き家数と水栓情報から予測された空き家数について確認したところ，前者が 619 棟だったのに対して後者は 220 棟とかけ離れていることが改めて確認された．その主な理由は，居住者が確認される（同一敷地内の付属建物含む），調査対象地に建築物等が存在しない，散水等で利用する上水道が存在する，であった．
9) 前回の調査結果からの推移を確認するため 3 町（三河町，千代田町，紅雲町）の再調査も行っている（分析では再調査の結果を利用）．なお再調査を行った 3 町のうち，空き家が減少した地域は紅雲町（3 棟）と三河町（5 棟），空き家が増加した地域は千代田町（20 棟）であった．
10) 現地調査で空き家数（空き家の棟数）は数えられるものの，住宅数を数えることは困難である．そこで本研究では，（株）ゼンリンの平成 23 年度版住宅地図データベース（Z マップ）2013 の建物ポイントデータのうち，「個人の家屋面積＝0」ではないポイント数を集計した値を住宅数（棟数）として用いている．なお統計分析については統計ソフト「R (version 3.4.4 Windows 64-bit 版)」を用いた．
11) 厳密にいえば三次調査は一次調査・二次調査と同じ調査方法ではないが，同じ判断基準を用いて現地調査を行っていることから本研究では同じ調査方法による

12) 同様に12kmに境を設けて5地域にすることも検討を行ったが，住宅数や空き家数に対して地域面積が比較的大きく，地方都市の政策課題を分類・検討することが難しいと判断して設定しなかった．
13) 50歳以上のシニアを対象にマイホームを借上げ，安定した賃料収入を保証する制度．自宅を売却することなく，住み替えや老後の資金として活用することが可能となる．詳細はJTIのウェブサイトを参照．https://www.jt-i.jp/lease/
14) 前橋市にも大胡や群馬総社といった「中心市街」が存在し，高齢化も進んでいる状況がFig.5からも読み取れるが，「中心市街」の高齢化率や人口密度の集中程度に比べると小さいことから本研究では影響が少ないと見なす．

第12章
空き家対策と都市計画の連携
―空家等対策計画の重点地区に着目して―

大澤昭彦

はじめに

　わが国は既に人口減少時代を迎えており，余剰住宅の増加に伴って空き家率も上昇傾向にある．住宅・土地統計調査によると2013年時点の空き家率は13.5％（830万戸）に及び，今後も上昇することが予想される．空き家対策が喫緊の課題となる中，2014年には空家等対策特別措置法が制定され，自治体の空き家対策を下支えする法的枠組みが構築された．しかし，これから増え続ける全ての空き家に対して，利活用や除却，改善等の策を講じることは現実的ではない．優先順位をつけて，効率的かつ効果的な空き家対策を実施することが求められる．それでは優先順位をつける根拠は何だろうか．おそらく，その一つの視点が都市計画であると思われる．

　戦後，日本の都市は人口増加とモータリゼーションの進展を背景に，郊外部へ市街地を拡張していった．中心市街地からは，人口のみならず，商業，行政，医療等の各種都市機能が流出し，都市の中心部から活力が失われていった．だが，人口減少が本格化すれば，中心市街地のみならず，郊外部の密度も低下し，コミュニティの維持や各種サービス機能の提供が困難になる恐れがある．そこで，2014年には都市再生特別措置法が改正され，立地適正化計画制度が創設された．これは，都市機能や人口を一定のエリア内に集めて，密度を維持し，それらのエリアを公共交通機関でネットワークさせる集約型都市構造の実現を目指す計画である．メリハリをつけた都市構造にする

ことで持続可能な都市の実現を図る手法といえよう．現在，全国の市町村で立地適正化計画の策定が進み，都市のコンパクト化に取り組んでいる[1]．つまり，空き家対策を実施するにあたっては，コンパクトシティ政策と連携することで，相乗効果が生まれると考えられる．例えば，全国の空家等対策計画を見ると，重点地区制度を設けている自治体がある．この重点地区を都市計画的な位置付けのある区域とリンクさせることで，より効果的な空き家対策が展開できるのではないだろうか．

そこで本稿では，全国の空家等対策計画の重点地区に着目し，重点地区の設定状況と特徴を整理した上で，都市計画と連携した取り組みの実態を明らかにすることを目的とする．分析の対象は，2018年3月末までに策定された774の空家等対策計画のうち計画の内容が確認できた735計画とする．本稿で扱う都市計画とは，都市計画法に基づく制度のみならず，都市再生特別措置法に基づく立地適正化計画や景観法に基づく景観計画も対象に含める．

空き家対策とコンパクトシティ政策の連携に関する研究としては，空家法施行直後における空き家対策とコンパクトシティ政策との連携実態を分析した研究がある[2]．この研究では，自治体アンケート調査の結果，多くの自治体がコンパクトシティ政策と空き家対策の具体的な連携が進んでいない現状を明らかにしている．しかし，法施行から約3年が経過し，空家等対策計画を策定した自治体が増えた現在，空き家対策とコンパクトシティ政策をはじめとする都市計画との連携が進展していると考えられるため，その実態を分析することは，今後の連携手法のあり方を検討する上で意義があるだろう．

1. 空家等対策計画の策定状況

空家等対策計画は，空家法第6条に規定された法定計画であり，市町村の空き家に関する対策の方針や具体施策等を定めるものである．いわば空き家対策に関するマスタープランと位置付けることができる．計画には，対象地区，対象となる空き家の種類，基本方針，空き家の調査，実施体制等につい

て定めることになっている（法6条2項）．

空家等対策特別措置法第6条第2項
一　空家等に関する対策の対象とする地区及び対象とする空家等の種類その他の空家等に関する対策に関する基本的な方針
二　計画期間
三　空家等の調査に関する事項
四　所有者等による空家等の適切な管理の促進に関する事項
五　空家等及び除却した空家等に係る跡地（以下「空家等の跡地」という．）の活用の促進に関する事項
六　特定空家等に対する措置（助言若しくは指導，勧告，命令，代執行）
七　住民等からの空家等に関する相談への対応に関する事項
八　空家等に関する対策の実施体制に関する事項
九　その他空家等に関する対策の実施に関し必要な事項

　法の全面施行から約3年が経過し，空家等対策計画は774市町村で策定されており，これは全1,747市区町村の44％に及ぶ（2018年3月末時点．表

表12-1　空家等対策計画の自治体種類別策定数

自治体の種類	市区町村数	策定数	策定率
政令市	20	17	85%
市	772	469	61%
特別区	23	11	48%
町	743	236	32%
村	189	41	22%
計	1,747	774	44%

表12-2　空家等対策計画の年別策定数

策定年	策定数	割合
2015	4	1%
2016	121	16%
2017	337	44%
2018（3月末まで）	272	35%
未確認	40	5%
計	774	100.0%

12-1).市区町村の内訳で見ると,市は6割を超えているが,町は3割,村は2割にとどまっている.政令市は千葉,福岡,熊本を除き全て策定済みである.国土交通省の調べによると,2019年3月末までに策定予定の自治体を含めると1,101（63.2％）になるという.

2. 空家等対策計画における重点地区の設定状況

(1) 重点地区制度の有無

空家等対策計画には,対象区域を定める必要があるが,ほとんどの自治体が行政区域全域を対象としている[3].また,全域を対象区域としながらも,重点的に対策を講じる地区（重点地区等）を位置付けている自治体が少なくない.計画策定済みの774自治体のうち,約3分の1の257自治体が重点地区制度の設置や重点的な取り組みについて記述をしている（表12-3）.もちろん法律上は重点地区を定める必要はないものの,メリハリのある対策の実施するために,自治体が重点地区制度を独自に設けているわけである.

重点的に対策する地区の名称としては,「重点地区」と「重点対象地区」が多くを占め,その他には「重点地域」「重点区域」「重点対象地域」といったものもある.以下では,便宜的に「重点地区」で統一して記す.ただし,各自治体の重点地区制度を説明する際は,それぞれの名称で記載する.

既に重点地区の指定を行っている自治体は52にとどまり,大半が今後,必要に応じて指定を行うと記述している.

表12-3 空家等対策計画における重点地区制度の有無

	策定数	割合
重点地区制度あり	257	33％
（重点地区指定済み）	(52)	
重点地区制度なし	478	62％
未確認	39	5％
空家等対策計画策定数	774	100％

(2) 重点地区指定の方針・考え方

重点地区の指定にあたっての方針や考え方を明示している自治体は，重点地区制度を位置付けた 257 自治体のうち 180（70％）に及ぶ（表 12-4）．なお，「今後，重点的に対策を推進するべき地区の設定が必要と判断した場合には適宜指定する」といったように，指定の考え方や方針が読み取れない表現の計画については，具体的な指定の方針・考え方がないものとみなした．

180 自治体の重点地区指定の方針・考え方を分類すると，①空き家が多い区域・集中発生する区域，②都市計画に関連する区域，③居住環境・コミュニティ維持が必要な区域，④主要道路沿道の 4 つに分けることができる（表12-5）．以下で，それぞれの特徴を概観する．

❶空き家が多い区域・集中発生する区域

これは，空き家の実態調査の結果，他の区域と比べて相対的に空き家率の高い地区や，空き家が集中的に発生しているエリア，さらには今後，増加することが見込まれるエリアを対象とするものである．180 自治体中 99 自治体と半数強を占める．

空き家数や空き家率だけでなく，空き家に関する相談や通報が集中した区域も含めている自治体もある（札幌市，余市市，富士吉田市，長野市，松江

表 12-4 重点地区指定の考え方・方針の有無

項目	計画数	割合
重点地区指定の方針あり	180	70％
重点地区指定の方針なし	77	30％
計	257	100％

表 12-5 重点地区指定の方針の分類（重複あり）

項目	計画数	割合
空き家が多い区域・集中発生する区域	99	55％
都市計画や市街地特性に関連する区域	50	28％
居住環境・コミュニティ維持が必要な区域	28	16％
主要道路沿道	25	14％
計	180	

市，周南市，荒尾市）．また，高島市は，空き家の密度に加えて，1）高齢化や人口流出が進行し一人住まいが多い地区，2）社会構造や情勢の変化により建築物の利用状況が大きく変化している地区，3）空家等を放置することで，周辺の公共的機能の発揮を著しく低下させると予想される地区，4）市内の空家等対策推進のモデルとして効果が期待できる地区といった条件を満たしたものを重点対象地区に指定するとしている．今後，急速に空家等が増加することが懸念される地区を条件としていることがわかる．また，高砂市では，空き家が発生しやすい狭隘道路の周辺を重点対象地区に位置付け，インフラ整備の不十分なエリアで重点的な対応を図ろうとしている．

❷都市計画に関連する区域

　都市計画や土地利用特性等を踏まえて重点地区を設定するものとしては，180自治体中50自治体が該当する．大きくは，1）市街化区域や用途地域等の都市計画規制との関連で定めるもの，2）都市計画マスタープランや立地適正化計画等のマスタープラン・土地利用の方針との関連で定めるもの，3）中心市街地や人口集中地区（DID）等の人口や建物が集中した区域に定めるもの，4）景観関連の計画・規制（景観計画等）に大別できる．それぞれの詳細については次節で見ていく．

❸居住環境・コミュニティ維持が必要な区域

　空き家の発生によって周辺の生活環境に支障が生じている区域で，居住人口の維持や居住環境の保全や改善を図る等，地域コミュニティの維持が求められるエリアに重点地区の指定を行うものである．❶が空き家の発生数・発生率に着目したものであるのに対し，これは空き家の発生がもたらす問題や課題を示した上で，その解決を図ることが必要な区域を対象としている点が特徴といえる．既に人口減少や高齢化が深刻化しつつある地区や今後深刻化していくことが予想される地区を念頭に置いているものが多い．

❹主要な道路沿道

　これは，面的な広がりを持つエリアではなく，道路沿道を重点対象としたものである．道路の種類は，主要な幹線道路沿道と通学路沿道に大別できる．

幹線道路沿道は，国道や都道府県道，市町村道等の主要な道路としている自治体が多い．これらの道路には，不特定多数の人や自動車等が通行するために，地震や火災等が発生すると，通行者や通行車両に大きな影響を及ぼすことが考えられる．幹線道路は緊急輸送路[4]や避難路に位置付けられていることも多く，倒壊した空き家が道路空間を塞ぎ，機能不全に陥ることもあり得る．そこで，災害対策の観点から，主要な幹線道路沿道を重点地区としているわけである．

具体的な設定の仕方としては，特定の道路に限定するケース（柏原市）や市内全域の幹線道路を重点対象とするケース（大月市）もある．なお，大月市は，災害対策の観点から，幹線道路沿道だけでなく，災害時の活動拠点となる避難所や医療機関周辺も重点エリアとしている．

一方，道路沿道のうち，通学路沿道に絞って指定する自治体もある．通学路を重点地区とする理由としては，小中学生が多数通行する通学路沿道に空き家があることで，危機回避能力が未熟な児童が犯罪や災害に巻き込まれる恐れがあることが挙げられている．大月市では，通学路も含めた学校施設周辺を重点エリアとしている点が特徴的である．

3. 空家等対策計画の重点地区と都市計画との連携

本節では，都市計画との関係を踏まえて重点地区の設定を行っているケースを対象に，連携の考え方や方法，さらには具体的な空き家対策の取り組みを確認する．

前節でみたように，都市計画との連携方法については，(1) 都市計画規制（都市計画区域，市街化区域等），(2) マスタープラン（都市計画マスタープラン，立地適正化計画等），(3) 市街地特性（中心市街地，人口集中地区(DID)），(4) 景観関連の計画・規制に分けられる．

表 12-6 都市計画との連携の種類（重複あり）

種類		自治体数	割合
(1) 都市計画規制	都市計画区域	4	9%
	市街化区域（用途地域）	6	13%
(2) マスタープラン	都市マスタープラン・都市計画区域マスタープラン	6	13%
	立地適正化計画	19	40%
(3) 市街地特性	中心市街地（中心部）	8	17%
	人口集中地区（DID）	5	11%
(4) 景観関連の計画・規制	景観計画・伝統的建造物群保存地区等	7	15%
	都市計画と連携させている自治体計	47	

(1) 都市計画規制（都市計画区域・用途地域・市街化区域内）

これは，都市計画法に基づく都市計画区域，市街化区域・用途地域を重点地区とするものである（図12-1）．都市計画区域は「一体の都市として総合的に整備し，開発し，及び保全する必要がある区域，総合的に整備し，開発し及び保全する必要のある区域」（法5条1項）であることから，都市としてのまとまりをもった区域といえる．市街化区域は都市計画区域内のうち，「すでに市街地を形成している区域及びおおむね十年以内に優先的かつ計画的に市街化を図るべき区域」（法7条2項）である．

都市計画区域を重点地区としている自治体は，八雲町と浦河町がある（ともに北海道）．行政区域に占める都市計画区域の面積の割合はそれぞれ2.2%，1.5%にとどまるが，居住人口はともに6割程度が都市計画区域内に収まっている．八雲町は，重点地区指定の目的として街なか居住の促進を挙げており，都市計画区域内への居住を推進することで，エリアの密度の維持を目指していることがわかる．

一方，都市計画区域のうち，市街化区域（区域区分（線引き）を定めていない自治体は用途地域）を重点地区とした自治体は，滑川市，白河市，燕市，多賀町，東温市，新居浜市の6都市ある．白河市と燕市は，街なか居住の促進を指定目的に挙げている．それゆえ燕市の場合は，住宅の建てられない工

第 12 章　空き家対策と都市計画の連携

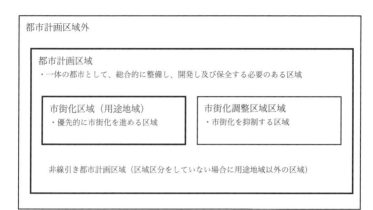

図 12-1　都市計画法に基づく区域

業専用地域は除外している．また，東温市と新居浜市は，防犯，防災，衛生，景観等の面から住環境の改善・整備を意図して用途地域内を重点地区としている．

多賀町は，多賀大社周辺の近隣商業地域に限定している．多賀大社は，滋賀県有数の神社の1つであり，観光名所でもあるため，空き家の存在は周辺の賑わいを損なう恐れがある．その意味で，観光対策として空き家問題に取り組む重点地区といえよう．

(2) マスタープラン（立地適正化計画）

これは，都市計画マスタープラン（都市計画区域マスタープラン，市町村マスタープラン），立地適正化計画等の基本計画との連携である．都市計画マスタープランを重点地区に位置付けた自治体の大半が立地適正化計画との連携も併記しているため，ここでは「立地適正化計画」に絞って見ていく．

立地適正化計画は，都市再生特別措置法に基づく制度の一つで，土地利用のコンパクト化を目指す計画である．都市の目標像を示した都市計画マスタープランを都市構造の観点から詳細化したマスタープランともいえる．都市機能を誘導する「都市機能誘導区域」，住宅を誘導する「居住誘導区域」を

表 12-7　都市計画規制と連携した重点地区

種類	市町村名	重点地区等の名称	具体的な区域設定	当該区域を重点対象とする理由
都市計画区域内	八雲町	重点対象地域	都市計画区域	空家の密度，特定空家の数が多いこと，街なか移住の促進
	浦河町	—	都市計画区域	住民への影響が大きいと考えられるため
	新得町	—	都市計画区域	住民への影響が大きいと考えられる
	西予市	—	都市計画区域	防災・減災上の対策と共に，活性化のための取組みを推進する必要があるため
用途地域，市街化区域内	白河市	重点地域	用途地域	インフラが整っている市街地や住居の環境を守り，まちなか居住やコンパクト化につなげるため
	燕市	重点地区	まちなか（用途地域内（工業専用地域除く），人口集中地区）	街なかの居住促進
	滑川市	重点地域	用途地域	—
	多賀町	—	多賀大社周辺の近隣商業地域	多賀大社周辺には多くの観光客が訪れるため
	東温市	重点地区	市街化区域	防犯，防災，衛生上の対策とともに，景観等の活性化の取り組みを推進する必要があるため
	新居浜市	重点地区	用途地域，人口集中地区	防犯，防災，衛生上の対策とともに，景観等の活性化の取り組みを推進する必要があるため

設定し，区域外での開発には届出を必要とすることで，区域内への開発や居住の誘導が図られることになる（図12-2）．「居住誘導区域」は，区域内の一定の人口密度を維持し，生活サービスの確保やコミュニティの持続を意図した区域であることから，区域内の空き家は人口密度の低下につながるため，区域内の空き家の解消が求められるわけである．

　立地適正化計画との連携については17自治体の計画で記述されている（表12-8）．うち5自治体で既に重点地区が指定されており，いずれも「居住誘導区域」内を重点地区に定めている（掛川市，関市，野洲市，西条市，

第 12 章　空き家対策と都市計画の連携　311

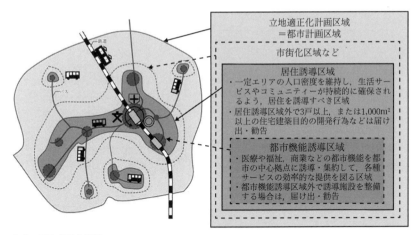

出典：国土交通省資料

図 12-2　立地適正化計画における「都市機能誘導区域」と「居住誘導区域」の考え方

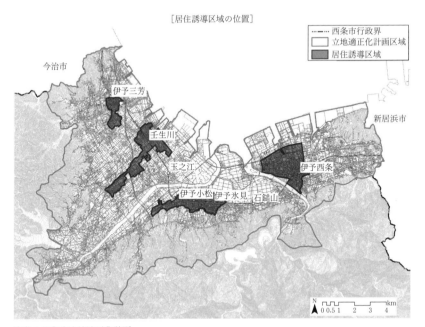

出典：西条市立地適正化計画．

図 12-3　西条市の居住誘導区域

表 12-8　立地適正化計画と連携した重点地区

重点地区の指定	市町村名	重点地区等の名称	区域設定の考え方	当該区域を重点対象とする理由・意図（計画に明記しているもののみ）
指定済み	掛川市	重点区域	立適計画の「居住誘導区域」（都市機能誘導区域含む）	・除却・除却後の空き地利用の推進を図るため
	関市	重点地区	立適計画の「居住誘導区域」	・市街地のコンパクトなまちづくりの推進
	野洲市	—	立適計画の「居住誘導区域」	—
	西条市	重点地区	立適計画の「居住誘導区域」	・人口密度の維持，居住環境の向上
	伊予市	重点地区	立適計画の「居住誘導区域」	・人口密度の維持，居住環境の向上
未指定（今後検討）	札幌市	—	立適計画の「持続可能な居住環境形成エリア」の設定状況を参考に今後検討	・開発時期の古く，人口減少が進む郊外住宅地の再生
	日立市	重点地区	都市MPや立適計画を踏まえて検討	—
	那須塩原市	重点対象地区	立適計画の「居住誘導区域」の設定を参考に今後検討	・効率的で持続可能な都市づくりの推進
	藤枝市	—	立適計画の「居住誘導区域」の設定に合わせ今後検討	—
	和歌山市	重点地区	立適計画の「都市機能誘導区域」や「居住誘導区域」を考慮して設定	—
	徳島市	—	立適計画を踏まえて必要がある場合に今後検討	—
	呉市	重点対象地区	立適計画の策定に合わせて必要性を判断して検討	—
	高松市	—	立適計画の策定に合わせて検討	・多核連携型コンパクト・エコシティ構想との調和を図るため
	丸亀市	重点的に取り組む地域	都市MPや立適計画等の都市計画を精査して検討	—
	坂出市	重点地区	坂出市まちづくり基本構想や立地適正化計画に基づく施策を実施する上で必要に応じて検討	・移住・定住の促進，コンパクトに都市機能を集積
	大津市	—	市街化区域においては立適計画の策定を見据えて施策を検討	—
	都城市	—	立適計画の「居住誘導区域」との連携を図る	・持続的なコミュニティや魅力ある住宅地の形成

伊予市)．それ以外の 12 自治体は，いずれも重点地区は未指定だが，今後，立地適正化計画の策定にあわせて重点地区の指定を検討するとしている．おそらく，居住誘導区域内を重点地区に位置付けることになると思われる．

また，立地適正化計画ではないが，大館市の空家等対策計画には「コンパクトなまちづくり構想により強化整備区域が選定された際には，構想に反映した対応地区の設置について検討」とあり，都市のコンパクトシティ政策にあわせて重点地区の指定を行うとしている．

重点地区における具体施策を確認すると，既に重点地区を指定している 5 自治体のうち，具体的な連携施策を明記している自治体の 1 つが関市である．居住誘導区域における居住人口の増加を図るために，空き家情報バンクを活用した移住定住の促進策とともに，子育て世帯の転入・定住を意図した子育て世代の住宅取得時の補助金制度「SEKI ラ・ラ・ライフ応援金」の利用促進等を位置付けている．この補助金制度は，居住誘導区域内に中古住宅を取得後，改修した場合に住宅改修費の 1／2（最大 30 万円）を給付するものである．

掛川市では，重点区域内における空き家の除却の促進を具体的施策として位置付けている．現地調査に基づいて，耐震性能に問題がある空き家（1981 年以前の新耐震基準以前の建物）を積極的に特定空家等に認定し，著しく外部不経済をもたらしている場合に除却を促進するとしている．さらに，幅員 4m 未満等の道路に面した空き家は，建替え等が難しく，放置される可能性が高いために，建替え要件の緩和等の検討をはじめ，住宅リフォームの補助，住宅解体補助等の措置を講じるとしている．

(3) 市街地特性
❶中心市街地

これは，中心市街地や街なかのエリアを重点地区としたもので，8 自治体が該当する（表 12-9）．街なか居住の促進（移住，定住）によるエリアの賑わいや活力の創出を意図したものといえる．中心市街地の区域を明示してい

るのは，中心市街地活性化基本計画に基づく中心市街地区域とする高岡市と，定住促進条例に基づく「まちなか区域」とする金沢市である．それ以外は，中心市街地や中心部とあるのみで具体的な範囲は必ずしも明確ではない．

重点地区での空き家施策としては，空き家，空き住戸の取得や改修費に対する補助金が多い．例えば，高岡市では中心市街地活性化基本計画の中心市街地区域のうち，「まちなか居住支援対象地区」を対象に，中古住宅の取得やリフォームに関する費用の助成等，空き家の利活用を優先した施策を展開している．また，子育て世帯の中古住宅購入や県外から移住する40歳未満の人の住宅取得に対する補助も行うことで，若年層の居住促進を図っている．さらに，隣接土地の購入や隣接建築物の除却に対する助成を行っている点も特徴的といえる．金沢市の場合は，金沢市定住の促進に関する条例に基づく

表12-9　中心市街地と連携した重点地区

市町村名	重点地区の名称	重点地区指定の考え方	重点地区の意図・理由
函館市	重点対象地区	「西部地区」と中心市街地が存する「中央部地区」	・街なかへの居住促進のため
豊富町	重点対象地区	中心市街地をはじめ，市街地を形成する温泉地区，兜沼地区，稚咲内地区	・不特定多数の者に重大な危害を加える恐れがあるため
士幌町	—	中心市街地	・中心市街地における空き家は住民への影響が大きいため
雫石市	重点対象地区	町内中心部の住環境に影響を及ぼしている雫石地区	・町内中心部の住環境に影響を及ぼすため
小山市	—	小山駅西口周辺の中心市街地	・空洞化が進んでいる中心市街地の活性駅西口の中心市街地の再生・移住・定住
高岡市	—	中活基本計画の中心市街地区域の「まちなか居住支援対象地区」	・街なか居住の推進
金沢市	—	金沢市定住の促進に関する条例で定める「まちなか区域」	・街なかでの定住促進
瀬戸市	重点対象地区	尾張瀬戸駅周辺の中心市街地	・古くから都市機能が集積し，交流拠点である中心市街地におけるにぎわいあふれるまちづくりの推進

「まちなか区域」の空き家や空き住戸（中古マンション）を購入する場合に，改修費用が補助される．ただし，市の空き家活用バンクに掲載された物件であること，新耐震基準を満たしていることを条件としている．

函館市の場合は，具体的な対策ではないが，重点地区内での達成目標を設定している点が特徴といえる（①重点対象地区全体の空家等の調査，データベース化，②重点対象地区における 50 件の空家等の活用（除却した跡地を含む）の促進，③重点対象地区における 120 戸の特定空家等の解消）．

❷ 人口集中地区（DID）

国勢調査に基づく人口集中地区（DID）を重点地区に定めるもので，3 自治体が該当する（表 12-10）．人口集中地区とは，1960 年の国勢調査で設定された地区であり，原則として人口密度が 4,000 人/km^2（40 人/ha）以上の地区が連坦することで形成される地域の人口が 5,000 人以上となる範囲のことである．人口集中地区は都市計画で定める区域ではないものの，市街化区域・用途地域，居住誘導区域との関連性が強い．例えば，都市計画法では，市街化区域に指定する既成市街地の基準は 40 人/ha となっている（表 12-11）．また，立地適正化計画に関連する補助金の中には，適用の要件として，

表 12-10　人口集中地区等と連携した重点地区

市町村名	重点地区等の名称	区域設定の考え方	当該区域を重点対象とする理由・意図（計画に明記しているもののみ）
燕市	重点地区	人口集中地区と用途地域区域内（まちなか）	・居住促進
新居浜市	重点地区	人口集中地区または用途地域	・防犯，防災及び衛生上の対策とともに，景観その他活性化の取り組みを推進する必要があるため
霧島市	重点対象地区	人口集中地区（DID 地区）	・周囲の建物や行人等に対し悪影響が大きいため
名寄市	―	市街地区	・住宅密度が高く管理不全の住宅は，周辺の生活環境に悪影響を及ぼす可能性があるため
山口市	―	人口や建築物が密集する地域	・安全性や公衆衛生，景観等の改善，確保を図るため

居住誘導区域内の人口密度 40 人/ha を基準とするものもある（国道交通省の「都市・地域交通戦略推進事業」）．

人口集中地区を重点地区に位置付ける意図としては，「居住促進」（燕市）によるエリア内の密度の維持のほか，「防犯，防災，衛生上の対策等」（新居浜市）や「周囲の建物や通行人等に対し悪影響が大きいため」（霧島市）とあるように，良好な市街地環境・住環境の維持が挙げられている．

また，人口集中地区ではないが，人口や建物が密集する地区で重点的に取り組むとする自治体として名寄市と山口市があるが，これは人口集中地区と同趣旨の指定といえるだろう．

(4) 景観関連の計画・規制

都市計画とは異なるが，景観に関する計画や規制と連動させた自治体が7つある（表12-12）．景観に関する計画・規制は，1）文化財保護法に基づく伝統的建造物群保存地区（以下，「伝建地区」）との連携，2）景観法に基づく景観計画との連携，3）その他法令に基づく制度（国立公園制度，景観協定制度）に分かれる．

多くは，歴史的な建造物で構成される街並みの保存を目的としたものであ

表12-11 市街化区域に定める既成市街地の人口密度の基準

法令等の名称	条文
都市計画法施行令8条1項（都市計画基準）	区域区分に関し必要な技術的基準は，次に掲げるものとする． 一　既に市街地を形成している区域として市街化区域に定める土地の区域は，相当の人口及び人口密度を有する市街地その他の既成市街地として国土交通省令で定めるもの並びにこれに接続して現に市街化しつつある土地の区域とすること．
都市計画施行規則8条1項1号（既成市街地の区域）	令第八条第一項第一号の既成市街地として国土交通省令で定める土地の区域は，次の各号に掲げる土地の区域で集団農地以外のものとする． 一　五十ヘクタール以下のおおむね整形の土地の区域ごとに算定した場合における人口密度が一ヘクタール当たり四十人以上である土地の区域が連たんしている土地の区域で，当該区域内の人口が三千以上であるもの

第 12 章　空き家対策と都市計画の連携　　　317

表 12-12　景観関連の計画・規制と連携した重点地区

種類	自治体名	重点地区等の名称	対象区域	当該区域を重点対象とする理由・意図（計画に明記しているもののみ）
伝統的建造物分保存地区（文化財保護法）	若狭町	—	若狭町熊川宿伝統的建造物群保存地区	・若狭町熊川宿伝統的建造物群保存地区保存計画，熊川まちづくりマスタープラン等との整合
景観計画（景観法）	伊豆市	—	伊豆市景観まちづくり重点地区（※2018 年 3 月時点で景観まちづくり重点地区は未指定）東京オリンピック・パラリンピック会場付近，会場に至る経路	・観光客が安心して訪れることができるようにするため
	伊豆の国市	—	景観重点整備地区（韮山反射炉周辺地区）	・明治日本の産業革命遺産として世界文化遺産に登録された韮山反射炉周辺の景観向上，観光客が安心して訪れることができるようにするため
	太子町	重点対象地区	叡福寺周辺や竹内街道沿いなどの景観，観光等関連地区（景観計画区域）	・景観を損なっている空家等の利活用が求められるため
	伊予市	推進地区	景観計画に定める伊予市の特徴的な景観を形成する地区（※重点地区として「灘町・湊町重点地区」を指定	・伊予市の特徴的な景観を形成
	霧島市	重点対象地区	霧島市景観計画において定められた育成地区（候補地を含む）	・景観の保全が求められるエリア
その他			国立公園区域内	
	東御市	重点対象地区	景観形成住民協定締結地区（長野県景観条例に基づく制度） ・歴史かおるまち海野宿景観形成住民協定（海野宿伝統的建造物群保存地区と同じ） ・愛着街たなか～うるおいのある美しいまちづくり協定．この協定区域は，	—

る．伝建地区や景観計画等によって物理的な環境の保全はできるかもしれないが，当然ながらこれらの制度は，建物の使い方には効力が及ばないため，直接的に空き家の抑制を図ることができない．景観は単に物理的な環境のみで形成されるわけでなく，そこでの人びとの生活やアクティビティがあってこそ景観は成立する．したがって，空き家の発生は，景観にも悪影響を及ぼすことから，空家等対策計画と連携することで活力のある景観の維持を目指しているわけである．

歴史的な街並みを有する地区は観光地ともなっており，空き家が観光地としての賑わいを損なう恐れがあるため，空き家対策は観光対策としての役割も担っているわけである．

おわりに

本章では，空家等対策計画の重点地区に着目し，空き家対策と都市計画の連携の実態を概観した．

まず，重点地区の指定にあたっての考え方としては，①空き家が多い区域・集中発生する区域，②都市計画に関連する区域，③居住環境・コミュニティ維持が必要な区域，④主要道路沿道（通学路，緊急輸送路含む）の4つに大別された．

このうち，都市計画と重点地区との連携方法を見てみると，①都市計画規制（都市計画区域，市街化区域，用途地域）や②マスタープラン（立地適正化計画，都市計画マスタープラン）等，都市計画法や関連法の規制・計画と連動させるもの，③中心市街地，人口集中地区（DID）といった市街地特性に対応して重点地区に定めるもの，そして④景観に関する計画・規制と連動させるものに分類することができた．このように，連携手法は様々であるが，その意図には共通するものがみられる．例えば，既存住宅地への居住推進や中心市街地での街なか居住の推進等，人口減少に伴う都市の縮退を見据えて，持続可能な都市構造への再編（コンパクト化）を実現する取り組みの一環と

して空き家対策を関連付けている自治体が多い．

　重点地区での具体施策としては，地区内への居住促進のための住宅取得・改修の補助金，除却費用の補助といった金銭面での支援のほか，地区内での空き家調査の拡充等が見られた．しかし，重点地区に特化した施策や取り組みを明記した計画がまだ少ない点が課題といえる．重点地区内での居住にメリットがなければ，空き家の利活用も進まないと思われることから，重点地区に位置付けるだけでなく，他のエリアとの施策の差別化を図り，重点地区内にインセンティブを与えていくことが課題になるだろう．

　当然ながら空き家活用のインセンティブは，補助金等の金銭的な支援だけにとどまらない．そこに暮らしたいと思える都市をつくることが何よりの動機付けになるだろう．空き家対策の目的は，単に空き家を減らすことではない．空き家を減らすことで，居住の推進，住環境の改善，景観の保全を図り，人びとが暮らしたくなる都市を実現することにある．したがって，自治体はまずどのような都市を目指すのかを示すことが重要になる（都市のコンパクト化であれば立地適正化計画，景観であれば景観計画等）．都市のビジョンが共有されることで，空き家対策の意義も理解され，空き家対策を講じる上での根拠にもなり得るだろう．その意味でも，都市の方向性を位置づける都市計画と空き家対策を連携させることは大きな意義があると思われる．

注
1) 2018年12月31日現在，全国186都市が立地適正化計画を作成・公表．
2) 水野彩加，氏原岳人，阿部宏史「わが国の空き家及び空き地対策の現状とコンパクトシティ政策との連携手法の提案」（『都市計画論文集』第51巻3号，2016年10月）1101-1108頁．
3) 計画の対象区域を限定している自治体としては，住宅の立地しないもしくは立地を誘導しない区域を除外しているケースが多い．例えば，室蘭市は，住宅等が建てられない工業専用地域を除外，木更津市は都市計画マスタープランの土地利用方針で，住宅の立地を誘導しない臨海部工業地，研究開発地を除外している．また，南箕輪村は都市計画区域のみを計画対象としている．増毛町は，農山林地域については，国道，道道等の主要幹線道路沿道以外は計画の対象区域から除外している．

4) 緊急輸送路（緊急輸送道路）とは，災害直後から，避難・救助をはじめ，物資供給等の応急活動のために，緊急車両の通行を確保すべき重要な路線で，高速自動車国道や一般国道及びこれらを連絡する幹線的な道路を指す．

あとがき

　本書は，2016（平成 28）年度の高崎経済大学地域科学研究所研究プロジェクト「空家特別措置法施行後の空家対策に関する総合的研究」（2016〜2018 年度）に基づく調査・研究成果の一部である．本研究は，今般顕在化する空き家問題を法学，自治体行政学，公共政策，都市計画，地理学，市民活動（NPO），経営学，実務家等の観点から研究分野を横断的かつ多角的に分析することを目的として行った．また，本研究会は，2014（平成 26）年 11 月 27 日に空家等対策の推進に関する特別措置法（空家特別措置法）の制定された約 1 年半後に発足した研究会である点も特徴である．

　それゆえに，本研究会では，まず，空家特別措置法が制定する以前から，各地域で行われてきた空き家対策の先行研究を学ぶために，米山秀隆氏（富士通総研主席研究員），北村喜宣氏（上智大学法科大学院教授），西口元氏（早稲田大学大学法務研究科教授）の 3 名の講師を招聘し，多大なるご助言・ご指導を受けた．この場を借りて心から感謝申し上げたい．

　その後，研究プロジェクトメンバーが，各自，空き家対策の現状を把握，分析するため，自治体に調査・電話照会を実施したり，地域コミュニティで活動する自治会・町内会や NPO，大学生，市民組織などにヒアリングを行い，御協力いただいた．関係者の方々には深く感謝する．こうした調査を踏まえて，研究プロジェクトメンバーは，各自の専門分野の視点で論文骨子をまとめ，2018（平成 30）年 11 月 10 日の論文検討会においてメンバー全員から報告された．報告者全員に西野寿章所長からコメントをいただくとともに，メンバー相互間においても積極的な意見交換が行われ，大変有意義な検討会になった．その後，メンバーが各自持ち帰り，検討会での意見を踏まえて，本書に寄稿したものである．

　本書は，空き家対策に苦悩している多くの自治体に対して，さまざまな研

究領域の研究者と実務家がそれぞれの専門分野から，空き家の現状を分析し，課題を明示した上で，今後の空き家対策の方向性を示すことができたといえる．とりわけ，人口減少化時代において，深刻な人口減少を迎える地方都市は，地域の活性化を中心とした地方創生政策とリンクした空き家対策が求められる．また，いつどこで災害が起こるかわからない今日，木造住宅密集地域は，大規模災害に備えて，避難場所の確保，防災倉庫設置など防災対策とリンクした空き家対策が重要になってくる．つまり，空き家対策は，個人が所有する空き家という単体の問題にとどまらず，さまざまな地域固有の政策課題とリンクした地域政策として扱うにふさわしい地域課題であるということができる．だからこそ，空き家対策には「万能薬はない」のであり，研究分野を横断的かつ多角的に分析することの意義があったといえよう．

　こうした地域課題である空き家対策に対して，国は，議員立法により2014年（平成26）年に空家特別措置法を成立させ，2015（平成27）年5月に全面施行し，老朽危険空き家問題に対して関与することになった．この空家特別措置法は，施行後5年で見直すことが予定されるため，調査も行われている．こうした国の動向も視野に入れながら，自治体は地域独自の視点で，現在行っている空き家対策を見直すことになるであろう．そして，その際，本書が有用な1冊になれば幸いである．

　本書刊行にあたっては，日本経済評論社の柿﨑均社長，編集を担当いただいた梶原千恵，清達二両氏には大変お世話になった．また，公立大学法人高崎経済大学・高木賢理事長，村山元展学長，西野寿章地域科学研究所所長には，こうした研究の機会を与えていただいたことに深く感謝し，御礼申し上げる．さらに，本プロジェクトの企画・運営面でご協力いただいた研究プロジェクトのメンバー，特に，幅広くご示唆・ご支援をいただいた佐藤英人教授，そして，本書をまとめるにあたって出版社並びにメンバーとの調整などでご尽力いただいた本学研究支援チームの赤石宣広氏にはこの場を借りて御礼申し上げたい．

　　　　　　　　　　研究代表：高崎経済大学地域政策学部教授　　岩﨑　　忠

執筆者紹介 (章順)

佐藤英人（さとうひでと）
高崎経済大学地域政策学部教授．博士（学術）．専攻は都市地理学，経済地理学，地理情報システム．1972年京都府生まれ．主な著作に『東京大都市圏郊外の変化とオフィス立地―オフィス移転からみた業務核都市のすがた―』(古今書院，2016年)，「高崎発のものづくり」と産学官連携：山崎製作所」(高崎経済大学地域科学研究所編『地方製造業の展開』日本経済評論社，2017年)．

岩﨑 忠（いわさきただし）
高崎経済大学地域政策学部教授．修士（法学）．専攻は，行政学，公共政策，地方自治論．1967年神奈川県生まれ．主な著作に「指定管理者制度と政策評価」『自治研究（85巻11号）』(第一法規，2009年) 日本公共政策学会2010年度学会賞「論説賞」受賞，『自治制度の抜本的改革～分権改革の成果を踏まえて』(共著，法律文化社，2017年)．

大澤昭彦（おおさわあきひこ）
高崎経済大学地域政策学部准教授．博士（工学）．専攻は都市計画，景観計画．1974年茨城県生まれ．主な著作に『高さ制限とまちづくり』(学芸出版社，2014年)，『高層建築物の世界史』(講談社，2015年)．

佐藤公俊（さとうきみとし）
高崎経済大学地域政策学部教授．博士（法学）．専攻は政治学，公共政策．1970年宮城県生まれ．主な著作に『公共政策の歴史と理論』(共著，ミネルヴァ書房，2013年)，『グローバル化と日本の政治・経済―TPP交渉と日米同盟のゆくえ―』(共著，芦書房，2014年)．

釼持麻衣（けんもちまい）
公益財団法人日本都市センター研究員．修士（法学）．専攻は環境法，行政法．1989年和歌山県生まれ．主な論文として，「いわゆる「ごみ屋敷」への法的対応の可能性：現行法に基づく対処と拡がる独自条例の制定」都市とガバナンス27号（2017年），「アメリカにおける立法権委任法理の変遷と新たな展開（1）（2・完）」自治研究90巻7号，8号 (2014年)．

帖佐直美（ちょうさなおみ）
弁護士，流山市総務部総務課政策法務室長（議会事務局書記併任）．法務博士（専門職）．1979年静岡県生まれ．主な著作に『Q＆A 自治体のための空家対策ハンドブック』(共著，株式会社ぎょうせい，2016年)，『空家をめぐる法的問題 第一回―空家特措法の概要と課題』(判例時報2282号，2016年)．

鈴木 智（すずきさとし）
高崎市都市整備部都市計画課職員．博士（地域政策学）．専門は都市地理学，地域政策学．1978年静岡県生まれ．主な著作に「コンパクトな居住構造形成に向けた住宅政策のあり方」（『地域政策研究』第16巻第2号，2014年)．

八木橋慶一（やぎはしけいいち）
高崎経済大学地域政策学部准教授．博士（人間福祉）．専攻は社会的企業論．1973年鳥取

県生まれ．主な著作に『社会的企業論』（共著，法律文化社，2014年），『ビギナーズ地域福祉』（共著，有斐閣，2013年）．

若林 隆久（わかばやしたかひさ）
高崎経済大学地域政策学部准教授．修士（経済学）．専門分野は，経営学，組織論，社会ネットワーク分析．1984年東京都生まれ．主な著作に「企業ポイント交換市場の構造と形成」（『組織科学』第42巻第2号，2008年），「読書会による地域コミュニティの再生」（『産業研究』第52巻第1号，2016年）．

堤 洋樹（つつみひろき）
前橋工科大学工学部准教授．博士（工学）．専攻は建築生産，建築経済，建築構法．1972年埼玉県生まれ（地元は福岡県）．主な著作に『公共施設マネジメントのススメ』（建築資料研究社，2017年），『建築生産―ものづくりから見た建築のしくみ』（彰国社，2012年）など．

空き家問題の背景と対策
未利用不動産の有効活用

2019 年 3 月 15 日　第 1 刷発行

定価（本体 3500 円＋税）

編　者　高崎経済大学地域科学研究所
発行者　柿﨑　均
発行所　株式会社日本経済評論社
〒101-0062　東京都千代田区神田駿河台 1-7-7
電話 03-5577-7286　FAX 03-5577-2803
E-mail: info8188@nikkeihyo.co.jp
振替 00130-3-157198

装丁＊渡辺美知子　　印刷・製本／シナノ印刷

落丁本・乱丁本はお取替えいたします　　Printed in Japan
Ⓒ高崎経済大学地域科学研究所 2019
ISBN978-4-8188-2527-7　C1036

・本書の複製権・翻訳権・上映権・譲渡権・公衆送信権（送信可能化権を含む）は，㈳日本経済評論社が保有します．
・JCOPY 〈㈳出版者著作権管理機構 委託出版物〉
本書の無断複写は著作権法上での例外を除き禁じられています．複写される場合は，そのつど事前に，（一社）出版者著作権管理機構（電話 03-5244-5088, FAX 03-5244-5089, e-mail: info@jcopy.or.jp）の許諾を得てください．

―――――――― 高崎経済大学地域科学研究所叢書 ――――――――

日本蚕糸業の衰退と文化伝承	本体 3500 円
地方製造業の展開―高崎ものづくり再発見―	本体 3500 円
富岡製糸場と群馬の蚕糸業	本体 4500 円
自由貿易下における農業・農村の再生	本体 3200 円

―――――――― 高崎経済大学産業研究所叢書 ――――――――

デフレーションの経済と歴史	本体 3500 円
デフレーション現象への多角的接近	本体 3200 円
高大連携と能力形成	本体 3500 円
新高崎市の諸相と地域的課題	本体 3500 円
地方公立大学の未来	本体 3500 円
群馬・産業遺産の諸相	本体 3800 円
サスティナブル社会とアメニティ	本体 3500 円
新地場産業と産業環境の現在	本体 3500 円
事業創造論の構築	本体 3400 円
循環共生社会と地域づくり	本体 3400 円
近代群馬の民衆思想―経世済民の系譜―	本体 3200 円

日本経済評論社